国家林业和草原局普通高等教育“十三五”规划教材
高等农林院校农林经济管理专业系列教材

林业统计学

主　编　龙　飞
副主编　祁慧博

中国林業出版社
·北 京·

图书在版编目(CIP)数据

林业统计学 / 龙飞主编. —北京：中国林业出版社，2020. 1
国家林业和草原局普通高等教育“十三五”规划教材
ISBN 978-7-5219-0575-5

Ⅰ. ①林… Ⅱ. ①龙… Ⅲ. ①林业经济－统计学－高等学校－教材 Ⅳ. ①F326. 2

中国版本图书馆 CIP 数据核字(2020)第 084798 号

中国林业出版社·教育分社

策划、责任编辑：许 玮 曹鑫茹

出版发行 中国林业出版社
(100009 北京西城区德内大街刘海胡同 7 号)
网 址 www. forestry. gov. cn/lycb. html
电 话 (010)83143576
印 刷 河北京平诚乾印刷有限公司
版 次 2020 年 6 月第 1 版
印 次 2020 年 6 月第 1 次
开 本 850mm×1168mm 1/16
印 张 17. 25
字 数 420 千字
定 价 45. 00 元

编写人员名单

主　编　　龙　飞

副主编　　祁慧博

参　编（按姓氏笔画排序）

孙　艳　　李生琦　　高晓玮

本教材由浙江农林大学《统计学原理》精品在线开放课程建设项目（编号：KC17046）和浙江农林大学经济管理学院《统计学原理》精品资源共享课程建设项目资助。

前　　言

林业统计是认识林业经济与林业产业发展规律的有力工具，无论是进行宏观的林业全行业经济管理，还是进行微观的林业企业经营决策，都需要准确地把握有关林业经济运行的各类大量信息。随着林业经济与林业产业的发展，林业统计工作愈加重要，且各类决策越来越离不开林业统计方法的应用。正因如此，“林业统计学”一直被教育部列为林业经济和管理类高等教育的核心基础课程。

本教材是国家林业和草原局普通高等教育“十三五”规划教材，由浙江农林大学经济管理学院担任统计学和林业统计学课程的相关教师共同编写，是面向林业经济与管理类专业本科生和林业绿色工商管理硕士（MBA）特色方向研究生的一本林业统计学教材。

在本教材的编写过程中，我们根据林业统计学的教学需要，努力突出教材的应用背景和当代林业经济与林业产业发展的特色，力图有所创新，从而更好地满足新时期林业统计教学的需要。一方面，我们根据林业统计学的教学目标来设计本教材的内容体系。通过本课程的学习，使学生具备基本的林业统计思想，掌握基本的林业统计方法，培养应用林业统计方法分析和解决实际问题的能力。因此，本教材既介绍了具有通用方法论性质的一般统计理论与方法及其实际应用，又讨论了林业统计领域特有的一些统计方法问题。为了体现现代林业统计学应用的广泛性，我们还引入了林业综合统计分析的相关内容，这部分内容可根据需要选修；另一方面，在本教材的编写过程中，我们努力贯彻“少而精”和“学以致用”的原则，不仅较大幅度地精简了基础统计学的相关内容，而且对传统林业产业统计的相关内容也进行了适当的取舍。尽可能做到结构合理、概念明确、条理分明、深入浅出。除十分必要外，本教材一般不对复杂的统计公式做过多的推导与证明；为了体现实用特点，全书的讲解与案例都来自林业经济或管理领域，以中国当前林业经济发展的实际材料和具体案例为叙述背景，增强了本教材的行业特色。

本教材的编写分工如下：龙飞教授（第一章、第十章、第十一章）、祁慧博副教授（第三章、第四章、第十一章）、高晓玮讲师（第七章、第八章）、孙艳副教授（第五章、第六章）、李生琦教授（第二章、第九章）。本教材由龙飞教授担任主编，负责全书的修改和统稿工作。

在本书的编写过程中，我们参考了大量的国内外有关文献资料，书末附有主要参考文献，我们对所借鉴成果的作者表示感谢！本书的出版得到中国林业出版社责任编辑许玮女士的有力支持，在本书的策划与出版过程中，许玮女士多次与编者讨论本书的定位与特色要求，对于她的辛勤工作我们表示衷心感谢！

应当指出，尽管我们为提高本书的质量做了不少努力，但由于水平有限，加之时间仓促，书中难免有疏漏或错误之处，恳请同行专家和读者不吝赐教，以便今后进一步修改与完善。

编　者

2019 年 9 月

目　录

第一章 绪 论

内容提要

林业统计学是研究如何搜集、整理、分析和研究林业经济现象数量方面的原理、原则和方法的统计科学，是认识林业经济的有力武器。林业统计学以林业统计工作为基础，认识林业经济现象的本质及其规律性。因此，必须掌握好林业统计工作的基本内容和林业统计指标体系，才能系统地理解林业统计学。此外，作为林业统计工作的理论概括，林业统计学指导着林业统计工作。

第一节 林业统计学的性质与学科特点

一、林业统计学的性质

学习和掌握一门学科，首先是了解该学科的性质与特点。只有如此，才能把握这门学科的整体内涵，明确该学科与其他学科的区别，掌握本学科特有的研究方法。

林业是国民经济和社会的重要组成部分，肩负着优化环境和促进发展的双重使命，是一项兼有生态、经济和社会效益，集第一、第二、第三产业为一体的基础产业和社会公益事业。林业统计学是在林业统计实践的基础上产生和发展起来的，并且日趋完善。它是对林业统计工作实践经验的科学总结、理论概括，反过来又指导林业统计工作，推动和促进林业统计工作不断发展和提高。

林业统计学的性质是什么？林业统计学是部门统计学，是社会经济统计学的一个分支，它和社会经济统计学的性质一样，是认识社会的有力武器。

人们要改造世界，就要认识世界。认识来自实践，是实践的反映。认识由感性认识到理性认识，由具体到一般。林业是国民经济的重要部门，它的规模有多大，劳动生产率有多高，经济效益如何等等，这些都是林业经济的重要问题。统计通过调查、整理和分析，用一套指标体系把这些情况反映出来。统计学又对统计调查、整理和分析，进行总结和理论概括。形成一整套统计方法论。所以统计是认识社会的有力武器，是一种调查研究。但是社会经济现象的调查方法有多种，统计只是其中一种。

因此，林业统计学，从学科性质上看，是一门研究如何搜集、整理、分析和研究林业经济现象数量方面的原理、原则和方法的统计科学，是一门方法论科学。

二、林业统计学的学科特点

林业统计作为认识林业经济现象数量方面的有力武器，用途广泛，是制定方针、政策、计划和进行宏观经济及微观经济管理的重要工具。而林业统计学作为一门部门统计方法论科学，具有以下学科特点：

(1)数量性。林业经济现象有质的方面和量的方面，林业统计学研究的是林业经济现象的数量方面，主要从规模、水平、速度、比例关系等方面反映林业经济现象的现状及其变化过程。这种研究习惯上也称为定量研究方法论科学。质和量是事物不可分割的两个方面，林业统计学是在质和量的辩证统一中研究林业经济现象的数量方面。只有对社会经济现象的性质、特点、运动规律有正确的认识，才能正确地确定调查方法、计算口径、计算范围和计算方法。例如，如果我们不了解林业，不了解林业经济活动，那么怎么可能设计出一套反映林业基本情况的指标体系，又怎么去计算林业的产值、劳动生产率、成本和利润及资金周转呢？林业统计学研究林业经济现象的数量方面，必须以定性认识为基础，并从定性认识开始。

(2)总体性。林业统计研究林业经济现象的数量方面，是从总体上反映其数量方面。林业统计研究不是对单个事物和个别现象的研究，而是从个体过渡到对总体，用综合研究的方法达到说明林业统计研究对象的总体特征的目的。只有这样，才能消除偶然性因素的影响，呈现出林业发展变化的规律性。例如，对森林资源的统计不是要了解和研究单株材积和个别树种，而是要反映一个国家或一个地区拥有森林资源的数量、质量、构成及分布等总的情况。

需要指出的是，林业统计对其研究对象总体数量方面的认识，是从对个体量表现的认识过渡到对总体总量的认识。这个过程就是从个体到总体的认识过程。林业统计总是从个别单位开始，搜集其原始数据，经过分组、汇总、分析和计算，从而概括出总体的特征和规律性。林业统计研究对象的总体性，也不排斥对个别典型单位的深入研究，因为这也是为了更有效地掌握总体现象的规律性。

(3)应用性。林业统计学属于应用统计学，统计学的自身发展，是沿着两个不同的方向，形成理论统计学和应用统计学两类。理论统计学是把研究对象一般化、抽象化，以概率论为基础，从纯理论的角度对统计方法加以推导论证，中心内容是统计推断问题，实质是以归纳方法研究各种变量的一般规律。例如，统计指标体系设计、统计调查、统计指数理论、试验设计、概率论、参数估计与假设检验、稳健估计、相关与回归分析、时间序列分析、随机过程、多元统计析等。这些方法不论对自然现象还是社会现象都是适用的。应用统计学则是从所研究的领域或专门问题出发，视研究对象的性质采用适当的统计指标体系和统计方法，以解决所需研究的问题。例如，社会经济统计学、科学技术统计学、生态环境统计学、人口统计学、统计质量控制、统计应用软件等等。由此可见，理论统计学是以方法为中心建立统计方法论体系，并在各种方法项下阐明所能解决的问题。而应用统计学则是以问题为中心，建立专门的统计指标体系，并在各种问题项下阐述可能解决问题的方法，这时统计方法论的意义只具有专业的性质，未必具有普遍的意义。

(4)部门性。林业统计学是社会经济统计学的一个分支，属于专业部门统计，它必须以林业经济理论为依据，研究林业的生产、流通、交换、分配各环节的经济运行和社会发展变化情况。林业统计学不仅从事数量分析，还要进行质量分析。它总是先从现象的质量分析中获得需要考察的指标，建立指标体系，然后开展调查研究，数据处理，归纳结果，再结合现象的数量分析，得出符合实际情况的结论，作为行动决策的依据。所以林业统计学需要有关的专业实质性科学的理论作为指导，它通常又具有边缘交叉学科的性质。

(5)具体性。林业统计反映林业经济发展规律在一定时间、地点和条件下的数量表现，从而具体地、深刻地认识事物的性质及其发展变化的林业统计学规律。林业统计对其研究对象所研究的量，不同于数学所研究的脱离具体对象的抽象的数量关系，而是有着丰富的具体内容的量。林业统计研究林业经济现象和过程的数量关系时，在许多方面使用数学方法，例如，建立数学模型表达现象之间的相互关系，应用现代数学方法进行统计分析等等。

第二节　林业统计学的研究对象和范围

一、林业统计学的研究对象

任何一门独立的科学，都应有自己的研究对象。林业统计学的研究对象，是林业经济现象和过程的数量方面，具体表现为林业经济活动的规模、水平、速度、结构、效益和比例关系等。这一研究对象是与林业统计工作的研究对象一致的。但两者的研究目的不同。林业统计工作是以林业经济现象为研究对象，研究林业经济规律在具体的地点和时间条件下的数量表现，并通过搜集、整理、分析来反映林业经济现象的数量状况和特征，进而认识林业经济现象的本质及其规律性。

而林业统计学是在林业统计工作的基础上产生的，是方法论科学。方法论就是林业统计的各种概念、原理、原则和方式方法的总和，研究如何搜集、整理、分析和研究林业经济现象数量方面的方法论科学。林业统计学以林业统计工作活动为研究对象，研究林业统计活动的规律和方法，研究林业的指标体系、资料的收集、整理、计算和分析的理论和方法。林业统计学是林业统计工作的理论概括，一旦形成，就肩负着指导林业统计工作的作用。

二、林业统计学的研究范围

林业是以森林为经营对象，为进行森林经营利用而组织起来的国民经济部门，即培育、经营、保护和开发利用森林的事业。它既是提供木材等多种产品的生产性事业，又是维护和保持生态平衡的环境保护工程，具有产业和事业的双重职责。就产业特征而言，由于社会分工的发展，部门分类的细化，林业内部多种经济活动越来越复杂，经济职能的多样性和交融化趋势越来越明显，相应地，生产经营范围也变得越来越宽，这就决定了以林业经济现象数量方面为认识对象的林业统计学的研究范围的广泛性和研究内容的复杂性。

既然林业的生产活动围绕对森林的经营利用而展开，那么，人工培育森林，即所谓营林业(按国民经济行业分类，大农业中的林业实质上就是指营林业)，是整个林业生产过程的起点和基础。它以土地为基本生产资料，经过采种育苗、造林更新、幼林抚育、抚育间伐、病虫害防治、森林管护等作业阶段，生产出活立木和其他各种林副产品，从而为后面的林业生产活动提供了劳动对象。所以，林业统计学必须首先包括营林生产统计内容，从经济流量核算的角度，且须以它为起点。林木成熟后，则须运用一定的劳动手段进行采伐，集中归楞，同时由于森林分布的广泛性，地理环境的复杂性，采伐后的林木从生产地点到加工和使用地点的空间转移，必须利用道路及运载设施进行运输、集中贮存，而后由木材加工企业通过物理、化学等手段加工制造成各种为生产和人民生活所需要的木材制品。所以，森工生产统计需要运用一定的方法，通过相应的指标具体表现这一生产过程及其成果。

林业作为国民经济的一个部门，同样被纳入整个社会的再生产过程中。要使林业部门生产各种林产品活动顺利进行，除了要对其产品的生产进行统计外，还须进行林产品销量、价格、分配等方面的统计，这也是新形势下林业商品经济发展的客观需要。

作为部门统计学，还要受到宏观经济统计的制约。根据新国民经济核算体系的内容和宏观经济统计的要求，需要建立林业部门的资金流量、投入产出、资产负债存量核算。为此，对森林资源、林业资金、林业经济效益等的统计也是必不可少的。

另外，随着科学技术的不断进步与发展，科技对生产的影响越来越显著，对林业部门也不例外。因此，如何设置一套反映林业部门特点的林业科技进步统计指标体系，全面反映林业科技进步对林业经济发展的影响及其带来的效益变化状况，也是林业统计学必须研究的新内容。林业统计学的研究范围，是伴随着其认识对象的客观经济活动变化而变化的，随着林业经济的发展而不断发展。

第三节　林业统计的职能与任务

一、林业统计的职能

林业统计的职能是由林业统计的性质、社会主义市场经济和林业发展的要求所决定的，其职能有三个方面：

(1)提供统计信息。随着社会主义市场经济体制的建立，不论林业是宏观管理还是微观管理，都必须引入市场机制，这就需要大量林业统计学内部和外部的经济信息。林业统计部门是调查研究部门，可以根据科学的指标体系和调查方法，及时、全面、系统地搜集和提供大量的信息。统计信息是总体特征的综合反映，它覆盖面广，综合性强，可以反映和分析林业经济现象的内在联系及其发展变化的规律性。

(2)进行统计咨询。决策的正确与否对社会经济发展有广泛和深远的影响。决策的科学化和民主化是提高决策水平的重要途径。统计部门拥有信息资源优势，它可以通过加工、提炼和分析研究，迅速将数据信息转化为决策信息和咨询方案，为领导决策提供咨询服务。林业统计部门必须坚持实事求是的思想路线，紧密围绕国家提出的林业任务，密切注视经济生活中出现的新情况、新问题，深入开展分析研究，努力办成各级领导的重要咨询机构，为林业社会经济发展做出更大的贡献。

(3)实行统计监督。即根据统计调查和统计分析，及时、准确地从总体上反映林业经济运行状况。同时对林业经济运行进行全面、系统地定量检查、监测和预警，以促使林业经济按照客观规律的要求，持续、稳定、协调地发展。

林业统计的上述三种职能，是相互作用、相辅相成的。搜集和提供准确、及时、全面、系统的统计信息的职能，是统计工作最基本的职能，是保证统计咨询和统计监督职能得以充分和有效发挥的前提和基础。统计咨询职能是统计信息职能的延续和深化。而统计监督职能则是在统计信息、统计咨询职能基础上的进一步拓展，并促进统计信息和统计咨询职能的优化。林业统计的信息、咨询和监督职能是一个有机的整体，它们相互依存、相互联系、相互制约、相互促进，忽视和偏向任何一方，都将使林业统计的整体功能和作用受到削弱。只有将这三种职能凝聚成一个合力，发挥其整体效应，才能够充分体现和发挥统计工作的重要地位和作用。

二、林业统计的任务

《中华人民共和国统计法》(以下简称《统计法》)第二条规定："统计的基本任务是对国民经济和社会发展情况进行统计调查、统计分析，提供统计资料，实行统计监督。"根据《统计法》的规定，林业统计的基本任务是：

(1)准确、及时、全面、系统地搜集、整理林业再生产活动过程中的各种数据、资料，并进行分析、研究和预测，为制定林业的方针、政策、规划提供依据，为实现我国林业发展的总体战略目标，建立比较完备的林业生态体系和比较发达的林业产业体系提供依据。

(2)正确地反映林业再生产发展的规模、速度、效益和比例关系，以及林业的方针、政策、规划的执行情况，为党政各级领导部门发展林业，实行统计监督，进行宏观调控提供依据。

(3)建立数据库、信息库，编制林业统计资料汇编，向社会、公众、科研部门等提供咨询和服务，使丰富的统计信息资源能被广泛地利用，从而达到统计信息社会化的目的。

第四节 林业统计指标体系

一、林业统计指标体系设置的原理基础

要研究林业经济现象的数量方面，就需要有一套科学的、相互制约的林业统计指标体系。这套指标体系的设置，主要取决于林业再生产过程的基本特点和林业统计的任务。林业是由许多相互区别又相互联系的产业组成的复杂的有机体，是经济的、技术的、生态的结构统一体。其既有利用生物的生命过程从事经济生产、提供各类产品的基础产业(营林业)，又有以林业初级产品为劳动对象的进一步加工的森林工业，还有以环境资源为开发对象，为人们的社会生活提供更高一级的物质和精神服务的森林旅游业，从中可以得出两点结论：

第一，林业以森林资源为中心。森林是林业的劳动对象，人工林是林业的劳动成果。森林资源是人类的宝贵财富，是生产林产品和开发森林旅游活动的基础。没有森林，就没有林业的一切。所以，森林资源统计便成为林业统计的重要内容。

第二，林业是一个物质生产部门。在社会主义市场经济中，应以马克思主义的再生产理论为指导，社会再生产是由生产、流通、分配和消费四个环节组成的。同样地，林业再

生产过程也是由生产、流通、分配和使用组成的。在林业的再生产过程中，生产是起点。产品生产出来以后，通过交换将产品销售出去收回货币。用产品销售收入来弥补生产过程中的各种支出，开始新的一轮循环和周转。在市场经济的条件下，不能只讲生产，而不问流通、需求。商品价值是通过市场交换得以实现的，产品销售是社会产品的价值实现，扣除补偿生产资料的转移价值后的新创造的价值在国家、集体和个人之间进行分配。分配关系是生产的重要组成部分，是实现社会生产和再生产的重要环节。所以，以林业再生产为客体的林业统计，不但要有生产统计、销售统计，而且还必须有分配统计。同时，商品的生产过程是劳动过程和价值形成过程的统一。劳动过程是劳动力与生产资料相结合创造使用价值的过程。价值形成过程是生产资料转移价值与劳动新创造价值结合形成总价值的过程。林业统计研究林业经济的过程，既要反映和研究劳动过程，也要反映和研究价值形成过程。因此，林业统计的体系要实物和价值并重，生产和经营、效益并重。当前，科学技术日新月异，生产力迅速发展。科学技术已成为社会生产，包括林业生产迅速发展的主要动力。长期以来，我们偏重于外延扩大再生产，今后应当逐步转向内涵扩大再生产。实现由以外延扩大再生产为主转向以内涵扩大再生产为主，从以内向型经济为主向外向型经济为主的转变，都必须依靠科学技术进步，因此，科学技术进步在林业统计中的地位和作用将日益重要。

二、林业统计指标体系设置的内容基础

基于以上原理基础分析，林业统计应该包括以下四部分统计内容：

(1)森林资源与利用统计。主要是从静态和动态两个方面了解森林资源的数量、质量、结构、分布、消长与利用情况，以便为制定林业发展规划提供依据。

(2)林业生产统计。既包括林业生产成果统计，也包括林业生产条件统计。林业生产成果统计，既表现为林业生产的使用价值量，也表现为林业生产的价值量。使用价值量是用产品的品种、质量、产量来表示的。林业生产的价值量，既有产品的总价值量，也有新创造的价值和增加值。由于林业生产过程时间长，本书用三章的篇幅分别阐述林业生产的使用价值量统计和生产的价值量统计。

从劳动过程来看，生产是由人类生产劳动、劳动资料和劳动对象三个因素组成的。所以，林业生产条件统计首先研究这三个生产条件的统计问题。其中包括林区职工人数和劳动时间利用统计、林业劳动生产率统计、林业劳动生产设备和林区道路统计、林业原材料和能源消耗统计。对于这三个生产条件，既要讲资源，也要讲利用；既要讲它们的实物量统计，也要讲它们的价值量统计。其次是阐述林业技术进步统计。技术进步，既包括物质形态的进步，也包括观念形态的进步。所以，技术进步统计，一方面要包括产品的更新换代统计，设备的更新与改造统计，新的应用和原有的综合利用统计；另一方面应包括工艺生产方法的革新与新的工艺生产方法的应用统计。

从价值形态上看，林业生产需要占用资金。我国是一个发展中国家，林业资金比较短缺。如何减少资金占用，提高资金的产出率，是实现我国四个现代化的重要条件。在市场经济条件下，价值规律也要求人们在再生产过程中尽可能地减少资金占用和资金耗费。所以，本书辟有专章阐述资金和成本统计问题。

(3)林业流通统计。林业流通统计是阐明林业产品价值实现的统计问题。在市场经济条件下，产品价值的实现是通过市场进行交换。因此，林业流通统计主要是产品销售统计。在商品交换过程中，价格是一种重要的机制。故本书专设一章为林业产品销售与价格统计。

(4)林业分配统计。林业分配是指林业实现的净收益在国家、企业、职工个人之间的分配，不应当把分配局限于职工的劳动报酬。我国经济体制改革的一项重要任务，是彻底打破企业吃国家的“大锅饭”、职工吃企业的“大锅饭”。打破两个“大锅饭”，建立新的分配合同制，充分调动企业和职工的社会主义积极性，使生产关系进一步适应生产力的性质，促进生产力的发展。林业分配统计，首先应当反映和研究林业企业的收益在国家、企业和职工个人之间的分配，探索三者之间的数量界限；其次要反映和研究职工个人之间的分配问题。这些问题分别在利润、净产值的构成、工资等有关章节进行论述。

以上主要是讲林业再生产的指标体系。从建立社会主义市场经济和发展林业来看，经济效益是一个贯穿生产始终的带有全局性的问题，故本书专设一章为林业经济效益统计。林业统计除了研究林业再生产的科学指标，还必须从整体上阐述林业统计分析问题(这不同于各章的局部问题的统计分析)。历史证明，哪个时期林业内部各种比例关系、效益关系及林业同国民经济与社会发展的关系处理得比较好，林业经济的形势就比较好，故本书还设置林业综合统计分析一章。

三、林业统计指标体系基本构成

基于上述林业统计的内容基础分析，反映林业再生产及其过程的统计指标体系包括以下几个方面。

1. 森林资源统计指标体系

森林资源是整个林业赖以存在和发展的物质基础。森林资源统计指标体系是林业统计指标体系的中心。它主要是从静态和动态两个方面反映森林资源的数量、质量、结构、分布、消长与利用情况，以便为制定林业发展规划提供依据。包括的指标有：森林面积、蓄积量，森林覆盖率、生长量、生长率，森林资源开发率、利用率、更新率等。

2. 林业生产统计指标体系

林业生产的全过程由培育森林和采伐利用森林两大内容组成，分别属于营林生产过程与森林工业生产过程。

营林生产是扩大森林资源的手段，是整个林业生产的基础。营林生产的统计指标体系主要是反映森林培育和林产品采集等营林生产活动的生产工作量和工作质量。包括的指标有：采种、育苗，造林、迹地更新、抚育改造等工作的数量和质量，森林保护，林产品产量，营林总产值、增加值等。

森林工业生产是以森林资源为劳动对象进行采伐利用的工业生产活动。森林工业生产的统计指标体系主要是反映木材采运、木材加工、林产化工、林机修造等生产活动的情况。包括的指标有：森林工业产品的实物产量、品种构成、产品的质量，以价值形式表现的森林工业总产值、增加值、商品产值、销售产值，森林工业生产主要技术经济指标，以及反映生产动态和节奏性的指标等。

3. 林业劳动统计指标体系

劳动者是林业生产的主体。林业的劳动过程，就是劳动者运用劳动资料作用于劳动对象生产林业产品的过程。林业劳动统计指标体系，主要是反映林业劳动力、劳动时间、劳动生产率、劳动报酬及劳保福利等情况。包括的指标有：劳动力(从业人员)数量、构成和变动的指标，劳动时间及其利用情况的指标，劳动生产率水平、动态及其完成情况指标，以及劳动报酬、劳保福利费用水平及其变动情况的指标等。

4. 林业劳动资料统计指标体系

劳动资料是林业发展过程中的重要条件之一。在劳动资料中，林业设备状况标志着生产力的发展水平。林业劳动资料统计指标体系，主要是反映林业设备(生产设备和动力设备)和林区道路等情况。包括的指标有：林业设备的数量、构成、能力、技术水平和利用情况的指标，设备完好和维修情况的指标，林区道路里程及道路网密度指标，森林工业产品生产能力的有关指标等。

5. 林业劳动对象统计指标体系

林业劳动对象是林业生产过程中不可缺少的物质条件。林业劳动对象统计指标体系，主要是反映营林生产、森林工业生产与基本建设等需要的原材料、燃料等的收入、支出、库存等情况。包括的林业统计学指标有：原材料、燃料的收入量、消费量、拨出量、库存量及其利用情况指标，对生产的保证程度指标，能源消费量及能源利用效果的指标等。

6. 林业科技进步统计指标体系

科学技术是生产力，林业科学技术进步是林业生产力发展的重要标志。林业科学技术进步统计指标体系，主要是反映林业科学技术进步的状况，对林业科学技术进步进行综合评价，分析其在林业经济增长中的作用。包括的指标有：反映林业科技进步基本情况的指标，反映林业技术改造、引进和新产品水平的指标，林业科技活动的分析指标，以及对林业科技进步进行的综合评价等。

7. 林产品销售与价格统计指标体系

林业产品只有通过销售才能满足社会需要，林业产品销售过程也是使用价值和价值的实现过程。林产品销售与价格统计指标体系，主要是反映林产品销售与库存情况，并通过市场调研，分析市场占有率，进行销售的预测和决策。同时，还要分析林产品价格的变化情况。包括的指标有：林产品销售量和库存量，以价格表现的销售总值和库存总值，产品销售率，供货合同完成率，市场占有率等指标。同时还要按不同价格形式计算林产品价格的平均水平，各种主要林产品的差价和比价，编制林产品价格指数等。

8. 林业固定资产投资统计指标体系

林业固定资产投资是提高林业企事业单位技术装备水平，调整林业生产力布局和产业结构，促进林业生产持续发展和提高林区生活水平的前提和手段。林业固定资产投资统计指标体系，主要是反映林业固定资产投资的规模、结构，研究固定资产投资中的各种重要比例关系，全面反映投资成果和投资效益等情况。包括的指标有：林业固定资产投资建设项目指标，林业更新改造措施项目指标，林业固定资产投资额，林业固定资产投资结构，林业基本建设实物工程量指标，林业固定资产投资效益指标等。

9. 林业财务统计指标体系

林业的再生产过程，既是物质运动过程，也是资金运动过程。林业财务统计指标体系，主要是反映林业生产经营活动的资金筹措、使用、占用、收回和分配等情况。包括的指标有：林业资金、资产、负债、所有者权益指标，林业成本费用指标，林业利润指标和林业收益分配指标等。

10. 林业综合效益统计指标体系

林业经营具有综合效益。林业经营必须坚持生态效益、经济效益和社会效益的协调统一，追求三大效益的最大综合发挥，以求得林业经营综合效益的最优化。林业综合效益统计指标体系，主要是反映林业经营活动过程中，生态效益、经济效益和社会效益的发挥及变化情况，并对其作出综合评价。包括的指标有：林业生态效益指标，林业经济效益指标，林业社会效益指标，以及对三大效益的综合评价。

上述各方面，构成了林业统计指标体系的基本内容。

第五节 林业统计学科的发展趋势

林业统计虽然起步晚，但从内容、调查方法、数据处理、资料分析和提供，以及组织指导等方面，已形成了一套完整的体系，它能够比较全面、系统地反映改革进程中的中国林业经济和林区社会发展情况，并取得较大的成绩。但也存在不少问题，很多方面仍然不能适应改革、开放形势发展的需要。从今后林业统计的发展远景来看，主要是围绕建立社会主义市场经济这一主题，不断改革林业统计工作，以逐步建立起具有中国特色的社会主义林业统计。要实现这一远景，应从以下几个方面进行工作：

(1)从建立社会主义市场经济体制的要求出发，改革和完善林业统计指标体系。

(2)从建立新的国民经济核算体系的要求出发，改进和完善林业统计核算制度，改进和完善林业企业内部的核算制度，研究建立林业经济和林业企业的投入与产出的统计方法。

(3)从建立新的财务会计制度的要求出发，改进和完善林业统计报表制度，研究建立符合各种不同类型林业企业自身经营管理活动需要的企业统计报表制度。

(4)从改革开放的各项方针政策的要求出发，改进和完善林业统计指标的计算方法，建立并逐步完善外向型林业统计指标体系和统计制度及方法。

(5)从以公有制为主体的多种经济成分长期共同发展的实际情况出发，改进和完善林业统计的调查方法，研究探索抽样方法在个体林业、在林业其他领域的应用问题，研究探索指数方法在林业统计领域里的应用问题。

(6)从林业企业经营机制改革的要求出发，改进和完善林业企业基层统计工作，研究和改进林业企业的分析研究体系，研究建立各种类型林业企业的评价考核方法，研究建立适应林业企业生产经营活动需要的国内外市场经济技术信息的调查体系。

(7)从统计计算和数据传输技术现代化的要求出发，改进和完善林业统计的数据处理和数据传输，改进和完善林业统计数据的质量控制方法和评价方法，改进和完善林业统计资料的综合整理和编辑出版工作，研究开发符合各种不同类型林业企业需要的统计软件。

(8)从统计服务优质化的要求出发，改进和完善林业统计的分析方法和服务形式，研究探索运用数学方法和电子计算机技术，把定量分析和定性分析相结合，以提高林业统计的分析水平。

总之，我国林业统计工作，在经济体制改革形势的推动下，在全国统计工作改革的统一部署下，取得了显著成绩，发挥了重要作用。这是广大林业统计人员辛勤努力所取得的丰硕成果。我们要认真总结自己的经验，也要认真研究外国的经验，根据社会主义市场经济体制的特点和要求，积极探索建立具有中国特色的社会主义林业统计的发展道路，为实现我国林业统计工作的现代化而努力。

本章小结

林业统计学作为一门部门统计方法论科学，具有数量性、总体性、应用性、部门性和具体性的特点，其研究对象是林业经济现象和过程的数量方面。林业统计具有提供统计信息、进行统计咨询和实行统计监督职能，三者相互作用、相辅相成。林业统计指标体系包括森林资源统计指标体系、林业生产统计指标体系、林业劳动统计指标体系、林业劳动资料统计指标体系、林业劳动对象统计指标体系、林业科技进步统计指标体系、林产品销售与价格统计指标体系、林业固定资产投资统计指标体系、林业财务统计指标体系和林业综合效益统计指标体系。林业统计学科今后的发展将围绕建立社会主义市场经济展开，研究开发各类考核方法、分析方法、统计软件，提高林业统计水平，逐步建立起具有中国特色的社会主义林业统计学科。

思考题

一、判断题

1. 林业统计是对林业经济现象总体数量方面的调查研究活动。(　　)
2. 林业统计是对林业经济现象总体的定量认识，是从个体的认识开始。(　　)
3. 林业经济信息就是指林业统计信息。(　　)
4. 林业统计学是研究林业经济规律性在具体的地点和时间条件下数量表现的科学。(　　)
5. 林业的特点决定了林业统计指标体系的特色。(　　)
6. 林业统计就是为社会提供林业经济发展的数据资料的工作活动。(　　)

二、单选题

(下面各题中，每题只有一个正确答案。请将选中答案序号填在括号内。以后各章相同)

1. 林业统计认识的对象是(　　)。

A. 自然和社会现象的数量方面　　B. 森林资源的数量方面

C. 林业经济现象的总体数量　　D. 林业经济现象的个体数量

2. 林业统计是认识社会的有力武器，是因为(　　)。

A. 它能及时提供数据资料

B. 它能利用样本推断总体

C. 它能从林业经济现象的总和和内在联系中去把握林业经济的发展

D. 它是实现政治目的的一个重要的工具

3. 林业统计的任务是(　　)。

A. 为宏观经济决策提供依据　　B. 为全社会提供林业经济信息资料

C. 为企业决策提供依据　　D. 以上三者均包括

4. 林业(营林)与农业相比较(　　)。

A. 生产过程不同

B. 具有季节性和地区性

C. 具有季节性和地区性

D. 生产过程中社会再生产和自然再生产交错进行

三、简答题

1. 在市场经济下和在计划经济条件下，林业统计的范围有哪些不同？

2. 林业统计三个基本职能的内在联系是什么？

推荐阅读书目

陈文汇．林业统计、监测与评价指标体系和方法研究．中国林业出版社，2013.

张车伟，赵文．中国劳动报酬份额问题．中国社会科学出版社，2016.

丁梓楠．基于不同产业劳动报酬差异的研究．经济管理出版社，2010.

相关链接

1. 中国林业数据库．http：//www. forestry. gov. cn/data. html

2. 2016 年各地区林业系统企事业单位从业人员年末人数．http：//data. chinabaogao. com/nonglin-muyu/2018/02233209452018. html，2018. 2

第二章　森林资源与利用统计

内容提要

森林资源是林地及其所生长的森林有机体的总称，是地球上最重要的资源之一。它不仅能够为生产和生活提供多种宝贵的木材和原材料，为人类经济生活提供多种物品，更重要的是森林能够调节气候、保持水土、防止自然灾害。森林资源对人类的重要作用体现在其经济效益、生态效益和社会效益三个方面。因此，森林资源统计利用在林业统计乃至国民经济自然资源统计中都占有重要地位，也成为林业统计的重要内容。本章主要介绍了森林资源统计调查的方法、森林资源利用统计的主要指标及其计算方法、森林资源再生产和可持续发展统计的内容和指标体系、森林资源连续清查统计指标以及森林资源的评价指标。通过本章学习，理解掌握森林资源统计利用的指标体系和统计方法，对森林资源状况做出客观科学的评估，进而为森林资源的管理利用提供可靠依据。

第一节　森林资源及其统计

一、森林资源的概念及作用

森林资源是林地及其所生长的森林有机体的总称。狭义的森林资源主要指的是树木资源，尤其是乔木资源。广义的森林资源指林木、林地及其所在空间内的一切森林植物、动物、微生物以及这些生命体赖以生存并对其有重要影响的自然环境条件的总称。本文中所说的为广义的森林资源，这里以林木资源为主，还包括林中和林下植物、野生动物、土壤微生物及其他自然环境因子等资源。林地包括乔木林地、疏林地、灌木林地、林中空地、采伐迹地、火烧迹地、苗圃地和国家规划宜林地。

森林资源是地球上最重要的资源之一，是生物多样化的基础，它不仅能够为生产和生活提供多种宝贵的木材和原材料，能够为人类经济生活提供多种物品，更重要的是森林能够调节气候，保持水土，防止、减轻旱涝、风沙、冰雹等自然灾害，同时森林还是天然的动植物园，哺育着各种飞禽走兽和生长着多种珍贵林木和药材。

森林资源对人类的重要作用体现在其经济效益、生态效益和社会效益三个方面。首先，森林资源作为经济资源，为国民经济和人民生活提供大量的木材、丰富的林副产品，同时还为社会提供旅游资源等，人们通过经营可以获得经济效益；其次，森林资源作为陆地生态系统的主体，能够涵养水源、保持水土、调节气侯、防风固沙、防止大气污染和美化环境等，在维护生态平衡方面发挥着不可替代的作用；最后，森林资源的经济效益和生态效益反映在为社会服务方面，表现为森林资源可以提供生产就业的场所，同时又是物种基因的宝库、国土保安的屏障等，具有显著的社会效益。

二、森林资源统计的意义及任务

森林资源是林业生产的基础，森林资源的扩大再生产，对改善人类生存环境与社会平衡发展具有重大意义。随着社会发展和科学技术的进步，人们对森林生态效益和社会效益的认识及重视程度日益提高，世界各国不仅对森林资源经济效益进行评价，而且对生态效益和社会效益也进行评价，而这一切都必须以森林资源统计为基础和前提。因此，森林资源统计在林业统计乃至国民经济自然资源统计中都占有重要地位，森林资源统计也成为林业统计的重要内容。

森林资源统计的主要任务是查明森林资源的数量、质量、构成和分布以及由于森林的生长、造林更新、采伐和自然灾害等引起的森林资源的消长变化情况，为制定经营方案和林业方针政策提供依据；为进行林业区划、制订林业计划和长远规划提供依据；为加强林业资源核算，实行森林资产化管理，建立健全森林市场提供基础资料；为建立森林资源监测预警系统，实现森林资源管理科学化提供前提。

第二节　森林资源统计调查的分类和分组体系

森林资源统计的首要任务是对森林资源情况进行调查，通过对森林资源大量的外业调查和内业调查，获取相关森林资源的系统描述资料。根据调查的范围、目的、要求和方法等不同，对森林资源的调查需分类、分组进行。

一、森林资源调查的分类

森林资源调查按照调查的目的、范围和要求不同可分为全国森林资源清查、规划设计调查和作业设计调查三类。

(1)全国森林资源清查。又简称为一类调查，其调查目的主要是了解全国、各省(自治区、直辖市)及各大林区森林资源的现状、结构及其变化，为制定全国林业方针政策、规划、计划，预测林业的发展趋势提供依据。它是全国森林资源监测体系的组成部分，一般以省(自治区、直辖市)、大林区为单位进行。按系统抽样原则设立固定样地，通过样地的实际调查获得有关调查因子，以样本来推算总体。

(2)规划设计调查。又简称为二类调查，其目的是为林业基层单位掌握森林资源的现状、结构和消长变化，编制和修订森林经营方案、总体设计、林业区划和规划等提供依据。该类调查以国有林业局、林场、县(旗)或其他部门所属林场为单位进行，通过调查划分林班和小班，查清森林权属，确立林种，查清森林蓄积量及生长量、枯损量、木材消耗量、出材量、森林更新、森林病虫害以及有开发利用价值的动物和药用植物资源。此外，该类调查还包括对地形、地势、土壤、植被类型等的调查。

(3)作业设计调查。又简称为三类调查，它是林业基层单位为作业设计(如伐区设计、造林设计、抚育采伐设计等)而进行的调查，目的是满足各项生产的需要，调查内容依设计要求而定。

一、二类调查由专门的调查队伍负责完成，三类调查由生产单位自己根据生产的需要进行。

二、森林资源统计中的分组体系

森林资源统计调查可按森林资源的所有制、土地类别、林种、龄组、树种、地区等进行分组，形成了森林资源统计的分组体系。

(一)按所有制分组

根据《中华人民共和国宪法》和《中华人民共和国森林法》的规定，我国林地所有制有国有和集体所有两种形式，即国有林地和集体所有林地。按林权所有可将森林资源分为国有林、集体林、合作林和私有林。

(1)国有林。是指林权属国家所有的森林。主要包括按宪法规定收归国有的原始森林以及中华人民共和国成立以后由国有林业局和林场营造的森林。既包括林业系统内国有企事业单位的森林资源，也包括林业系统外的国有企事业单位和团体所属的森林资源。

(2)集体林。是指林权属乡、村、集体所有的森林。

(3)国社合作林。是指国有单位和集体共同营造，林权归国有和集体共有的森林。

(4)私有林。是指农民房前屋后、城镇居民自有房屋庭院内种植的林木，农民在自留山、自留地、承包的荒山荒地上营造的成片林权归私人所有的森林。

森林资源按所有制分组，可以反映不同所有制的结构及其他变化，为林业政策的制定和实施提供依据。

(二)按土地类别分组

土地面积是指一个地区、一个生产单位经上级主管部门批准划归本地区本单位管理和经营的全部面积，又称经营管理面积。它反映一个地区或生产单位拥有的土地资源数量。在森林资源统计中，将土地面积划分为林业用地和非林业用地两大类。林业用地是用于发展林业生产的土地，包括有林地、疏林地、未成林的造林地、灌木林地、苗圃地、无林地。林业用地分类反映林业土地种类的数量和构成，说明林业用地的利用情况。非林业用地包括农耕地、牧地、水域、难利用地(包括雪山、沼泽地、岩石裸露地等)及其他(包括城乡居民点用地、工矿用地、交通用地等)。各类林业用地分述如下：

(1)有林地。指郁闭度在0.2以上(含0.2)的林分；或者生长稳定，一般人工造林后3~5年或飞机播种后5~7年，每公顷保存株数大于或等于造林设计植树株数的80%以上的林分；或林带冠幅覆盖的宽度为10m以上的防护林。

(2)疏林地。指郁闭度为0.1~0.19的林地。经济林、竹林不划疏林地。

(3)未成林造林地。指造林后保存株数大于或等于造林设计植树株数80%，尚未郁闭但有希望成林的新造林地。一般指造林后不满3~5年或飞机播种后不满5~7年的造林地。

(4)灌木林地。指以培育灌木为目的或分布在乔木生长界限以上的林地，以及专为防护用途，覆盖度大于30%的灌木林地。

(5)苗圃地。以培育苗木为目的的固定的林木育苗地。

(6)无林地。指目前不够有林地条件，也不够疏林地和灌木林或未成林造林地条件的用来发展林业的土地的总称，包括宜林荒山荒地、采伐迹地、火烧迹地、宜林沙荒和预备造林地。

(三)按林种分组

森林有多种效用，根据国民经济的不同需要，可以把森林划分为不同的类别，称为林种。按林种分类，可把森林分为：防护林、用材林、经济林、薪炭林、特种用途林。

(1)防护林。以防护为主要目的的森林和林木。包括水源涵养林、水土保持林、防风固沙林、农田牧场防护林、护岸林、护路林。

(2)用材林。以生产木材(包括竹材)为主要目的的森林。

(3)经济林。以生产干鲜果品、食用油料、饮料、调料、香料、工业原料和药材等为主要目的的林木。

(4)薪炭林。以生产燃料为主要目的的林木。

(5)特种用途林。以战备、保护环境、科学实验等特种用途为主要目的的森林和林木。可分为国防林、实验林、母树林、环境保护林、风景林、名胜古迹和革命圣地林、自然保护区林。

(四)按龄组分组

森林按龄组分组，可分为幼林、中龄林、近熟林、成熟林、过熟林。不同树种生长发育过程不同；同一树种在不同地区分布，其生长发育也不相同。因此不同树种或同一树种在不同地区，其龄组划分也不同。

(五)按树种分组

由于我国幅员辽阔，自然条件差异很大，树种资源十分丰富，按每一树种进行统计既不可能也不必要，一般按优势树种将森林进行分类统计。优势树种按该树种蓄积量占林分蓄积量的65%以上来确定。幼林可依据主要树种确定，如树种很多分不清优势时，可将树种合并为树种组进行分类，如将杉木、柳杉、水杉归为一组。

(六)按地区分组

森林资源按地区分组，就是按行政区域分组，全国按省(自治区、直辖市)分组，省按地区和县分组。通过这种分组，反映森林资源的地区构成。为研究地区森林特点，制定地区林业生产建设方针，调整林业生产的地区布局，促进木材流向合理化提供依据。

除上述主要分组体系外，还可根据研究目的选择其他标志对森林进行分类，如从能否开发利用角度可将森林资源分为可及林、将可及林和不可及林。林业用地按地貌级分为极高山、高山、中山、低山、丘陵、台地和平原。

第三节　森林资源利用统计

提高森林资源利用程度，保证森林资源永续利用，加强森林资源利用统计则有着十分重要的意义。森林资源是一个多要素的综合体，森林资源利用的范围也十分广泛，既包括林地、林木资源的利用，也包括森林动植物、微生物及森林环境资源的开发利用。这里主要介绍林地与林木资源利用情况统计的有关指标。

一、林地资源利用情况统计

反映林地资源利用情况的主要指标有：森林覆盖率、各类林业用地面积结构、林地生产率及采伐迹地更新率等。

（一）森林覆盖率

森林覆盖率是林地面积与土地总面积的比，反映森林覆盖大地的程度。森林覆盖率计算公式为：

$$\text{森林覆盖率}=\frac{\text{有林地面积}+\text{灌木林地面积}+\text{林网占地面积}+\text{“四旁”树占地面积}}{\text{土地总面积}}\times 100\%$$

上式表明，林地利用充分与否决定林地面积大小，从而决定森林覆盖率的高低，因此森林覆盖率是反映林地资源利用程度的最基本的指标。

（二）各类林业用地面积结构

林业用地包括有林地、疏林地、未成林造林地、苗圃和宜林地。各类林业用地与总林业用地面积之比便反映出林业用地的结构比例情况，也反映出林业用地的利用情况。一般而言，有林地面积比例越高，疏林地、无林地的面积比例越低，则表明林地利用率越高。

（三）林地生产率

林地生产率是指单位林地面积年产量或产值，它反映林地的利用程度和效果，以年产量表示的林地生产率称为林地生产率实物指标，以产值表示的林地生产率称为林地生产率价值指标。由于产值除包括主要产品产值以外，还包括在林地上生产的如树枝、树液、果实、树叶、林粮间作以及动物和其他植物等产值，因此林地生产率价值指标比实物指标更广泛、更全面。由于林业生产周期长，有些产品的生产是间歇性的，为反映一个生产周期的一般水平，可以计算生产周期内年平均林地生产率。公式如下：

$$\text{林分年平均林地生产率实物指标}=\frac{\text{生产周期内林分积蓄量}}{\text{林地面积}\times\text{生产周期}}\times 100\%$$

$$\text{林分年平均林地生产率价值指标}=\frac{\text{生产周期内林业总产值}}{\text{林地面积}\times\text{生产周期}}\times 100\%$$

（四）采伐迹地更新率

森林资源是可再生资源，森林采伐或发生火灾以后必须及时更新才能恢复森林，保证森林资源的永续利用。更新包括人工更新、人工促进天然更新、天然更新，一般用采伐迹地更新率来反映采伐与更新之间关系的指标。

$$\text{采伐迹地更新率}=\frac{\text{人工更新面积}+\text{人工促进天然更新造林合格面积}}{\text{相应时期采伐面积}+\text{火烧迹地面积}}\times 100\%$$

二、非林地资源利用情况统计

(一)森林资源开发率

森林资源开发率是指已开发森林资源占全部森林资源的比例，可按面积也可按蓄积量计算，用以反映森林资源开发利用的程度。其计算公式如下：

$$\text{森林资源开发率}=\frac{\text{已开发森林资源面积(蓄积量)}}{\text{全部森林面积(蓄积量)}}\times 100\%$$

(二)采伐面积、蓄积量、出材量与出材率

(1)采伐面积。是指报告期实际采伐的伐区面积，包括本年新采伐面积和回头采伐面积，采伐包括间伐、经营择伐和皆伐三种主伐方式。

(2)采伐蓄积量。是指报告期森林主伐、低产林改造和成林抚育间伐的实际采伐蓄积量。

(3)出材量。是指报告期实际采伐的林班面积中生产的原条、原木、小规格材和薪材的数量，不包括枝梗、树皮、伐根等。统计出材量时，一般分主伐出材量和抚育伐出材量，而且在出材量合计中要分别列出针叶树种、阔叶树种。

(4)出材率。是指出材量与采伐蓄积量的比率。它是反映森林资源利用情况的重要指标，出材率高，表明林木资源利用好。

(三)采伐剩余物综合利用率

在森林资源采伐利用过程中，会产生大量的伐区剩余物，如梢头、枝干、树皮、树叶等。随着林产工业技术的发展，充分利用伐区剩余物和加工剩余物开展森林资源综合利用，不仅能为国家提供更多的产品，而且对节约森林资源，相对减少采伐面积，促进采育比例协调具有重要意义。反映采伐剩余物综合利用的指标是采伐剩余物综合利用率。其公式如下：

$$\text{采伐剩余物综合利用率}=\frac{\text{剩余物综合利用量}}{\text{采伐剩余物总量}}\times 100\%$$

第四节　森林资源再生产和可持续发展统计

一、森林资源的再生产

森林资源的生产是指生产森林资源的过程，其产品既包括林木资源，也包括非林木资源；既有生物资源，也有非生物资源；既有能直接为社会利用来生产木材和其他林产品等产品的有形的物质资源，也有能间接为社会提供公益效益的无形的环境资源。由于森林资源的特殊性，森林资源的生产不仅其产品具有多样性，而且各种产品的生产过程也是各异的。

森林资源的再生产就是森林资源生产过程的不断循环往复和更新。森林资源再生产属于林业再生产中物质产品的再生产，是林业再生产的物质基础，它既有森林资源的再生产，也有原有生产关系的维持或改变，还有原有劳动力的恢复或扩大。

从森林资源再生产的规模分，有简单再生产和扩大再生产。森林资源的简单再生产就是不改变原有的生产规模的再生产，是在原有规模上的简单重复进行；森林资源扩大再生产则是扩大原有生产规模的再生产。

森林资源扩大再生产，按其实现的途径分为外延扩大再生产和内涵扩大再生产；按其经营管理水平可分为粗放式扩大再生产和集约式扩大再生产；按其经营管理方式划分，可分为单纯生产型扩大再生产和生产经营型扩大再生产；按其表现形态可分为实物扩大再生产和价值扩大再生产。

森林资源扩大再生产可以不断改善人类生存环境，不断满足日益增长的社会物质产品的需求，同时对社会的平衡发展具有特殊意义。

二、森林资源再生产统计

森林资源的再生产统计可分为森林生物资源再生产统计和非生物资源再生产统计。

（一）森林生物资源再生产统计

森林生物资源再生产统计包括林木资源再生产统计和非林木资源再生产统计。

（1）林木资源再生产统计。内容主要有：防护林再生产、用材林（及薪炭林）再生产、经济林再生产、特用林再生产。

（2）非林木生物资源再生产统计。主要内容有：森林植物资源再生产、森林动物资源再生产、森林微生物资源再生产。

（二）森林非生物资源再生产统计

森林非生物资源再生产统计的主要内容有：森林水资源、森林矿产资源、森林环境资源。

三、森林资源的可持续发展统计

所谓森林资源可持续发展是指森林资源的保护、管理、开发、利用等活动既能满足当代人的需求，又不损害未来后代满足他们需求的能力。

森林资源可持续发展是以森林资源的高产、优质、低耗、高效、无废的生产模式和适度消费模式为核心的发展过程。这一过程必须遵循人与自然、经济与生态、环境相协调的基本原则，必须不断地对森林资源系统的功能结构进行调整、重组和优化，才能增强其可持续发展的能力，其最终目的是要满足现代人的基本需要，既包含人们对各种有形产品的需要，也包含人们对生态环境的需要。

森林资源可持续发展统计的指标有生态系统多样性指标、物种多样性指标及森林系统生产力指标。

（一）生态系统多样性指标

生态系统多样性指标有：森林类型占森林面积的比值；按龄级或演替阶段划分的森林类型的面积及比值；人工林中针叶树与阔叶树的比例；保护类林地的森林类型面积；森林类型的片段化程度；按龄级或演替阶段确定为保护区的森林类型面积的比值。

（二）物种多样性指标

物种多样性指标有：森林物种的数量；处于不能维持可繁育物种群风险的森林物种的

数量。

（三）森林系统生产力指标

森林系统生产力指标有：林地面积和能够用于木材生产的净林地面积；各森林类型面积和活立木蓄积量；林业用地中各立地面积的比例；可供木材生产的林地面积与蓄积量按龄级的分配比。

第五节　森林资源连续清查统计

一、森林资源连续清查的目的、任务与方法

森林资源连续清查（一类清查）是森林资源监测体系的重要组成部分。通过清查能及时、准确地查清森林资源的数量、质量及消长动态并进行森林资源综合评价，为国家掌握宏观森林资源现状及其消长动态，制定林业方针、政策、规划提供依据，也是监督检查领导干部实行森林资源消长任期责任制的重要依据。

森林资源连续清查采用抽样调查方法，通过设置固定样地或配置部分临时样地实测样地调查因子。有条件时可用遥感技术与地面样地调查相结合获取样本资料，然后根据样本资料推算森林资源总体的有关数据。一类清查一般以省（自治区、直辖市）或大林区为单位，每五年清查一次。

二、森林资源连续清查的样地因子

森林资源连续清查的样地因子是根据清查目的及任务要求而确定的调查项目。根据我国现行的《国家森林资源连续清查主要技术规定》，样地调查因子见表2-1。

表2-1　森林资源连续清查的样地因子代码表

因子名称	代码	因子名称	代码	因子名称	代码	因子名称	代码
样地类型		起源		树种（组）		食用油料树种	
固定样地	1	天然林	1	红杉	10	油茶	551
临时样地	2	人工林	2	冷杉	20	油橄榄	552
增设样地	3	飞播林	3	云杉	30	文冠树	553
改设样地	4	坡向		紫杉	40	油棕	554
目测样地	5	东	1	铁杉	50	其他	559
成数样地	6	南	2	柏林	60	饮料树种	
放弃样地	0	西	3	落叶松	70	茶	601
地类		北	4	樟子松	80	咖啡	602
林分	111	东北	5	赤松	90	可可	603
经济林	112	东南	6	黑松	100	调料树种	650
竹林	113	西北	7	油松	110	花椒	651
疏林地	120	西南	8	华山松	120	八角	652

（续）

因子名称	代码	因子名称	代码	因子名称	代码	因子名称	代码
灌木薪炭林地	132	无坡向	9	油杉	130	肉桂	653
未成林地	140	林种		马尾松	140	胡椒	654
苗圃地	150	用材林	10	云南松	150	桂花	655
宜林荒山	161	防护林	20	思茅松	160	其他	659
采伐迹地	162	薪炭林	30	高山松	170	药材树种	700
火烧迹地	163	特用林	40	杉木	180	杜仲	701
宜林沙荒	164	果树林	50	柳杉	190	厚朴	702
非林地	210	油料林	55	水杉	200	枸杞	703
灌木林地	131	饮料林	60	水曲柳	210	其他	709
地貌		香料林	65	樟树	220	工业原料树种	
极高山	1	药材林	70	楠木	230	漆树	751
高山	2	工业原料林	75	栎木	240	紫胶寄生树	752
中山	3	其他	80	桦木	250	油桐	753
低山	4	立木类		硬阔类	260	乌桕	754
丘陵	5	林木	1	椴树类	270	棕榈	755
平原	6	散生林	2	檫木	280	橡胶	756
权属		四旁树	3	桉树	290	蜡树	757
国有	1	检尺类		木麻黄	300	栓皮树	758
集体	2	保留木	11	杨树	310	其他	759
坡位		进界木	12	桐树	320	其他经济树种	
脊部	1	枯死木	13	软阔类	330	蚕桑	801
上部	2	采伐木	14	杂木	340	蚕柞	802
中部	3	倒木	15	针叶混	350	其他	809
下部	4	漏测木	16	针阔混	360	材质等级	
谷地	5	多测木	17	阔叶混	370	用材树	1
平地	6	错测木	18	矮林	380	半用材树	2
可及度		普通样木		毛竹林	401	薪炭林	3
即可及	1	活立木	1	经济林树种（组）		植被覆盖度	
将可及	2	枯死木	2	果树类	500	75%以上	1
不可及	3	倒木	3	柑桔类	501	51%~75%	2
龄组				苹果	502	26%~50%	3
幼林	1			梨桃类	503	25%以下	4
中龄林	2			枣	504		
近熟林	3			柿	505		
成林	4			板栗	506		
过熟林	5			其他	509		

三、森林资源连续清查的消长动态指标

森林资源消长变化统计主要是各类面积和各类林木蓄积量的变化统计。这里主要介绍森林蓄积量消长变化统计。

森林资源蓄积量一方面随着林木的自然生长而增加，另一方面由于采伐森林、自然灾害、自然枯损等因素又使森林蓄积量减少。一定时期森林资源蓄积量的变化是由生长与消耗两因素综合作用的结果。因此，森林资源蓄积量消长变化的统计内容主要包括生长量统计和消耗量统计两个方面。

(一)森林资源生长量统计

林木增长量即林木随着年龄的增加，树高等因子的变化量。林木生长量的主要指标有：

(1)总生长量。生长量是指林木或林分在一定期间或年材积生长的绝对量。林木或林分在生长过程中，各年材积生长的数量为年生长量，在一定年龄期间内增长数量的积累总数为总生长量。总生长量是反映林木总经营成果的指标，一个地区或一个企业年林木生长总量包括有林地的生长量以及疏林地、散生木和“四旁”树的生长量。

(2)平均生长量。为反映林木的一般生长水平，往往也用平均生长量来衡量。

$$平均生长量=\frac{总生长量}{林龄}$$

平均生长量也是反映林木生产率的一个重要指标。

(3)定期生长量。是树木或林分生长过程中某一段时期生长量的总值。定期生长量是总生长量的一部分。定期生长量与年数之比为定期平均生长量，它说明该时期的一般生长水平。

(4)连年生长量。是一年间的生长量。它是说明在林业生长过程中，某一年生长情况。但由于测算困难，一般以定期平均生长量代替连年生长量。

(5)材积生长量。又称毛生长量，在一定面积上，不考虑其枯损情况，简单地根据现有林木的直径与树高的增长数量来计算材积生长量。

(6)净生长量。又称绝对生长量，是从毛生长量中扣除计算期间的枯损量后的生长量。

(7)生长率。年生长量与总生长量之比称为生长率，生长率反映林木材积的生长速度。

计算公式如下：

$$生长率=\frac{年生长量}{总增长量}\times 100\%$$

生长量和生长率是森林蓄积量变化的重要指标，林木的材积量是一个量的积累过程，积累的快慢，决定于生长率的高低，生长量和生长率的高低，与林地质量有关，也与人们投入林地的劳动量以及各项林学措施的正确性有关。生长量指标不仅是反映森林经营成果，而且是编制生产经营计划、核定采伐限额的重要依据，所以，世界各国都把生长量和生长率视为森林经营好坏的重要技术经济指标。

(二)森林资源消耗量统计

森林资源消耗主要有木材生产性采伐消耗、非木材生产性采伐消耗及枯损消耗三个

方面。

(1)木材生产性采伐消耗。是指以生产木材为目的所采伐消耗的林木蓄积量，可根据木材产量折算蓄积量。

(2)非木材生产性采伐消耗。非木材生产性采伐消耗包括：①基建性消耗，指基本建设(如修水库、修路、开矿等)占地所造成的林木损失；②能源性消耗，指用于作燃料的林木蓄积量消耗，包括生活烧柴、工业烧柴等；③培殖业消耗，指生产木耳、药材等消耗的林木蓄积量；④其他，指上述非木材生产性采伐以外的其他人为采伐活动所造成的林木消耗，如乱砍滥伐等。对于非木材生产性采伐消耗蓄积量，可根据各种产品产量或工作量与相应的木材消耗系数推算。

(3)枯损消耗量。是由于森林火灾、森林病虫害及其他灾害和林木自然枯损引起的蓄积量消耗。对于自然灾害的消耗量可按灾害面积与单位面积损失推算，自然枯损量可根据林木蓄积量且与自然枯损率推算。其计算公式如下：

$$\text{自然枯损量} = \text{林木蓄积量} \times \text{自然枯损率}$$

以上三方面蓄积消耗量的总和，可按优势树种、林龄、林种分类统计，反映森林资源蓄积消耗的规模和构成。为了反映森林资源蓄积消耗速度，可计算森林资源蓄积消耗率指标：

$$\text{森林蓄积消耗率} = \frac{\text{林木消耗蓄积量}}{\text{森林总蓄积量}} \times 100\%$$

成、过熟林蓄积是现有森林资源中可采伐利用的部分，也是森林资源蓄积消耗的主要部分。为反映成、过熟林蓄积消耗程度，分析评价成、过熟林消耗量是否合理，还应计算成、过熟林蓄积消耗率：

$$\text{成、过熟林蓄积消耗率} = \frac{\text{成、过熟林蓄积消耗量}}{\text{成、过熟林总蓄积}} \times 100\%$$

第六节　森林资源的评价指标

一、森林资源的综合评价指标

以上森林资源面积、蓄积量及其消长变动统计指标都是从某一侧面反映森林资源数量、构成。为从总体上综合反映森林资源数量、质量及变动情况，需要计算森林资源综合评价指标。主要包括森林资源数量评价指标、森林资源质量评价指标和森林资源增长速度评价指标。

(一)森林资源数量评价指标

综合反映森林资源数量的主要指标有森林覆盖率、森林蓄积量和林产品产量、副产品产量及森林的生态、社会效益等。

(二)森林资源质量评价指标

(1)单位面积林木年平均生长量。指某一年份林木生长量/有林地面积。

(2)单位面积林木蓄积量。指某一地区或某一单位的森林总蓄积量/有林地面积。

(3)单位面积年平均木材产量。指一定区域内年平均生产木材数量/有林地面积。

(三)森林资源增长速度评价指标

(1)森林面积年平均增长率。是评价计算期中森林面积逐年平均增长程度的指标。其计算公式为:

$$V_s = (\sqrt[n]{S_n/S_0} - 1) \times 100\%$$

式中:V_s——森林面积年平均增长率;

S_n——计算期末森林面积;

S_0——计算期初森林面积;

n——计算期间隔。

(2)林木蓄积量年均增长率,是评价计算期中森林蓄积量逐年平均增长程度的指数,计算公式为:

$$V_m = (\sqrt[n]{M_n/M_0} - 1) \times 100\%$$

式中:V_m——森林积蓄年平均增长率;

M_n——计算期末林木蓄积量;

M_0——计算期初林木蓄积量;

n——计算期间隔。

二、森林资源的经济评价指标

(一)森林资源经济评价的意义和原则

森林资源经济评价是指在森林资源调查和森林资源清查的基础上,利用现代先进科学技术和正确的统计计算方法,对现实森林资源进行的质量评定、价值评价和功能效益评价。森林资源经济评价包括了对森林环境内所有自然资源的综合评价。森林资源经济评价的原则有经济原则、林学原则和效益原则。

1. 经济原则

森林资源的经济评价,必须有利于森林资源的最优经济利用,有利于森林资源的保护和发展。森林资源有可再生的生物资源、可循环使用的环境资源和不可再生的矿产资源。由于各种自然资源经济利用的原则的不同,对其进行经济评价的原则也不相同。

对可再生的林木及其他生物资源的经济评价,必须按劳动价值的理论进行准确的经济计量评价;对于林地肥力、林地生产力、水资源以及森林环境内的光热气资源,由于在一定的时期内基本上有一个相对稳定的数值,可作为森林资源再生产过程中的循环再生或循环再利用资源利用,对其进行经济评价必须以充分利用为原则,适地适时地加以评价;对那些不可再生的矿产资源的经济评价则必须把现实评价和未来评价、开发经济收入效益和产生的社会效益以及外部经济效益进行比较,综合评价。

2. 林学原则

林学原则是指对森林资源的经济评价必须符合林木生长的自然规律。首先,根据林木生产投入和生长的生物积累量特点,对于中幼林分,不能也不可能根据林木的生物积累量来进行经济评价,而只能以林木生产投人作为依据,参照林分生长状况综合考虑。而对于近成熟林或过熟林分,应主要根据林木的生物积累总量(每公顷立木蓄积量)和林地木材生产作业条件加以综合确定。其次，从林木生长周期看，由于森林资源具有生长、更新周期长，投资回收效益慢的特点，在计算和确定林木资源的经济价值时，必须考虑初期投入资金的时间价值。

3. 效益原则

在评价森林资源的经济价值时，必须正确处理好森林直接效益和间接效益的关系，搞好森林资源的经济效益同生态效益以及社会效益之间的协调。

(二)森林资源经济评价的指标

1. 森林生产力评价指标

(1)反映林业用地利用程度的指标

①林地利用率：指有林地在林业用地中的比例。

②森林覆盖率：指有林地在土地总面积中的比例。

(2)反映森林生产率的指标。包括林分单位面积蓄积量；林分单位面积生长量；毛竹单位面积产竹量和经济林单位面积产量等木材以外其他林产品产量。

(3)反映森林质量的指标

①树种组成：分为用材林树种组成、经济林树种组成。

②森林蓄积量按粗度级的分配比：木材以外其他林产品质量等级。

③经济材出材率：造纸材干材干重的得浆率和树皮率等。

(4)反映森林资源增长速度的指标。包括造林成活率、保存率；用材林林龄组成；森林面积平均净增长率、森林蓄积量平均净增长率。

2. 森林资源的经济评价指标

森林资源的经济评价指标是指单位面积总产值和纯收入对森林资源开发利用的投资回收期。

3. 森林公益功能的评价指标

由于森林公益功能种类繁多，评价公益功能的指标也是多方面的，主要有：

$$\text{减少水土流失能力系数}=\frac{\text{营林前水土流失量}-\text{营林后水土流失量}}{\text{营林后森林覆盖率}-\text{营林前森林覆盖率}}$$

$$\text{抗污染、毒害能力系数}=\frac{\text{营林前污染物(毒素含量)}-\text{营林后污染物(毒素含量)}}{\text{营林后森林覆盖率}-\text{营林前森林覆盖率}}$$

$$\text{环境调节能力系数}=\frac{\text{营林前环境因素指标值}-\text{营林后环境因素指标值}}{\text{营林后森林覆盖率}-\text{营林前森林覆盖率}}$$

$$\text{抗自然灾害能力系数}=\frac{\text{营林前发生自然灾害损失量}-\text{营林后发生自然灾害损失量}}{\text{营林后森林覆盖率}-\text{营林前森林覆盖率}}$$

$$\text{防护需求保证程度}=\frac{\text{已得到森林保护的农田等面积总和}}{\text{需要森林保护的农田等总面积}}\times 100\%$$

$$\text{防护林防护效率}=\frac{\text{原受害面积}-\text{建成防护林后受害面积}}{\text{原受害面积}}\times 100\%$$

本章小结

本章主要介绍了森林资源统计调查的方法、森林资源利用统计的主要指标及其计算方法、森林资源再生产和可持续发展统计的内容和指标体系、森林资源连续清查统计指标以及森林资源的评价指标。通过本章学习，可理解掌握森林资源统计利用的指标体系和统计方法，对森林资源状况做出客观科学的评估，进而为森林资源的管理利用提供可靠依据。

思考题

一、判断题

1. 森林资源按地区分组能够反映出木材的供需关系。(　　)

2. 森林资源是指荒山荒地、林木和林中的野生动物。(　　)

3. 森林覆盖率是指有林地、灌木林地、林网占地、“四旁”树占地和疏林地占土地总面积的比例。(　　)

4. 更新率是指更新造林与采伐总面积的比率。(　　)

5. 林木生长量超过林木采伐量，说明我国用材林实现了永续利用。(　　)

6. 林地生产率高，则林地效益也一定高。(　　)

二、单选题

1. 森林覆盖率是(　　)。

A. 反映林业现代化水平的指标

B. 评价林业生产经营活动好坏的依据

C. 划分本材供销区的参考资料

D. 以上答案均不对

2. 在森林资源线计中，非林业用地是指(　　)。

A. 林中空地

B. 无林地

C. 林业局所属木材加工厂厂房用地

D. 以上答案均不对

3. 划分林种是为了(　　)。

A. 林产工业布局服务

B. 林业企业经营管理服务

C. 林业统计工作服务

D. 林业内部和林业与国民经济的比例关系服务

4. 在森林资产连线清查中，森林总蓄积量下降表明(　　)。

A. 森林质量下降

B. 森林资源危机加剧

C. 林地生产率下降

D. 林地面积减少

三、计算题

1. 某林场林业用地面积 77 118 亩①，各年人工幼林和成熟林面积资料如下：

---

① 1 亩 = 1/15 公顷。

单位：亩

年份	幼林和成熟林面积	年份	幼林和成熟林面积
1960	7 260	1971	48 229
1961	7 898	1972	50 560
1962	8 276	1973	54 199
1963	15 708	1974	59 401
1964	21 129	1975	61 732
1965	25 928	1976	62 182
1966	27 290	1977	67 692
1967	37 226	1978	70 612
1968	38 463	1979	71 832
1969	39 568	1980	72 634
1970	43 207		

计算：(1)各年林地利用率。

(2)建厂以来的平均林地利用率。

(3)设每亩每年林产品产值15元，计算并分析林业用地年平均生产率。

2. 某地区2019年森林资源情况如下：

管辖单位	总面积(hm^2)	各类土地面积(hm^2)					天然林及人工林蓄积量(m^3)
		天然林	人工林	疏林地	灌木林地	非林地	
第一林业局	61 350	60 100		2 290	720	8 230	7 269 000
第二林业局	169 000	148 000	3 970	2 370	2 800	11 500	26 737 100
第三林业局	97 200	572 000	1 330	850	4 430	33 400	4 237 100
第四林业局	184 500	175 000		1 020	650	7 830	31 323 400
林业局管辖合计	512 050	430 300	5 300	60 890	8 600	60 960	70 163 500
乡管辖合计	159 300	73 000	620	1 400	2 780	81 500	2 530 200

根据上述资料，试求出和分析以下向题：

(1)计算各林业局森林覆盖率指标。

(2)计算该地区森林覆盖率指标及影响该指标的因素。

(3)试分析该地区所属林业局、乡森林资源的拥有情况。

推荐阅读书目

陈文汇. 林业统计、监测与评价指标体系和方法研究. 中国林业出版社，2013.

张车伟，赵文. 中国劳动报酬份额问题. 中国社会科学出版社，2016.

丁梓楠. 基于不同产业劳动报酬差异的研究. 经济管理出版社，2010.

相关链接

1. 中国林业数据库. http：//www. forestry. gov. cn/data. html

2. 2016 年各地区林业系统企事业单位从业人员年末人数. http：//data. chinabaogao. com/nonglin-muyu/2018/02233209452018. html，2018. 2

第三章　营林生产统计

内容提要

营林就是科学造林的方法，是林业产业的核心。为了最大化地实现林业资源的可持续开发和利用，达到人与自然、人与环境的和谐与生态平衡，相关林业部门通常采取一系列合理营林培育的技术措施。本章在阐明营林生产统计的意义和范围的基础上，按照营林生产作业的主要环节，从诸多营林生产中的概念着手，分别介绍了采种育苗、造林更新、森林抚育、森林火灾和病虫害防治以及营林产品产量等方面的统计技术与方法。通过本章的学习，着重掌握营林生产各项统计指标的含义及计算公式，并能将相关理论用于解决或分析实际营林中的问题。

第一节　营林生产统计的意义和任务

一、营林生产统计的意义

营林是扩大森林资源的手段，是整个林业生产的基础。营林生产的数量和质量，决定着森林资源和木材生产乃至整个林业生产的规模。要扩大森林资源，改善生态环境，增加木材和其他林产品的供给，提高森林的生态效益、经济效益和社会效益，从根本上讲就是要大力植树造林，增加森林的面积和蓄积量，同时还要经营保护好现有森林，提高森林的质量。所以，营林生产统计具有重要意义，且主要包括以下三个方面：

(1)可以反映营林生产发展的规模和速度，为研究林业和国民经济各部门及林业内部的比例关系以及“基础”的建设方针的贯彻执行情况提供依据。

(2)为建立比较完备的林业生态体系，实现我国林业生态体系的系统化、配套化，做到覆盖普及、布局合理、结构稳定、功能齐全、整体效益最大化提供依据。

(3)反映营林部门内部经营活动情况，为制订和检查营林生产计划，计算营林生产经营成果，研究森林资源的培育和保护过程中各种技术措施的经济效果，总结推广先进经验提供依据。

二、营林生产统计的任务

营林生产是从事以培育、保护森林资源为主要目的生产活动。营林生产统计所反映的内容包括采种、育苗、造林、更新、幼林抚育、成林抚育、森林保护直至森林成熟的整个全过程。

营林生产周期长，从造林到森林成熟，大部分时间产品都处在“在制品”阶段，这就使营林生产统计表现为大量的生产工作量统计和工作质量统计。所谓工作量，是指进行营林生产过程的某一阶段或作业工作的数量。工作量的多少，说明森林培育过程某一阶段或作业完成数量的多少，可以反映森林培育的规模。但是，工作量毕竟不是产品产量。营林生产是复杂的，它以土地为基本生产资料。人们的劳动是通过土地，在自然再生产和社会再生产的结合下进行的。它不仅受社会因素的影响，而且受自然因素的影响。相同的劳动量，投入在不同的地区、不同类型的土地上，效果是不相同的。可见，工作量只能一定程度和间接地反映产品的产量，间接地反映产品的生产规模。

营林生产统计范围是指全社会所有营林生产活动的内容，包括国有林场、苗圃、自然保护区等从事的专业性营林生产活动；国家各级机关、团体、学校、部队进行的营林生产活动；集体所有制的乡、镇、村办林场从事的营林生产活动；农村各种经济组织和农户经营的林业生产活动以及村及村以下农村经济组织及农民个人进行的竹木采伐活动。

第二节　采种育苗统计

种苗是造林更新的物质基础。良种壮苗是林木速生、优质、丰产，确保造林更新成活的必要条件。要扩大造林更新规模，首先必须增加采种量，扩大育苗面积，增加苗木产量，使种子、苗木和造林更新相平衡。

一、林木种子采集量

林木种子采集量是指为植树造林所采集和收购的种子数量，包括本地区、本单位自采及直接或委托商业等部门收购的全部种子数量，不包括外地区调入或计入林产品产量的种子数量。种子数量以处理后的纯种计算。种子采集量是种子生产的基本指标，反映报告期采集可供育苗、贮存的种子数量。

二、母树林、种子园面积

种子遗传品质的好坏，对林木的生长速度、材质和造林成活等影响极大。用良种培育的苗木，造林成活率高，林分生长快，木材质量好。繁育良种的主要措施是通过建立母树林、种子园来实现的。

母树林面积，是指在优良天然林或确知种源的优良人工林的基础上，通过留优去劣的疏伐，为生产遗传品质较好的林木种子而营建的采种林分的面积。即选择现有的天然林和人工林的优良林分，通过留优去劣，疏伐改造，或选用速生树种的优良种苗造林，并进行抚育管理，成为定型的母树林面积。不包括正在筹建以及计划建立的母树林面积。

种子园面积，是指用优树无性系或家系按设计要求营建，实行集约经营，以生产优良遗传品质和播种品质种子为目的的特种人工林的面积。即嫁接、定植后 3 年，保存株数不低于原设计株数 85% 的面积。种子园按其繁殖方式，可分为两种：①实生种子园，直接用优树上采下的种子培育实生苗，从中选择优良苗木进行定植而建立起来的种子园；②无性系种子园，是从优树上采集穗条，以嫁接或插条方式建立起来的种子园。

母树林、种子园是繁育良种的基地，为了掌握其建设情况，要设立台账。内容包括：地理位置、土壤及气象因子、面积、树种、林龄、每公顷株数、用工、投资、结实情况等。种子林台账见表 3-1。

表 3-1　种子林台账

树种：________	所属单位：________		
改造（或移大树、新植）：________	面积：________（hm^2）		
所在地址：________	林班：________小班（或地名）		
海拔：________（m）	平均气温：________（℃）	林龄：________	郁闭度：________
坡向：________	最高气温：________（℃）	起源：________	每公顷株数：________
坡度：________	最低气温：________（℃）	组成：________	
土层厚度：________（cm）	全年无霜期：________（d）	树高：________（m）	平均活下枝高：________
基岩种类：________	初霜日期：________	胸径：________（cm）	结实情况：________
土壤质地：________	终霜日期：________	病虫害情况：________	
pH 值：________	年降水量：________	主要植物种类：________	

三、育苗面积

育苗面积是指为植树造林培育优良苗木所实际利用的苗圃面积。包括新育苗面积、留床面积、移植面积三部分，以及用于育苗的临时性灌溉排水设施和苗床间步道的面积。不包括苗圃休闲地、固定性或永久性灌溉排水设施和道路、建筑物等面积。育苗面积应全部实测。育苗面积不包括死亡的育苗面积。

（1）本年新育面积。指本年新播种、插条和移床的面积。

（2）留床面积。指以前年度培育的苗木，在本年内不能出圃尚需继续留床培育的面积。

（3）移植面积。指报告期内，苗木进行移植的面积。新育或留床的苗木如已进行移植，则应计算移植后的新面积，其原来的新育或留床面积不再计算。

四、育苗产量、单位面积产苗量

育苗产量指生产合格苗木的总株数，它是育苗阶段的生产成果。以百株、千株、万株为单位进行计算。苗木有 1 年生、2 年生、3 年生等，所以育苗产量的含义也不相同。它可以是 1 年生、2 年生未出圃的苗木产量，也可以是育成后的苗木产量。

苗木育成起苗后，要进行分级，即选苗，以保证苗木的质量。通常将苗木分成三类：成苗、幼苗和废苗。成苗是指符合规定质量标准，可供造林更新的苗木产量；幼苗是生长发育状况未达到造林标准的幼小苗木，经选苗后，幼苗可以移植，在苗圃中继续培育；废苗是指机械损伤、病虫害、针叶树双顶、无顶等不能用于更新造林，也没有继续培育价值的苗木。

单位面积产苗量是反映苗圃地利用效果的重要经济指标，可以按树种、苗龄、施业分别计算。

$$单位面积产苗量 = \frac{苗木总产量(万株)}{育苗面积(hm^2)}$$

首先，单位面积产苗量提高，生产同样多的苗木，就可以少占用苗圃地。其次，育苗时的整地、除草、灌水等工作量的大小与面积直接相关。单产高，劳动生产率高，成本低，经济效果好。可见，提高单位面积产苗量具有重要的经济意义。

五、成苗率、废苗率、有效苗率和一级苗产苗率

成苗率是成苗株数占育苗总株数的百分比；废苗率是废苗株数占育苗总株数的百分比；有效苗率是指在育苗生产中，实际单位面积有效苗数与育苗技术规程要求单位面积有效苗数之比。实际有效苗数可能超过规程要求的，也按有效苗率100%计算。以上三项指标，均反映苗木生产工作的质量。其计算公式如下：

$$成苗率 = \frac{成苗株数}{成苗株数 + 幼苗株数 + 废苗株数} \times 100\%$$

$$废苗率 = \frac{废苗株数}{成苗株数 + 幼苗株数 + 废苗株数} \times 100\%$$

$$有效苗率 = \frac{实际单位面积有效苗数}{育苗技术规程要求单位面积有效苗数} \times 100\%$$

一级苗产苗率，是一级苗的株数占全部合格苗木总株数的百分比。在实践中，不少地区和单位又对成苗进行分级，分为一级苗、二级苗和三级苗，并分级别计算产苗率，以此反映苗木质量。一级苗产苗率计算公式如下：

$$一级苗产苗率 = \frac{一级苗株数}{合格苗总株数} \times 100\%$$

苗木质量好坏，对造林成活率，造林后林木生长有重要影响。壮苗根系发达，抗灾害能力强，造林成活率高，生长快，速生丰产，是提高经济效益的重要途径之一。

六、苗木产量、质量调查

为了了解每年苗木生产的成果，做好苗木生产、供应计划，在秋季需要对苗木的产量和质量进行调查。其主要内容包括苗木数量、苗高、地径三项指标。苗木的调查方法有两种，一种是抽样调查，另一种是常规调查。

抽样调查是按照数理统计中的抽样估计原理，在苗木调查区内，按照要求的精度，随

机抽取一部分地段进行调查，然后推算总体的一种调查方法。这种方法的优点是事先可以控制精度，调查工作量小、速度快、效率高。

常规调查是指现在各省(自治区、直辖市)仍然普遍采用的调查方法。这种方法调查面积的比例是根据上级业务主管部门的要求确定的，一般规定抽查的面积占育苗面积的2%~4%。

第三节 造林更新统计

一、造林更新工作量统计

(一)造林面积

造林面积是指报告期内在荒山、荒地、沙丘、退耕地等一切可以造林的土地上，采用人工播种、飞机播种、植苗造林、分殖造林等方法新植成片乔木林和灌木林，经过检查验收符合《造林技术规程》要求的单位面积株数，并按《中华人民共和国森林法实施条例》规定，成活率达85%以上(含85%，年降水量在400 mm以下且无浇灌条件的地区造林成活率需达70%以上)的面积。“四旁”植树如一侧在四行以上，连片面积达0.066 hm^2以上，应统计在造林面积内。

在造林面积中，不包括补植面积、治沙种草面积、经济林垦复面积、迹地更新面积和低产林改造面积。

为了满足林业生产、经营管理等方面的需要，造林面积(也适用于更新面积)可按以下标志进行分类：

(1)按所有制分

①国有造林　指林权属国家所有的造林面积。

②国有集体合作造林　指国家与集体合作营造，林权属国家和集体共有，收益按合同规定的比例分成的造林面积。

③集体造林　即由乡镇、村、组集体营造，林权归集体所有的造林面积。

④个体造林　主要是指农村居民在房前屋后、自留地、自留山和农业集体经济组织指定的其他地方种植的树木，在以承包和其他方式取得的有使用权的林地上和在承包的荒山、荒地、荒滩上种植的树木(按照承包合同的约定归个人所有的)以及城镇居民在自有房屋的庭院内种植的树木。

(2)按林种分。可分为用材林、经济林、防护林、薪炭林和特种用途林。

(3)按树种分。东北林区可分为红松、落叶松、樟子松等；华北地区可分为油松、杨树、刺槐、泡桐等；南方地区可分为杉木、马尾松、云南松、桉树等。

(4)按造林方法分

①人工造林　包括人工定植与人工播种造林。

②飞机播种造林　指在大面积荒山、荒地或人烟稀少、地处边远地区的造林地上利用

飞机撒播林木种子(有时还有其他植物种子)或种子丸的造林面积。

(二)工程造林面积

工程造林面积属造林面积的一部分，是经国家正式批准，以保护和增加森林植被，扩大森林资源，保护生态环境为目的的林业建设工程。具体包括：三北防护林体系建设工程；长江中上游防护林体系建设工程；全国沿海防护林体系建设工程；淮河、太湖流域防护林体系建设工程；珠江流域防护林体系建设工程；黄河中游防护林体系建设工程；辽河流域防护林体系建设工程；全国防沙治沙工程；太行山绿化工程；平原绿化工程十大重点生态建设工程。此外，还包括世界银行贷款速生丰产用材林基地造林面积。

工程造林应具备以下条件：

(1)有资金保证。包括中央和地方安排的国家投资、育林基金等专项基金，以及银行贷款和群众(个人)集资等各种资金渠道安排的造林。

(2)按工程项目进行管理。主要有经过县以上林业主管部门批准的计划任务书、图文齐全的规划设计、作业设计。

(3)有严格的检查验收，并计入技术档案。

(三)迹地更新面积

迹地更新面积是指在新、旧采伐迹地和火烧迹地上，进行人工更新或人工促进天然更新以重新恢复森林(包括乔木林和灌木林)的面积。迹地更新面积不包括未经人工措施的天然更新面积以及补植面积。

(1)人工更新面积。指在迹地或林中空地上采用直播或植苗进行成片造林以形成幼林的面积。人工更新要求当年成活率不低于85%，三年后保存率不低于80%。

(2)人工促进天然更新。指在留有种树的采伐迹地上依靠天然下种，辅以人工措施，如整地、松土、除草、补植等，促进天然生长成幼林的面积。

更新从科学的含义上说，还包括天然更新。天然更新属于自然再生产，不是生产成果，不包括在更新面积内。但在研究整个森林资源再生产、采伐与更新的比例关系时，必须把天然更新的面积也包括在一起进行分析。

(四)零星植树

零星植树也称“四旁”植树，是指在路旁、水旁、村旁和宅旁等地成行(三行以下)或零星栽植树木和竹子的活动。在耕地上零星栽种的竹木也包括在内。零星植树一般只统计当年栽植并在年底实际成活的株数，不统计其面积。但当零星植树为一侧在四行以上，连片面积达0.066 hm^2以上，则应统计为造林面积，不再作为零星植树。

(五)补植补播面积

补植补播面积指对造林成活率达40%~84%或虽达到85%以上，而呈块状死亡，达不到经营要求的造林地，在种植点和缺苗处补植苗木或补播种子，以达到必要的密度的面积。补植补播面积不得计入造林或更新面积之内，以免重复，如因补植补播面积零星分散不便实测，可用以下方法计算：

(1)用实际补植补播的株数或穴数折算补植面积。如在一块地上补植2 000株，这块地每公顷要求造林密度为3 000株，则补植面积为2 000/3 000 = 0.67 hm^2。

(2)根据造林成活率推算补植补播面积。如新造幼林10 hm^2，成活率60%，现在该地进行全面补植，则补植面积为10 ×(100% - 60%) = 4(hm^2)。

(六)封山(沙)育林(草)面积

封山(沙)育林(草)面积是指利用林木或灌草天然更新的能力，对具有天然下种或萌蘖能力的疏林地、灌丛地、采伐迹地、火烧迹地以及荒山荒地、沙荒地等有条件的地方采取划界封禁和限制开垦、采樵、放牧等人工辅助措施，使其成为森林或灌草植被的面积。封山育林面积指实际封禁的面积，包括当年新封和历年封禁至本年尚未解封的面积。封山育林不包括为保护未成林造林地而进行的临时性封山。

二、造林更新中心工作进度统计

造林更新是森林资源再生产的关键性环节。造林季节时间短，节令性强，生产任务集中，所以，各生产单位都很重视，把它作为中心工作来抓。为配合这一中心工作，需要在造林季节开展造林中心工作进度统计，及时反映造林工作的进度及其存在的问题。

造林进度统计设置的指标要因地制宜、少而精，并且要考虑到以前年度，即指标设置要有动态连续性。一般设四个指标：①造林更新面积(分树种、当日统计完成)；②补植；③用苗量(采用直播、撒播造林为用种量)；④参加人数(分工人、干部、学生、家属等)。现整地现造林的单位还可以增设整地工作量，有些单位在春季造林时还把育苗中的新播、移植与造林一起统筹安排，因此，还可以增设育苗进度指标。

造林更新面积日完成量和累计完成量，结合计划造林、更新工作量进行分析，可以反映计划完成的进度。利用完成的造林、更新进度、参加人数和人日工效，可以预测造林季节完成和超额完成计划任务的可能性。用苗量的进度，与苗木供应量相结合进行分析，反映造林更新苗木的保证程度。

三、造林更新的检查验收统计

造林更新质量的好坏，是苗木能否成活的关键。为确保造林更新达到规定的质量标准，在造林结束后，要按小班进行严格的检查验收。检查验收除核实面积、整地质量以外，主要是检查栽植的质量。如抽查是否窝根、露根、覆土深度是否适宜等。通过检查对造林更新的质量做出全面评价。造林作业检查验收表，见表3-2。

表 3-2　作业检查验收证附表

工区施业分区小班检查验收日期：　　年　　月　　日

标准地行号	标准地面积(hm^2)	标准地行内植点数	不合格数量											
			植点检查									面积检查		
			合计	穴径不合格	穴深不合格	穴面不合格	苗不直	窝根	踩的不实	抚育不合格点数	补植不合格点数	合格面积	不合格面积	占标准地面积(%)
标准地合计														
折合每公顷数														
合计占小班施业面积(%)														
检查验收意见：														

四、造林更新密度统计

造林更新密度是指造林或更新植树时，单位面积上栽植的幼苗株数和直播林木种子的点数。确定适宜的造林密度，应根据造林目的、经营强度、林种特性、立地条件等因素综合考虑。

五、造林更新成活率统计

植树造林要以成活为准。造林不成活，说明不但没有为国家和社会创造财富，反而浪费了人力、物力和财力。

造林更新成活率，是指造林更新成活面积(或株数)与造林更新总面积(或株数)之比。它是考核前期或上年度造林更新有效成果的指标，也是检查造林更新阶段工作质量的综合指标。因为造林更新是否实际成活，只能在当年秋季、年末或下年度才能检查出来。其计算公式如下：

$$\text{造林更新成活率} = \frac{\text{当年(或上年度)造林更新实际成活面积(或株数)}}{\text{当年(或上年度)造林更新面积(或株数)}} \times 100\%$$

第四节　森林抚育统计

造林更新以后直到森林成熟主伐以前，要对森林进行经营和管理。要根据森林生长规律，采取各种人工措施，创造有利于林木生长发育的环境条件，以促进成林、成材、速生、丰产、优质。森林抚育是林业生产的重要内容之一，内容多样、时间长、工作量大。

一、幼林抚育统计

幼林抚育统计主要是统计幼林抚育面积。幼林抚育面积，是指为了促进幼林生长，对郁闭度在0.19(含0.19)以下的新造林地(造林后不满3~5年，飞机播种后不满5~7年或林木平均胸径低于5 cm以下的有林地)或在未成林造林地进行中耕、松土、培土、除草、灌溉、防寒等抚育工作的面积。幼林抚育是提高幼林成活率和促进幼林生长的重要措施，通过幼林抚育面积与幼林面积对比，可以考察幼林抚育工作的情况。

为观察受抚育幼林的实际面积和工作量，在统计上可分为：

(1)幼林抚育实际面积，是反映有多少面积幼林进行了抚育，当年在同一块幼林地上，不论进行几次作业，不重复计算。

(2)幼林抚育作业面积，指受抚育幼林的实际面积与抚育次数的乘积之和，用公顷次表示，反映幼林抚育的工作量。例如，幼林3 hm^2，年内抚育了3次，其作业面积即为9公顷次。而其幼林抚育实际面积仍为3 hm^2。

幼林抚育作业完成后，要进行质量检查验收。验收是按小班选标准行或设标准地逐穴逐株进行调查。调查结果记录于幼林抚育作业质量检查验收单，如表3-3所示。

表3-3 幼林抚育作业质量检查验收单

编号：______________

1. 更新造林地理位置：_________支线_________ 林班_________小班_________；
2. 更新造林时间：_________ 年_________月_________日；
3. 小班面积：_____________(hm^2)；更新造林树种：_____________；
4. 初植密度：_____________(株/ hm^2)；保存密度：_____________(株/ hm^2)；
5. 抚育方式和方法：_____________ ；第_____________次抚育；
6. 抚育时间：_________ 年_________月_________日；每公顷用工：_____________个；
7. 参与抚育单位：_________________ ；现场员：_____________________________；
8. 标准地检查验收记录：

标准地序号	标准地面积	被检查株(穴)数						记事
		合计	草不净	穴面小	伤苗	漏穴	裸漏根	
合计								
平均								

9. 小班抚育合格率：_____________%；每公顷实际抚育：_______________ 株(穴)数；小班实际抚育：_____________株(穴)数；_____________；

10. 抚育质量评价及验收人员意见：

单位：_____________林场；参加检查验收人：_____________，_______年_______月_______日。

另外，我们还可以通过计算幼林年抚育率和幼林平均抚育次数两个指标来反映集约经营的强度。其计算公式如下：

$$\text{幼林年抚育率} = \frac{\text{幼林抚育实际面积}}{\text{全部幼林总面积}} \times 100\%$$

$$\text{幼林平均抚育次数} = \frac{\text{幼林作业面积}}{\text{全部作业面积}} \times 100\%$$

二、成林抚育统计

随着幼林逐渐长大，森林由形成时期逐渐过渡到速生时期。成林抚育是对郁闭度达 0.2 以上(含 0.2)的人工林和天然林，为改善林木组成，提高森林质量，促进林木生长而进行的间伐、松土、施肥等。成林抚育除集约经营的经济林、种子园、母树林以外，一般抚育间隔时间长，因此，只统计实际面积。

在成林抚育中，以抚育间伐最普遍、最重要，抚育间伐按其种类分，可分为透光伐、疏伐两类。抚育间伐除用面积反映工作量以外，还有间伐强度、出材量、出材率等一系列经济指标。本节仅就间伐强度说明如下，其他指标将在其他章节详细介绍。

间伐强度，是指伐除的林木与间伐前的全部林木之比，一方面表明间伐保留林木的稀疏程度，另一方面表明林分伐除进行中间利用的程度。间伐强度可以用蓄积表示，也可以用株数表示。其计算公式为：

$$\text{间伐强度} = \frac{\text{间伐蓄积量}}{\text{伐前林分总蓄积量}} \times 100\%$$

或

$$\text{间伐强度} = \frac{\text{间伐株数}}{\text{伐前林分总株数}} \times 100\%$$

用蓄积量表示的间伐强度指标，可与出材量、劳动消耗量、成本、利润一起进行研究。用株数表示的间伐强度，可予保留木的营养空间、生长量的变化一起进行分析。两种指标都有重要的意义。

分析间伐强度是否合理，必须根据林业主管部门的有关规定，并结合树种的生物学特性、自然条件、木材生产过程中的一系列技术经济指标，从多方面进行综合分析。抚育间伐后要检查验收，根据验收记录登记于抚育间伐明细台账，再记入森林小班卡片。

三、造林保存率

造林保存率是森林保存面积与造林面积之比，反映造林后森林的保存程度。造林至森林郁闭，是争取保存率的关键时期。狭义的造林保存率，是指幼林郁闭时保存的幼林面积与造林面积之比，综合反映幼林阶段管护质量。其计算公式如下：

$$\text{造林保存率} = \frac{\text{幼林保存面积}}{\text{造林面积}} \times 100\%$$

广义的造林保存率，是指森林成熟时保存的森林面积与造林面积之比，综合反映整个森林培育期管护的量。其计算公式如下：

$$\text{造林保存率} = \frac{\text{森林成熟时保存的森林面积}}{\text{造林面积}} \times 100\%$$

第五节 森林火灾和病虫害防治统计

一、护林防火设施统计

森林火灾应以预防为主，采取有效措施，尽量避免其发生。设置护林防火地面设施，是预防森林火灾的一项重要措施。

(1)瞭望台。是指为了及时发现森林火灾，确定火灾发生的地点，在林区高处设立的观察场所。瞭望台的设置密度视地形情况而定，平原地区可稀些，山区可密些。

(2)防火线。指为了防止森林火灾的蔓延和扩大，在林区内开辟的无林和无杂草宽带状空地。以“km”或“m”为单位统计。反映报告期拥有的防火线长度。防火线在幼林时开辟，以后根据杂草生长情况，需不断进行维修。除了统计防火线总长度外，还需设置本期新辟和维修两个指标。有些单位在防火线营造耐火的阔叶树种，在林区形成防火林带。防火林带具有良好的防火效果，亦应统计。此外，还需计算防火线(带)密度指标，以反映单位森林面积拥有防火设施的数量。其计算公式如下：

$$\text{防火线(带)密度} = \frac{\text{防火线(带)长度(m)}}{\text{森林面积(hm}^2\text{)}} \times 100\%$$

二、森林火灾统计

森林火灾是指因火灾烧毁的成片林木(包括竹林)。不论是成林或幼林，均按森林火灾统计。

(一)森林火灾分类

(1)按危害程度分。①森林火警：受害面积不足 1 hm^2；②一般火灾：受害面积 1 hm^2 以上但不足 100 hm^2；③重大火灾：受害面积在 100 hm^2 以上但不足 1 000 hm^2；④特大火灾：受害面积在 1 000 hm^2 以上。

(2)按发生原因分。①生产用火：如烧荒开垦、烧炭、机车喷火等；②生活用火：如吸烟、取暖、烧烤食物等；③祭祀用火：如上坟烧纸；④自然原因：如雷电触击森林起火等；⑤人为故意纵火。

(二)森林火灾发生率

森林火灾发生率是指每 100 000 hm^2 森林面积发生森林火灾的次数。

(三)森林火灾受害率

森林火灾受害率是指报告期内某一地区森林火灾中受害森林面积同森林总面积的比率，以千分数表示。

(四)森林火灾损失统计

(1)森林资源的损失。反映森林资源的损失一般有三个指标，即森林火灾受害面积、成灾受害面积和烧毁林木数量。森林火灾重者使森林化为灰烬，轻者也影响森林的生长量，故凡被火烧过的森林，不论火烧程度如何，均属火灾受害森林面积。在受害森林面积中，凡单位面积被烧毁或烧死成林株数在 30% 以上、幼林在 60% 以上的统计为成灾森林面积。烧毁或烧死的森林除用面积表示损失外，还必须调查其株数和材积反映火灾损失的数量。

(2)扑灭火灾的损失。①扑火经费：包括交通费、消耗物资的价值、扑火人员经费等；②动员扑火人工数：指参加扑灭森林火灾的实际工日数；③伤亡人数：指因扑火造成人身伤亡的总人数。

三、森林病虫鼠害防治统计

1. 森林病虫鼠害发生面积

指森林病虫鼠害种群密度(虫口密度、感病指数、捕获率)达到能造成轻级以上危害或已造成轻级以上危害的面积，分轻、中、重三个发生等级。在同一林分中同时发生两种以上的病虫害，以其中主要的病虫害计算发生面积。年终统计发生面积，以实际发生面积计算，即将各代病虫害的累计发生面积，扣除重复发生面积。实际面积难以分清的，以发生面积最大的那一代计算。

发生面积合计 = 发生“轻”级的面积 + 发生“中”级的面积 + 发生“重”级的面积

2. 森林病虫鼠害寄主树种面积

森林病虫鼠害寄主树种面积是指所发生病虫鼠害的寄主树种面积。

3. 森林病虫鼠害发生率

森林病虫鼠害发生率是指森林病虫鼠害发生面积占森林面积的百分比。

4. 森林病虫鼠害防治面积

森林病虫鼠害防治面积是指在已发生和尚未发生森林病虫鼠害的林地上进行预防和治理的面积。

(1)森林病虫鼠害防治实际面积。指施行各种病虫鼠害防治措施的实际森林面积。不论报告期在同一林地上防治的次数多少，只按一次计算，说明报告期经过病虫鼠害防治的森林面积有多大。按防治方法的不同，又可分为：

生物防治面积，指利用森林虫害的生物天敌来防治的面积。

化学防治面积，指采用有毒的化学药剂进行森林病虫鼠害防治的实际面积。

仿生制剂防治面积，指采用人工合成仿生性的、对人畜无毒的化学物质防治森林病虫鼠害的面积。

人工防治面积，直接采用人工或人为利用简单工具防治森林病虫鼠害的面积。

(2)森林病虫鼠害防治作业面积。它以防治作业为统计对象，是实际面积与次数的乘积，说明报告期完成的森林病虫鼠害防治作业量，用“公顷次”来表示。

5. 森林病虫鼠害防治率

森林病虫鼠害防治率是指森林病虫鼠害实际防治面积与发生面积的比例。

6. 森林病虫鼠害防治费用

森林病虫鼠害防治费用是以一定面积上防治作业中所发生的直接费用计算。

7. 森林病虫鼠害实际灾害损失

森林病虫鼠害发生后，实际造成的灾害损失量。用材林统计立木损失的生长量；经济林、薪炭林以及鼠害对新植林的危害等无法以蓄积量计算的，可折算为价值形式予以说明；防护林、特种用途林等无经济效益的暂不计算。

第六节 营林产品产量统计

一、营林产品产量统计的内容

营林产品产量是营林生产活动的成果，以实物为单位计量。

(1)人工林生长量。营林生产主要是培育森林，其年生产量就是用年净生长量作为营林生产的产品。

(2)从人工培育的林木上，不砍伐林木本身而取得的林产品。这类产品种类繁多，根据它们的主要经济用途，可分为以下几类：①木本粮油，如油茶籽、核桃、板栗等；②工业原料，如松脂、生漆等；③副食品，如木耳、香菇等；④其他，如药材、林木种子等。

(3)村、农民个人竹木采伐量。指集体和农民个人采伐后出售的及自采自用的部分。

二、营林产品产量的计算标准

营林生产的各种物质产品，由于加工程度的不同，其数量也不一样。为了有一个统一的统计标准，对主要产品的计量标准做如下规定：油桐籽、油茶籽、核桃以除去外壳的干籽计算产量；乌柏子、五倍子以其干籽计算产量；棕片按干片计算产量；竹笋以竹干计算产量；生漆、松脂按从树上割下来的生漆、松脂计算产量；森林蓄积、木材按立方米计算产量。

三、林产品单位面积产量和采收率

(1)林产品单位面积产量。是指林产品总产量被实际采集面积除，反映单位面积上平均生产出产品的数量。其计算公式为：

$$\text{林产品单位面积产量} = \frac{\text{林产品总产量}}{\text{实际采集面积}}$$

单位面积产量，按各种产品分别计算。林产品单位面积产量与经营好坏有关，也与立地条件有关。此外，还有大年和小年之别，在分析时都应注意。林产品单位面积产量是反映林业生产水平的一个重要经济指标。

(2)林产品采收率。是指实际采收的林产品产量与可能取得的全部林产品产量的比率，反映林产品采收工作的质量。其计算公式为：

$$\text{林产品采收率} = \frac{\text{实际采收的林产品产量}}{\text{可能取得的林产品产量}} \times 100\%$$

可能取得的林产品产量，是通过抽样调查或典型调查的资料计算的。抽样调查或典型调查可以在采收前进行，也可以在采收后进行。

本章小结

本章在阐明营林生产统计的意义和范围的基础上，按照营林生产作业的主要环节，从诸多营林生产中的概念着手，分别介绍了采种育苗、造林更新、森林抚育、森林火灾和病虫害防治以及营林产品产量等方面的统计技术与方法。通过本章的学习，着重掌握营林生产各项统计指标的含义及计算公式，并能将相关理论用于解决或分析实际营林中的问题。

思考题

一、判断题

1. 种子园面积是经过定植嫁接后，保存株数达到原设计株数的85%以上，已成园的实际面积。(　　)

2. 苗木留床面积包括苗木移植后的空床面积。(　　)

3. 造林保存率，从狭义上讲是指幼林郁闭时保存的幼林面积与造林面积之比。(　　)

4. 营林产品产量包括林木生长量和村及农民个人采伐的竹木。(　　)

5. 幼苗是指生长发育达不到标准，也有继续培养价值的苗木。(　　)

6. “四旁”植树面积是指造林4行以上，继续0.067 hm^2 以上的造林面积。(　　)

7. 营林生产工作量统计，能够反映出森林培育的规模。(　　)

8. 某一苗圃的产苗量，是指该苗圃当年所生产的全部苗木数量。(　　)

9. 更新面积是指人工更新和天然更新面积。(　　)

二、单选题

1. 育苗面积是指(　　)。

A. 苗床面积和临时性的灌溉排水设施占用的面积

B. 苗木生长所占用的苗床和苗圃的休闲地

C. 苗木生长所占用的苗床妙计和苗床间的步道

D. 以上无一正确

2. 造林面积是指(　　)。

A. 封山育林面积

B. 采伐迹地上新植树木的面积

C. 林中空地上新植的面积

D. 荒山上新植树木，成活率达到85%以上的片林面积

3. 以下属于营林产品的是(　　)。

A. 人工林生长量

B. 从野生林木上采集的产品

C. 农民自用的薪材

D. 乡政府组织采伐的楠竹

4. 补植面积是指(　　)。

A. 对造林地上漏植点的补植面积

B. 在成活率未达到85%的更新造林地上补植的面积

C. 在成活率达到85%以上的造林更新地上补植的面积

D. 对造林地上死亡幼苗的重造面积

三、多项选择题

1. 林木种子采集量包括(　　)。

A. 油菜籽

B. 委托商业部门收购的林木种子

C. 外地调入的种子量

D. 本单位收购的种子

2. 工程造林面积的特点是(　　)。

A. 有资金保证

B. 有技术档案记载

C. 集约经营

D. 专职的造林队伍

四、计算题

1. 某林场1999—2018年造林面积和保存面积资料如下：

单位：hm^2

年份	造林面积	保存面积	年份	造林面积	保存面积	年份	造林面积	保存面积
1999	500	178	2006	802	445	2013	8 639	1 882
2000	9 221	7 828	2007	1 202	1 005	2014	5 202	5 047
2001	10 400	3 662	2008	2 019	1 409	2015	2 331	2 087
2002	9 418. 5	3 131	2009	1 362	1 106	2016	336	237
2003	2 037	1 364	2010	933	875	2017	5 512	5 304
2004	1 056	699	2011	1 237	1 084	2018	3 603	3 592
2005	640	304	2012	1 105	649			

计算：(1)历年造林保存率。

(2)1999—2018年平均保存率。

(3)分析历年造林保存率的变化及趋势。

2. 某林场2019年培养的杉木苗30亩，马尾松10亩(净面积)。设标准地调查，杉木每平方米有苗木52株，其中幼苗5株，马尾松每平方米幼苗113株。计划造杉木林3 500亩，马尾松2800亩，株行距为1. 8 m×1. 5 m。根据育苗情况分析造林计划的可能性。

3. 河北省某苗圃油松一年生播种苗，垄作，垄宽7 m，播20垄。用抽样调查方法调查产量，调查区长30. 8 m，宽14. 6 m，样地面积0. 42 m^2。外业调查资料如下：

单位：株

样地号	1	2	3	4	5	6	7	8	9	10
各样地株数	108	131	181	177	95	135	125	193	158	125
样地号	11	12	13	14	15	16	17	18	19	20
各样地株数	156	135	93	140	120	129	150	174	163	173

根据上述资料，试回答：

(1)产量预测值的精度能否达到90%？

(2)单位面积产苗量是多少？

推荐阅读书目

陈文汇．林业统计、监测与评价指标体系和方法研究．中国林业出版社，2013.

张车伟，赵文．中国劳动报酬份额问题．中国社会科学出版社，2016.

丁梓楠．基于不同产业劳动报酬差异的研究．经济管理出版社，2010.

相关链接

1. 中国林业数据库．http：//www. forestry. gov. cn/data. html
2. 2016 年各地区林业系统企事业单位从业人员年末人数．http：//data. chinabaogao. com/nonglin-muyu/2018/02233209452018. html，2018. 2

第四章　森林工业生产统计

内容提要

森林工业生产是对森林的采伐和利用，属于工业性生产活动。其中，木材及竹材采运业属于采掘工业；木材加工及竹、藤、棕、草制品业，木制品及家具制造业，造纸及纸制品业，林产化学产品及林业机械修造等则分属于制造业。森林工业是国民经济与社会发展的基本条件之一。其主要产品有：木材、竹材、锯材、木片、胶合板、纤维板、刨花板、细木工板、木炭、松香、松节油、木材水解乙醇、纸浆、厚纸板、家具等。这些产品是国民经济和社会发展的各部门的重要物资，于国计民生有重要意义。

本章将在森林工业产品概念和分类介绍的基础上，从森林工业产品实物量、结存量、产品品种与质量统计等多个维度予以展开。森林工业生产统计的基本任务是：科学、准确地核算森林工业生产各段工作量及各种产品产量指标，以反映生产的规模；计算产品品种指标，检查和监督品种完成情况；计算产品质量指标，以反映产品的质量水平；并在此基础上，对其进行深入的统计分析，为全面的综合分析提供资料。

第一节　森林工业产品的概念及其分类

一、森林工业产品的概念

森林工业产品是森林工业企业在报告期进行森林工业生产活动的直接有效成果。它必须同时具备以下四个条件：

(1)它是本企业生产活动的成果。它必须是本企业劳动者在生产过程中所创造的，才是企业生产的成果，统计其产量。不是本企业在生产活动中所创造的，例如，木材采运企业销售购进的煤炭、布匹、日用品等，虽然也获得一定的收入，但不是企业的生产成果，不得计入本企业的产量中。

(2)它是本企业工业生产活动的成果。森林工业企业除进行工业生产活动外，还从事许多非工业生产活动。尤其是木材采运企业是综合性的生产企业，除了生产森工产品外，还有营林、农副业和商业等。因此，在统计森工产品产量时，要严格区分森工产品和非森工产品的界限，只有工业生产活动创造的产品，才能计人森工产品产量中。

(3)它是本企业工业生产活动的有效成果。森工产品必须是符合国家质量标准或订货者合同规定的质量要求的合格产品，不符合原定质量要求，不能在原定用途上使用的废品，不是森工产品。大部分森工产品国家都规定有统一的质量标准，有的产品国家没有统一规定，则其质量要求以合同为准。

(4)它是本企业生产活动的直接成果。森工产品必须是本企业生产活动所预期的直接成果。采伐森林的预期目的是生产木材，锯割原木是为了生产锯材。在木材生产和木材加工过程中的剩余物，如采伐后遗弃在伐区的枝叶、梢头、树皮等；在加工过程中的板皮、锯末等；都不是生产的目的产品，即不是企业生产活动所预期的直接成果，所以不是森工产品。

另外，有些企业在生产某种产品的同时，还生产出另外一些别的产品来。例如，木材干馏厂生产乙酸的同时又生产出木炭；松香厂生产松香的同时又生产出松节油等。这些与主要产品同时生产的产品，叫联产品。

此外，还有副产品。如木材加工企业利用加工剩余物，边、角、余料、锯末、刨花等生产的纤维板、刨花板等。

产品和副产品具有新的使用价值，经过检验合格，计入森工产品产量中。

二、森林工业产品的分类

(一)森林工业产品按物质形态分类

森工产品按物质形态可以分为以下两类：

(1)实物产品。是指经过森林工业生产活动，创造了新的实物形态和具有新的使用价值的产品。例如，木材、锯材、胶合板、纤维板等，它们的生产标志着使用价值的改变和社会实物产品的增加。

(2)工业性作业。指生产活动的结果不是表现为新的使用价值的创造，而是对某些已损坏的工业产品进行修理以恢复其丧失的使用价值(如运材汽车、集材拖拉机的修理)，或对产品进行简单加工以增加其使用价值(如喷漆、电镀、研磨等)。前者是修理作业，后者是加工作业。

划分实物产品和工业性作业是以是否创造了新的使用价值作为基本标志，此外还有两个辅助标志：

①是否改变了加工对象的物质形态或产品的物理化学性质。凡是加工结果改变了产品的物质形态或物理化学性质的，是实物产品；否则，是工业性作业。

②是产品全工序或主要工序加工，还是个别工序简单加工。凡是经过全工序或主要工序加工的，是实物产品；只完成个别次要工序简单加工的，是工业性作业。区分实物产品与工业性作业具有重要的意义。通过这种分类，可以分析产品的构成，计算实物产量以及计算总产值等。

(二)森林工业产品按完成程度分类

森林工业产品的生产是经过许多道工序的加工逐步完成，最后经过质量检验入库的。因此，在任何时候，企业内部都存在着各种完成程度不同的制成品。为了核算的需要，按照加工完成程度的不同，将森工产品又分为成品、半成品和在制品。

(1)成品。是指在企业内已完成最后一道生产工序，在本企业内不再进行任何加工，经验收合格，并办完入库手续，随时可以提供社会使用的产品。也就是说，成品一般需要具备两个基本条件：

①成品必须是本企业所制造，但不需要在本企业内进一步加工的产品。

②成品必须是随时可以提供给社会使用的合格产品。因此，只有符合规定的质量标准，经技术检验部门检验合格，并已办完入库手续，立即可以出售的产品，才是成品。如木材采运企业运抵最终贮木场，经验收合格，并办完入库手续的木材。

(2)半成品。是指在本企业内某一车间加工完成，经过检验合格，交入半成品库或办完移交手续，但还要在本企业另一车间继续加工或装配的产品。如木材采运企业集材到山、中楞经过检尺验收的木材；木器厂的锯材车间生产的板方材等。但是一种半成品在同一企业中，可能有一部分自用，一部分出售。自用部分因为还需要在本企业进一步加工，故为半成品。准备出售部分因不再需要在本企业进一步加工，则具有成品意义，故应列为成品。

(3)在制品。是指在各车间内各工序正在加工的产品以及已完成某一工序加工，但还要在另一工序上进一步加工的产品，或已加工完毕尚未检验入库的产品。在制品是处于原材料与半成品之间、半成品与半成品之间或半成品与成品之间的产品。如木材采运企业尚未打枝的伐倒木，正在运输途中的原条，都是在制品。

按完成程度划分产品在统计工作中有重要意义，准确、及时地掌握成品、半成品和在制品数量，对企业编制生产计划，调节生产储备、检查生产进度和进行经济核算提供可靠的依据。

第二节　森林工业产品实物量统计

一、森林工业产品实物量统计的意义

实物产量是以符合产品的物理化学性能或外部特征，并能体现产品的使用价值的实物单位所表示的产品产量。例如，木材、锯材以“立方米”表示，松香、松节油以“吨”表示，油锯以“台”表示等。

实物产量能够具体、鲜明地反映每一种使用价值的数量。统计实物产量的意义和作用主要表现为：

①表明企业向社会提供的实物产品的数量；

②反映企业生产的规模和水平。

③为供、销平衡提供资料。

④研究产品之间、部门之间的比例关系。

⑤是计算其他一系列指标的依据。

二、森林工业产品实物量统计的原则

为了保证统计数字准确、及时，计算森工产品实物量指标时，必须遵循以下几个基本原则：

(1)质量原则。森工产品产量，必须是符合上级规定的质量标准或订货合同规定的技

术条件的合格产品。虽然没有完全达到规定的质量标准，但仍可在原定用途上使用的次品，也应计算产量，但与合格品分别统计。

(2)时间原则。必须是报告期内生产的产品产量。所谓报告期生产的产品产量，是指按规定从报告期第一天第一班开始至报告期最后一天最后一班为止全部产量。

(3)入库原则。森工产品只有已办理入库手续后，才能随时提供社会需要。所以，核算实物产量，必须以产品的入库凭证为依据。企业报告期的产品检验入库截止时间应按主管机关规定执行，并应与会计核算的结算时间一致。结算时间一经确定，必须严格执行，不得随意改变。木材采运企业的木材生产验收入库时间，规定截止为报告期最后一天的18：00。

(4)目录原则。企业填报产量报表时，应按产品目录规定的产品分类、产品名称、排列顺序、包括范围、计量单位填报。凡是列入目录内的产品，不论是本企业的主要产品或次要产品，成批生产或少量生产，也不论是自备原材料生产或来料加工生产，是准备出售的商品量或本企业生产消耗的自用量，均应填报。

(5)度量原则。①一般应按实际过磅或者计量后的数量计算。②某些企业由于缺少计量设备，必须对产品产量进行估算时，应尽量使估算数接近实际。测算一定要有根据，对被测算的产品产量要定期进行测定。在选择测定标准时，要注意样品代表性。

三、森林工业产品实物产量统计中的一些具体问题

由于森工产品生产情况极为复杂，所以在统计产品实物量还会遇到许多具体问题，这里就主要问题说明如下：

(1)商品量和生产自用量的统计问题。商品量是指已经销售或可供销售的成品或半成品产量。生产自用量是指企业在报告期内生产，已作为本企业产品产量统计，同时这部分产品又作为本企业生产另一种产品的原材料所使用的数量。例如，森工企业(林业采育场)用本企业生产并计算了木材产量又用于加工锯材的木材数量，应作为企业自用材统计自用量。但是，由本企业验收合格入库的，作为商品出售给本企业生产用、在建工程用或行政部门用的产品数量，不做自用材统计，而作为销售量统计。

(2)关于调整产品产量统计数字的规定。本年已上报的产品产量，如发现数字不实(多报、瞒报或计算错误等)，应于发现当月在“本年本月止累计”数中调整并加以说明。上年生产的产品，本年发现统计数字不实时，在年报报出一个月内，应向受表机关订正年报数字。如在年报报出一个月后才发现，也应主动与上级统计部门联系，经上级统计部门批准后，方可不做调整。

(3)企业出厂的产品如因本企业的责任而发生退货时，应分情况处理。凡可修复的产品，修复后不得重复计算产量；凡不能修复的产品，应在报告期本年本月止累计数中扣除，并加以说明。跨年度的退货，调整办法同上(2)。

由于自然灾害、自然损耗等属于非企业原因而造成的产品损失，均不必调整已报的统计数字，但应加以说明。

四、森林工业产品实物量指标

(一)木材产量

木材产量(全社会木材产量)，指国有、集体和其他各种经济类型的企业、事业单位经营的森林与林木，以及农村居民个人自留山的林木(不包括薪炭林)经过采伐(包括主伐、抚育伐、卫生伐、林分改造等各种采伐方式)、造材、集材，最终运抵贮木场或指定调拨地点，并经检尺、验收符合国家木材标准的木材产量(包括途中拨交和企业自用材)。木材包括原木和薪材。原木指符合国家原木标准的各种规格的木材，一般分为直接用原木、特级原木加工用原木、杉原条等。薪材指在木材产量中不符合原木标准的部分。不包括枝丫烧材，烧材只统计市场销售部分。

木材产量按生产单位统计应包括：

①系统内国有企业单位生产的木材。

②系统内国有林场、事业单位生产的木材。

③系统外企业、事业单位采伐自营林地的木材。

④乡(镇)集体企业和单位生产的木材。

⑤村及村以下各级组织和农民个人生产的木材。

木材产量中不包括：

①农民个人采伐自留山上的薪炭林和房前屋后零星树木的木材。

②回收基建单位剩余的木材及收购的旧材。

③在境外采伐的木材运回国内销售的，境内单位不再统计其产品产量。

④生产运输过程中损失和自然消耗的木材。

(二)竹材产量

竹材指运出并可供销售的毛竹和蒿竹产量。毛竹指胸径围长在 23 cm 以上的竹材；蒿竹指胸径围长在 17 cm 以上的竹材。

(三)锯材产量

锯材指以原木为原料，利用锯木机械或手工工具将原木纵向锯成一定断面尺寸(宽、厚度)，并符合国家锯材标准以及供需双方协议商定标准的木材加工产品。锯材产量是指本企业用自备原木生产的锯材数量(包括本企业用自己生产的锯材再加工成其他木制品时耗用的锯材数量)和用订货者的原木生产的锯材数量之和。锯材分普通锯材和特种锯材。普通锯材指适应广泛用途的锯材；特种锯材指用于特殊需要的优质锯材，如枕木、铁路货车锯材、载重汽车锯材等。

锯材产量统计中的几个具体问题的规定：

①以锯材作为原料再加工成的锯材，如大、中方改制成为小方、板材等，不包括在锯材产量内。

②根据国家锯材标准规定，计入锯材产量的长度必须在 1 m(包括 1 m)以上，0. 99 m 以下的锯材不包括在锯材产量中，但供需双方协议商定标准的锯材，不论其长度多少，均统计在锯材产量内。

③凡利用锯材截头、胶合板材截头等加工剩余物，加工符合国家锯材标准的产品(如

包装箱板材、普通锯材等)可统计在锯材产量内。

④生产耗用量是指用于本企业生产的锯材经加工成家具、包装箱以及其他木材加工产品的数量，这部分用于本企业再加工木材产品的自产锯材，应统计在锯材产量内。

(四)人造板产量

人造板指用木材及其剩余物、棉秆、甘蔗渣和芦苇等植物纤维为原料，加工成符合国家标准(包括供需双方协议商定标准的产品)的胶合板、纤维板、刨花板、细木工板和木丝板等产品。

(1)胶合板。是具有一定规格的原木经旋(刨)切成单板，经干燥、涂胶、组坯、热压而成的符合国家标准及供需双方协议商定标准的产品。按其用途和原料可分为普通胶合板、特种胶合板和竹胶合板。

(2)纤维板。指用木材碎料(包括木片)、棉秆、甘蔗渣、芦苇等植物纤维作原料，经削片、纤维分离、铺装成型、热压而成的产品。按原料性质可分为木质纤维板和非木质纤维板。

(3)刨花板。指用木材碎料(包括木片)和其他植物纤维作原料，制成刨花，经干燥、施胶、铺装成型、热压而成的产品。按原料性质可分为木质刨花板和非木质刨花板。按用途又可分为普通刨花板、水泥刨花板和石膏刨花板。

(4)木丝板。指用木材刨成木丝，经搅拌水泥或菱苦土，铺装成型、加压、干燥而成的产品。主要用于预制构件板生产的框架。

(5)细木工板。指板芯用小方木条拼接组成，两面用单板胶粘的制品。一般细木工板是用木质材料，根据需要两面亦可用塑料或金属胶压。

(五)林化产品产量

(1)松香产量。包括用采割松脂蒸馏和松根浸提生产的松香。松香产量中应包括土法生产的产量。

(2)松节油产量。包括用采割松脂蒸馏和松根浸提加工所得的松节油，包括脂松节油和浸提松香松节油。

(3)栲胶产量。它以含单宁植物的皮、根、果壳等为原料，经浸提干燥而成。

(4)纸浆及纸板产量。纸浆包括各种方法生产的木浆、竹浆、苇浆、稻草浆以及其他各类纸浆。纸板包括牛皮箱纸板等。

(5)其他林化产品产量。如紫胶、木材水解乙醇、活性炭等。可按企业实际生产的产品填列。

(六)其他工业品产量

指森工企业生产的除上述各项以外的工业产品，包括林机、林药产品，也包括建筑材料产品、电力、生铁、煤炭、钢等。

第三节　木材生产采集运各段工作和在产品结存量统计

木材采运企业生产的木材产品产量与所完成的各阶段工作量，是两个既有联系又有区别的概念。木材产品产量，是表明企业生产活动的最终成果；而各阶段工作量则是反映在木材生产过程中，各个阶段的实物工作量，这些工作量尚需在下段生产中继续完成。木材采运生产过程，大体可分为三个主要阶段，即伐区作业阶段、运材作业阶段和贮木场作业阶段。企业为了正确的组织生产、合理的指导生产，必须经常统计木材采运各个生产阶段的工作成果，使各个生产阶段相互衔接、互相平衡，从而达到均衡生产。

一、伐区作业阶段

伐区作业阶段的生产活动主要是采伐木材，并通过各种集材方式将采伐后的木材从伐区集中到山楞或中楞。森林采伐的前一年必须进行伐区调查设计。伐区调查设计报经主管部门批准后，由企业根据计划把伐区拨交给林场进行生产，未经拨交的森林不得采伐。伐区拨交的正式文件是“采伐证”，或称“采伐许可证”。

(一)采伐量

采伐是伐区生产的第一道工序，它是将立木伐倒、打枝而成原条，或在山上对原条进行造材，而成为不同材种的原木和薪材。东北、内蒙古等运输条件较好的林区，多采用原条流水作业。南方林区，地形变化较大，原条运输有困难，多采用原木生产。因此，采伐量中分采伐原条和采伐原木。采伐原条是指立木伐倒，经过打枝，在山场不进行造材的工作量；采伐原木是指将立木伐倒，经过打枝，并按木材规格标准在山上进行造材后的数量。

(二)集材量

集材量是指将采伐后的木材从伐区集中到山楞或中楞，或先小集中后，再集中到山楞或中楞的木材数量。统计采伐量和集材量一般根据劳动组织或承包情况确定检尺次数。如采伐为一个工组、集材为另一个工组，则在采伐和集材后分别进行检尺；如采集在一起由一个工队负责，则在集材后进行检尺。检尺后根据检尺记录进行汇总，便可得到工组、工段、林场和企业的采伐工作量和集材工作量。

(三)平均集材距离

集材量是从整个木材生产过程的角度，反映由一个阶段到另一个阶段的木材数量，它对指挥生产和研究段落之间的平衡与衔接具有重要意义。但是单就集材来说，在一定时间和一定机械条件下所能完成的集材量，与距离的远近有关。在载量相同的情况下，距离近、趟数就多，完成的集材量就多；距离远、趟数就少，完成的集材量就少。因此，除了计算集材量以外，还必须计算集材距离和集材量，以便为计算和分析劳动效率、机械效率和集材机械消耗等提供资料。一个伐区的平均集材距离可以从伐区工艺设计的资料中获得。

$$\text{伐区平均集材距离} = \frac{\sum \text{各条集材线路距离} \times \text{各条集材线路集材量}}{\sum \text{各条集材线路集材量}}$$

同理，林场报告期的平均集材距离，是林场各伐区的集材距离与集材量的加权平均数。企业报告期的平均集材距离是各林场的加权平均数。

(四)伐区作业质量统计

伐区在采伐和集材后，要进行质量检查验收，严格把好质量关。伐区质量好坏的标准，主要是从林业再生产这个角度来考虑的。其内容包括：采伐质量、清林质量和森林资源利用的质量。伐区质量检查验收设标准地进行，根据规定项目，逐项进行实测。调查结果记录于伐区作业联合检查野账，并对各项质量进行评比记分，符合质量要求的发给采伐合格证。

根据伐区工艺设计和伐区联合检查野账的资料，登记伐区拨交验收统计表。根据检查验收资料，可以计算出实际采伐强度和森林资源出材率等指标。采伐强度是采伐蓄积量与伐前森林资源的全部蓄积量之比。出材率分原条生产和原木生产。原条出材率是指伐区森林资源原条出材率，是原条产量与采伐蓄积量之比。原木出材率是指伐区森林资源木材出材率，是木材产量与采伐蓄积量之比。

$$\text{伐区森林资源原条出材率} = \frac{\text{原条产量}}{\text{采伐蓄积量}} \times 100\%$$

$$\text{伐区森林资源木材出材率} = \frac{\text{木材产量}}{\text{采伐蓄积量}} \times 100\%$$

森林采伐伐区拨交验收统计表汇总了各伐区作业质量的检查情况，可以计算出林场和企业报告期伐区质量合格率。它是报告期采伐经检查验收合格的伐区面积与报告期采伐检查验收的全部伐区面积之比，综合反映了伐区各项作业的质量。

$$\text{伐区质量合格率} = \frac{\text{合格的伐区面积}}{\text{全部伐区面积}} \times 100\%$$

(五)途中拨交

把木材集运到中楞，其中，一部分直接把木材拨交给需材单位，由需材单位自己把木材运到需材单位所在地；另一部分木材由企业运到最终贮木场。中楞拨交，在南方原木生产的企业所占的比重较大，在东北国有林区原条生产的企业较少。除了中楞拨交外，还有山上拨交和运输途中拨交等。凡是在最终贮木场以前把木材拨交给需材单位的，统称途中拨交。途中拨效应视为完成企业的生产过程，计入木材产量中。

二、运材作业阶段

(一)运材量

运材作业阶段主要是反映从运材起点将木材运到最终贮木场(或指定调拨地点)的工作量。包括从山上运出、山楞运出、中楞运出到贮木场(或指定调拨地点)的木材数量。

(二)运输周转量和平均运材距离

运输周转量是运输量与运输距离的乘积，是反映运输工作量大小的指标，也是考察运输任务完成情况的主要依据之一。其单位为"$m^3 \cdot km$"或"$t \cdot km$"。平均运材距离是企业实际运材周转量除以运材量，或各批木材的运距与运量的加权平均数，反映报告期企业木材由运输起点至终点的平均长度。其计算公式为：

$$\text{平均运材距离(km)} = \frac{\sum \text{运材距离} \times \text{运材量}}{\sum \text{运材量}}$$

(三)木材运输损失量和损失率

木材运输损失量是指运输木材过程中损失的木材数量；损失率是指损失的木材数量占

实际运出木材数量的比重。由于存在着陆运和水运两种运输方式，应分别计算。公式如下：

$$陆运木材损失率 = \frac{运出量 - 到材量}{运出量} \times 100\%$$

$$水运木材损失率 = \frac{运出量 - 到材量}{推河量} \times 100\%$$

三、贮木场作业阶段

贮木场作业的主要内容是对运出木材进行卸车、原条造材、原木归楞、保管和木材装车调运等工作。

（一）装卸归作业

木材经过集运，从山上到中楞、从中楞到贮木场，每次转运都需要装卸，在东北林区，贮木场是装卸归最集中的地方，管理也较细致。

1. 装卸归工作量统计

装车（或船）工作量，指山楞、中楞装森铁车辆、汽车或船的工作量和贮木场装大火车、汽车或船的工作量。

卸车工作量，指在中楞卸汽车的工作量和贮木场卸森铁车辆、汽车的工作量。

归楞工作量，指将集运到山楞、中楞或贮木场的木材进行归垛的工作量。

2. 楞场工作质量统计

楞场是国家木材仓库，实行商品化管理。木材需要按材种、树种、材长、等级进行准确的选材和归楞，楞垛要整齐，并按订货单位合同要求的材种质量进行装运，以保证供货的产品质量。

（1）分级归楞合格率。分级包括材种长级和径级。长级和径级不同，价值也不同。因此，归楞时每楞的材种质量必须一致，不能混楞。要经常抽检一定数量的木材，测量其材长和径级，凡材长或径级大于或小于该楞规定的为不合格。通过检查计算出长级和径级合格率，反映选归工作的质量。

（2）账货误差率。木材归楞后记入野账，就是入库木材产品的数量。木材收拨应当账实相符，但有时往往会出现账面木材材积与实际木材材积不符，这时可以计算误差率，以反映检尺及统计工作的质量。账货误差率为实际木材材积与账面木材材积之差，然后被账面木材材积除所得之商数。

（二）造材作业

（1）造材量。造材是把原条截成符合各种规格标准的原木材种，称为造材。截成的原木材积数量为造材量。造材是木材生产中的一个关键工序，合理造材，对于充分利用森林资源，提高产品质量，保证材种计划的完成，增加产值和利润都有重要意义。在我国除贮木场造材外，还有其他地点的造材。为了反映不同地点的造材及其经济效益，造材工作量分为：山上造材、山楞原条造材、中楞原条造材、贮木场原条造材四种。

（2）原条造材原木出材率。原条经造材，生产成为原木、薪材。原条造材原木出材率是考核生产原木及其损耗的重要经济指标，也是造材工序的重要质量指标。其计算公式为：

$$原条造材原木出材率 = \frac{原木产量}{耗用原条总量} \times 100\%$$

(3)截造合格率。指造材时油锯手或电锯手截锯原条而制成各种原木时的工作质量。不合格者包括锯口偏斜、劈裂、捎锯(锯伤下一根木材)、不按量材员所划的印下锯、有印不割、不划印下锯等。合格的件数与全部抽检件数之比，即为截造合格率。有的企业只抽检三伤，即有无劈裂、锯伤、偏斜。有三伤为不合格。

$$截造合格率 = \frac{抽检全部件数 - 不合格件数}{抽检全部件数} \times 100\%$$

$$造材三伤率 = \frac{三伤件数}{抽检全部件数} \times 100\%$$

四、木材在产品结存量统计

在产品结存量是生产连续性的重要保证，是防止意外因素变化的措施，是保证成品计划完成的重要条件。但是，在产品结存量过大又会造成生产周期延长，占用资金多，而且也会影响产品质量。因此，搞好在产品结存统计对组织生产是非常重要的。

各段木材在产品结存量，是指在贮木场以前各木材生产阶段的在产品结存量，包括木材采运工人生产木材的各段在产品结存量，营林单位抚育改造采伐生产待运的各段在产品结存量，不包括最终贮木场的库存量。在产品结存量有账面结存量和实际结存量两种。

(1)账面结存量。指账面在产品结存的数量。它是期初账面结存量，加本期生产量，减本期运出量。生产量和运出量根据检尺小票汇总而得，分山上、山楞、中楞等。

期末账面结存量 = 期初账面结存量 + 本期生产量 - 本期集运出的木材数量

(2)实际结存量。指报告期末进行实际盘点的各段实际结存量。盘点结果，实际结存量多于账面结存量，为盘盈；少于账面数为盘亏。造成账实不一的原因是多方面的，较常见的是检尺误差；其次是一些新建企业，道路未通就开始生产，或伐区生产大于运输能力，木材不能及时运出而产生的腐烂；此外，还有山火烧毁、山洪冲失等。各段木材在产品结存量，实际结存量与账面结存量不符时，应遵循有关规定，说明原因，报请上级主管部门处理。

第四节　森林工业产品品种统计

一、森林工业产品品种数

产品品种，是指基本经济用途相同的同一类产品在其具体性能和实际经济用途中有差别的产品种数。森林工业产品品种数量，是指报告期内实际投产的品种数。森林工业产品品种指标，可以反映品种发展的规模，对搞好品种规划和产供销平衡工作有一定作用。通过不同时期产品品种数的对比，可以反映产品品种的增长变动情况，从一个侧面反映生产发展水平。森林工业产品品种，根据需要又有多种形式：

(1)企业生产品种数。是指企业在报告期已经生产和正在生产的产品品种数。这一指标比较粗略，它不管每个品种的产量多少，也不管是否完成了产量计划，只要符合主管部门关于品种的规定，均计入品种数中。企业产品品种数增加，是企业生产技术水平提高的标志。

(2)企业完成计划产量的品种数。是指企业在报告期已完成该品种计划产量的品种数，是考核企业品种计划完成情况的依据。

(3)某一地区或部门生产的品种数。是指某一地区或部门各企业生产品种汇总所得到的品种数。但在汇总时，应将企业间重复生产的品种数扣除。

二、品种计划完成情况

反映森工产品品种计划完成情况的指标主要有：产品品种计划完成率、产品品种计划完成情况指标、完成品种计划的企业所占的百分比等。

(1)产品品种计划完成率。企业品种计划完成情况，必须结合产品产量计划完成情况进行考核。品种完成率指标，是根据完成产量计划的产品品种数计算的，不包括虽已投产但并未完成产量计划的品种和计划外品种。其计算公式如下：

$$\text{产品品种计划完成率} = \frac{\text{报告期完成计划产量的品种数}}{\text{报告期计划规定品种数}} \times 100\%$$

(2)产品品种计划完成情况指标。产品品种计划完成率把没有完成计划产量的品种(不论其产量完成多少)，都视为没有完成品种计划。但是完成计划产量的百分之几和百分之几十，在程度上有很大的差别，在指标上应当有所反映。因此，有必要结合产量的完成情况来计算品种计划完成情况指标。在计算这个指标时，未完成计划的产品产量按实际数算，完成和超额完成的产品产量按计划数算，计划外的品种产量一律不算。这是按“不抵补原则”来计算的，避免了用某些计划外产品产量和超计划产量去抵充其他未完成计划的品种的现象。其计算公式如下：

$$\text{产品品种计划完成情况指标} = \frac{\sum \text{计划品种实际产量(扣除超计划产量)} \times \text{单价}}{\sum \text{计划品种计划产量} \times \text{单价}} \times 100\%$$

第五节　森林工业产品质量统计

产品质量的高低是以其能满足社会生产和人民生活需要的程度来衡量的，也就是以产品的使用价值大小来表示的。森工产品质量包括内在质量和外观质量两个方面。内在质量指产品物理、化学性能；外观质量指产品外形的美观性、光洁度、色泽等。决定产品使用价值大小的主要是其内在质量。根据产品生产的技术要求，将其主要的内在质量和外观质量从数量上加以规定，就是产品的质量标准，它是衡量产品质量高低的基本依据。产品质量标准包括国家标准、部颁标准、主管部门批准的企业标准和订货合同规定的技术条件。每一产品都有一个质量标准，企业不能随意修改，自行降低标准。

森工产品质量统计指标有两大类，一类是反映产品本身质量的指标，它说明产品本身的内在质量与外观质量。这类指标包括产品的平均技术性能或平均含量、产品等级指标和质量分数等。这类指标的大小直接表示产品使用价值的高低。另一类是反映生产工作质量的指标，这类指标不能说明产品本身质量好坏，只能说明为了达到产品本身的质量所进行生产工作和管理工作的水平。这类指标包括产品合格率、成品率、废品率、返修率等。产品质量的高低，通过企业技术检验工作来确定，这是生产过程中的检验。此外，在产品出厂以后的消费过程中，通过消费者来评定，这是产品质量的最终评价。

一、反映产品本身质量的统计指标

(一)产品平均技术性能指标

产品质量的高低，主要体现在产品内在的物理、化学和技术性能上。在多种性能中，往往有一、两种是最主要和最关键的。抽检测定其主要性能，用平均数反映产品的质量，称为产品平均技术性能指标。例如，林业机械工业中油锯条的平均使用寿命、轴承的平均寿命、木材水解中乙醇的纯度等。

$$\text{锯条平均寿命} = \frac{\text{该批锯条每条实际寿命之和}}{\text{该批锯条总数}}$$

$$\text{乙醇平均纯度} = \frac{\sum(\text{实际纯度} \times \text{产量})}{\text{总产量}}$$

(二)产品等级指标

(1)直接以产品等级表示产品质量。例如，森工企业由上级主管部门根据一系列质量标准和技术条件，将产品划分为优等品、一等品和二等品。根据规定的质量标准，对产品进行检验，以确定报告期产品的等级。

(2)产品等级率。它是各等级产品占全部合格产品的百分比，比例越大，质量越高。森工产品中主要等级品率指标如下：

①锯材特等、一等品率　是指锯材特等、一等品产量占锯材分等级产量的百分比，是反映锯材产品质量的指标。其计算公式如下：

$$\text{锯材特等、一等品率} = \frac{\text{锯材特等、一等品产量}(\text{m}^3)}{\text{锯材分等级的产量}(\text{m}^3)} \times 100\%$$

凡检验符合国家锯材标准的特等和一等的锯材产量，均可计人锯材特等、一等品产量。锯材中的其他特殊材种有等级标准的，按分等级标准计算，没有等级标准的可在子项、母项中都不包括计算，但应以文字说明情况。

②胶合板一、二等品率　是指胶合板一、二等品产量与胶合板分等级产量之百分比，是反映胶合板产品质量的指标。其计算公式如下：

$$\text{胶合板一、二等品率} = \frac{\text{胶合板一、二等品产量}(\text{m}^3)}{\text{胶合板等级的产量}(\text{m}^3)} \times 100\%$$

③木质纤维板一、二等品率　是指木质纤维板一、二等品产量与木质纤维板分等级产量之百分比，是反映木质纤维板产品质量的指标。其计算公式如下：

$$\text{木质纤维板一、二等品率} = \frac{\text{木质纤维板一、二等品产量}(\text{m}^3)}{\text{木质纤维板分等级的产量}(\text{m}^3)} \times 100\%$$

④刨花板一、二等品率　是指刨花板一、二等品产量与刨花板分等级产量之百分比，是反映刨花板产品质量的指标。其计算公式如下：

$$刨花板一、二等品率 = \frac{刨花板一、二等品产量(m^3)}{刨花板分等级的产量(m^3)} \times 100\%$$

⑤松香优级品率　是松香特级、一级、二级品产量占松香产量的百分比，是反映松香产品质量的指标。其计算公式如下：

$$松香优级品率 = \frac{松香特级、一级、二级品产量(t)}{松香分等级的产量(t)} \times 100\%$$

⑥栲胶一、二等品率　是指栲胶一、二等品产量占栲胶产量的百分比，是反映栲胶产品质量的指标。其计算公式如下：

$$栲胶一、二等品率 = \frac{栲胶一、二等品产量(t)}{栲胶分等级的产量(t)} \times 100\%$$

⑦紫胶优级品率　是紫胶特级、一级、二级品产量占紫胶产量的百分比，是反映紫胶产品质量的指标。其计算公式如下：

$$紫胶优级品率 = \frac{紫胶特级、一级、二级品产量(t)}{紫胶产量(t)} \times 100\%$$

(三)产品平均等级指标

在观察产品等级率的变化时，如产品等级划分较多(三个或四个等级)，则只观察一、二等品率有时很难判断产品质量是提高了，还是降低了，这时就需要计算平均等级指标。其计算公式如下：

$$产品平均等级标准 = \frac{\sum(产品等级 \times 该等级产量)}{各等级产品产量之和}$$

二、反映产品生产工作质量的统计指标

(一)产品合格率

产品质量通常是由国家或主管部门规定的质量标准来控制的。凡是符合质量标准的产品为合格品，不符合质量标准的为不合格品或废品。产品合格率反映了一批产品或全部产品中合格品所占的比例。其计算公式如下：

$$合格率 = \frac{合格品数量}{合格品数量 + 不合格品(次品)数量 + 废品数量} \times 100\%$$

合格率不能直接说明合格产品本身质量的高低，只能说明企业生产过程工作质量的好坏。

(二)废品率

产品经过检验，达到原定质量标准的为合格品，没有达到质量标准的为废次品。废品率是废品总量占合格品产量、不合格品产量与废品总量之和的百分比，反映产品的工作质量。其计算公式如下：

$$废品率 = \frac{废品数量}{合格品数量 + 不合格品(次品)数量 + 废品数量} \times 100\%$$

(三)返修率

返修率又称返工率，它是合格率和废品率以外的又一种反映企业生产工作质量的指

标。返修品是经过检验不合格，但可以修整的产品。如胶合板毛刺过多、表面不光，可以手工净光；节子脱落，可以挖补。经过修复又成为合格品。返修率是返修品数量与全部送检量之比，可以按实物量计算。返修率不能用定额工时算，因返修没有工时定额。返修率计算公式如下：

$$返修率 = \frac{返修品数量}{全部检验品数量} \times 100\%$$

返修有一次返修与重复返修之别，计算方法也有两种：一种是不论返修几次均按一次计算；另一种是每返修一次子项和母项都要计算一次。

第六节　森林工业生产均衡性统计

森工生产是一个复杂的过程，企业只有均衡地、有节奏地组织生产，才能保证全面地实现高产、优质、多品种、低消耗。如果企业生产无节奏、生产秩序混乱，有时设备故障、停工待料，有时突击加班加点，就必然要破坏采、集、运各段生产过程的平衡与衔接，使机械设备和劳动力得不到充分利用，给企业的生产、技术和业务带来不良的后果。

所谓均衡性，就是指企业组织生产或生产产品的均匀程度。由于木材生产受季节性的影响，根据季节变化各月产量各不相同。均衡性以计划产量为均衡标准，凡按日、旬、月、季完成计划，就是均衡生产，否则就不是均衡生产。在森工生产中，研究生产均衡性通常用以下两种方法。

一、计划完成图示法

(1)绝对数图示法。是将实际完成的产品产量(或产值)与计划规定的产品产量(或产值)划成两条曲线进行对比，看两条曲线是否吻合，如果没有出现偏离或偏离不大，说明生产基本上是均衡的。

(2)计划完成率图示法。是即将实际完成百分比与计划规定百分比划成两条曲线进行对比，看其是否均衡生产。

二、均衡率法

均衡率是以每天计划完成百分比之和(超过100%的按100%计算)被天数除。即每天计划完成情况的简单算术平均数，这个平均数反映企业在一定时间内生产的均衡程度，所以称均衡率。如果没有每天计划完成百分比资料，可直接用每天实际产量之和(扣除超额完成部分)，与每天计划产量之和进行对比，求得均衡率。均衡率最大为100%，只要一天没有完成计划，均衡率就小于100%。扣除超额完成计划部分，是为了避免冲抵未完成计划部分，从而掩盖生产中的不均衡现象。均衡率计算公式如下：

$$K = \frac{\sum \frac{Q_i}{Q_n}}{T} \times 100\%$$

式中：K——均衡率；

Q_i——每日实际产量(超计划以计划产量计算)；

Q_n——每日计划产量；

T——计划期的工作日数。

木材生产露天作业，影响生产均衡性的因素很多，主要有生产设备的完好状态、人工出勤情况、劳动效率的高低、物资供应是否及时、森林资源的状况和自然条件以及管理水平等，分析时应结合具体情况进行。

本章小结

本章在森林工业产品概念和分类介绍的基础上，从森林工业产品实物量、结存量、产品品种与质量统计等多个维度进行了阐述。森林工业生产统计的基本任务是：科学、准确地核算森林工业生产各段工作量及各种产品产量指标，以反映生产的规模；计算产品品种指标，检查和监督品种完成情况；计算产品质量指标，以反映产品的质量水平；并在此基础上，对其进行深入的统计分析，为全面的综合分析提供资料。

思考题

一、判断题

1. 工业产品必须是生产活动的成果，因此，企业建造的建筑物也是工业产品。(　　)
2. 木材厂用锯末和刨花生产出的刨花板，也是工业产品。(　　)
3. 企业填报产量报表时，只填报列入工业产品目录的本企业主要产品。(　　)
4. 统计数字应该准确无误，当发现统计报表中数字不准确时，应及时予以纠正。(　　)
5. 工业产品必须符合规定的质量标准或订货合同规定的技术要求的产品，而次品是达不到以上标准的。所以，次品不是工业产品。(　　)
6. 实物产品是指工业生产活动的成果，不改变劳动对象的实物形态和结构而产生出的具有新价值的工业产品。(　　)
7. 工业产品按其完成程度分组的依据主要是生产技术的要求，而不是他们生产管理上的特征，同一形态的产品，在生产组织不同的企业划分归类应当一致。(　　)
8. 营林单位生产的木材，交由木材公司运至贮木厂，由营林单位统计产量。(　　)
9. 锯材产量是指本企业生产并销售给外单位的全部锯材数量。(　　)
10. 途中拨交是指用材单位从采伐点接收木材。(　　)

二、单选题

1. 工业产品质量总指数是产品质量个体指数的(　　)。

A. 简单平均数

B. 加权算术平均数

C. 几何平均数

D. 动态平均数

2. 森林工业产品的概念是(　　)。

A. 从企业的角度定义的

B. 从车间的角度定义的

C. 从工业部门的角度定义的

D. 从生产部门的角度定义的

3. 以下属于工业产品的是(　　)。

A. 钢铁冶炼厂的炉渣
B. 木材加工厂的锯末和刨花
C. 榨油厂榨油时产生的豆饼
D. 工业企业基建部门建造的厂房
4. 从微观角度来看，森林工业生产产品按完全程度分组是(　　)。
A. 从生产技术工艺过程的角度出发的
B. 从工业企业的角度出发的
C. 从产品是否对外销售的角度出发的
D. 以上无一正确
5. 计算产品质量个体指数的基础是(　　)。
A. 国家标准
B. 部颁标准
C. 产品质量系数
D. 企业产品质量综合系数
6. 工业产品质量包括(　　)。
A. 外资企业生产的产品数量
B. 破坏性实验中，用作试验的产品
C. 企业销售的外购产品数量
D. 以上无一正确
7. 全部木材产量包括(　　)。
A. 从农民房前屋后采伐的木材
B. 农民从自留地上采伐并自用的木材
C. 抚育间伐材
D. 农民从自留山上薪炭林所采伐的木材
8. 锯材一等品的计算公式为(　　)。
A. (一等品产量/全部送检产品产量)×100%
B. [一等品产量/(合格品产量+不合格品产量)]×100%
C. (一等品产量/合格品产量)×100%
D. [一等品产量/(一等品产量+二等品产量)]×100%

三、多项选择题

1. 下列属于工业产品的有(　　)。
A. 对"三废"进行综合利用生产的产品
B. 生产一种产品的同时，生产的另一种产品
C. 木材加工厂的锯材和刨花
D. 企业转销的原材料
E. 本企业运输部门从事的厂外运输活动
2. 工业产品按其实物形态可以划分为工业性作业和实物产品，划分的标志是(　　)。
A. 生产的结果，实物产品改变了原有产品的使用价值，工业性作业没有改变原有产品的使用价值
B. 实物产品可以用实物单位计算，工业性作业不能用实物单位计算
C. 实物产品和工业性作业都改变了原有产品的价值
D. 实物产品和工业性作业计算总产值时的处理方法不同
E. 实物产品和工业性作业都改变了原有产品的使用价值

3. 工业产品包括(　　)。

A. 合格品

B. 次品

C. 联产品

D. 副产品

E. 废品

4. 不合格品，指不符合产品质量要求的制品，它可分为(　　)。

A. 次品

B. 副产品

C. 可整废品

D. 不可整废品

5. 两个锯材厂(一厂、二厂)10 月份的产品劳动量指标分别是 12 800 工时和 10 000 工时。并知两厂 10 月份平均工人数相同，由此可知(　　)。

A. 一厂产量比二厂高 28%

B. 一厂劳动生产率高于二厂

C. 两厂总产量为 22 800 工时

D. 两厂之间产量不能做对比

E. 两厂产量不能综合

四、计算题

1. 某森林采伐企业实行汽车和畜力两种方式运材，根据下表资料计算该企业报告期的汽车运材平均距离、畜力育才平均距离和企业运材作业综合平均距离。

运材起点	与储木厂的距离(km)	报告期运材工作量(m^3)
一、汽车运材		11 260
甲装车点	15.5	3 520
乙装车点	25.2	3 240
丙装车点	30.1	4 500
二、蓄力运材		3 600
丁装车点	3.5	2 100
戊装车点	5.2	1 500
合计或平均		14 860

2. 表明林木生产材种计划完成情况的综合指标有几种，其计算方法如何？某森林采伐企业报告期的木材材种资料如下，试分析该企业材种计划完成情况。

	单价（元/m^3）	计划（m^3）	实际（m^3）
木材总计		21 080	21 210
1. 坑木	100	5 200	5 050
2. 枕木资材	107	1 620	1 650
3. 电柱	120	250	200
4. 车辆材	107	360	380
5. 造船材	107	410	420
6. 桩木	105	360	330
7. 造纸材	97	2 180	2 250
8. 一般用材	97	9 050	9 100
9. 小规格材	47	450	480
10. 薪材		1 200	1 350

3. 如何测定产品结果变动对于产品价值计划完成程度的影响？根据下列资料，计算产品结构变动对于产品价值计划完成程度的影响百分比和绝对数。

产品名称	计算单位	单位产品价格（元）	计划产量	实际产量
1	件	50	500	600
2	个	40	150	150
3	台	30	200	200
4	吨	10	400	300
合计				

4. 什么是平均等级指标？什么是产品等级构成变动情况指标？某制材厂报告期生产的各等级板方材数量如下，试计算该厂方材的平均等级指标，产品等级构成情况指标的计划完成情况和由于产品等级变化而引起的损益金额。

产品等级	单价（元）	计划产量（m^3）	实际产量（m^3）
一等品	100	900	992
二等品	80	3 000	3 162
三等品	60	1 500	1 364
四等品	40	600	682
合　计		6 000	6 200

推荐阅读书目

陈文汇．林业统计、监测与评价指标体系和方法研究．中国林业出版社，2013.

张车伟，赵文．中国劳动报酬份额问题．中国社会科学出版社，2016.

丁梓楠．基于不同产业劳动报酬差异的研究．经济管理出版社，2010.

相关链接

1. 中国林业数据库．http：//www. forestry. gov. cn/data. html
2. 2016年各地区林业系统企事业单位从业人员年末人数．http：//data. chinabaogao. com/nonglin-muyu/2018/02233209452018. html，2018. 2

第五章　林业产值统计

内容提要

林业是国民经济的重要组成部分，林业产值统计是国民经济核算的基本要求。林业产值是以价值表现的林业生产的总结果，是农业总产值的一部分。它表明林业生产的发展规模与水平，是研究林业生产发展速度以及林业与种植业、牧业、渔业之间比例关系的主要经济指标，是调整农业内部结构的依据。因此，准确计算林业产值十分重要。林业产值统计工作包括研究林业的总产值、净产值、增加值、商品产值和销售产值，以反映林业的生产成果，为制订林业计划和规划、进行宏观调控提供信息资料。

第一节　林业产值的概念与统计范围

产值是用货币表现的各生产部门劳动者在一定时期内生产的各种产品产量，主要用以反映该部门在计算期内的工作成果和生产规模。

林业有广义和狭义之分，广义的林业包括营林、木材采运、木材机械加工和林产品的化学加工，或者说包括人工培育森林(即营林业)和对森林的开发及利用，即森林工业(森林采伐和木材加工)两大部分。狭义的林业则只指营林业。林业是包含有多个产业部门的有机整体，世界各国都根据国民经济分类的要求，把它划分到相应的类别中。如联合国的经济活动国际标准分类，把广义林业中的营林和木材采运归入第一大部门，木材机械加工和林产化学归属第三大部门的制造业中。我国制定的“国民经济行业分类和代码”，把林业(营林)归入第Ⅰ大门类的农、林、牧、渔、水利业中；把木材和竹材采运划入工业和采掘业中；把木材加工包括锯材加工业、木制品业、林产化学产品制造业划入制造业中。

林业总产值是林业产值指标体系中的重要指标之一，是计算其他产值指标的基础，在产值指标体系中占有重要的地位。它是以货币计算的全部林产品产量的总和，反映一定时期内各林业企业、各地区以至整个林业部门的生产总规模和总水平，是研究林业生产发展速度和林业与其他国民经济部门比例关系的主要指标，也是计算其他经济指标的基础。林业总产值包括直接产品产值(林业物质产品产值)和间接产品(森林环境产品产值)两大部分。直接产品包括林木产值、其他林产品产值、林副产品(包括成品和中间产品)和木材采伐产值，间接产品包括农田防护林的防护效益、水源涵养及水土保持林涵养水源和保持水土的效益、风景林所提供的观赏效益等森林环境多种效益。直接产品的价值体现在林产品的实物中，而间接产品的价值分别体现在林业或农业、水利、旅游等部门的总产值中。但这些价值的存在和产生都是以森林的存在为前提，是森林效益的具体体现。因此，在林业总产值的核算中应包括这部分价值。

林业产值指标体系包括总产值、净产值、增加值、商品产值和销售产值。林业总产值是以货币计算的全部林产品产量的总和，反映林业生产的总成果和总规模。它是计算其他产值指标的基础，在产值指标体系中占有重要的地位。林业总产值就其价值构成来讲，包括两个组成部分，一部分是林业经营单位在林业生产过程中转移到产品中去的物质消耗价值，即生产资料转移价值(c)；另一部分是林业经营单位在林业生产过程中活劳动新创造的价值，即林业净产值($v+m$)。所以，林业净产值就是从林业总产值中扣除生产资料转移价值后的新创造价值，是林业经营单位向社会提供的国民收入，是国民收入的重要组成部分。在计划经济条件下林业净产值作为总产值指标的补充，用来观察林业生产水平、发展速度，研究林业内部各种比例关系，计算林业劳动生产率和林业与其他部门比例关系的依据。但随着新国民经济核算体系的实施，产值指标体系由总产值为核心转为以增加值为核心指标后，净产值指标的作用逐步减弱。林业增加值是国内生产总值的重要组成部分，是林业产值指标体系中的核心指标。它是林业总产出中扣除中间消耗的产品和劳务的价值以后，可供社会用于消费和投资的那部分价值，是林业生产的追加价值或附加价值。它从价值方面反映林业生产经营活动的最终成果，表明林业生产对社会所做的贡献。林业商品产值是指林业经营单位在一定时期内生产的以货币表现的可供销售的那部分产品的总价值量。林业商品产值是林业经济的一项重要指标，它的大小，说明林业经营单位能够提供市场进行交换的林产品价值量的多少，可能获得的林产品销售收入的多少。它可以反映整个林业部门商品产品的生产规模，是研究林业发展同其他产业部门发展之间关系的重要依据。林业销售产值是以货币表现的林业经营单位在一定时期内销售的林产品总值，反映林业生产适应市场的状况，是衡量和分析林业经营单位产销情况的重要依据。

因此，狭义的林业产值是以货币形式表现的营林产品产量，是反映营林生产成果的主要经济指标。林业产值是营林生产部门劳动者在一定时期内生产的、以多年生木本植物为主体的林产品产量。它不仅包括营林生产的主要成果——活立木产品价值，同时还包括各种林产品产值以及依赖森林环境而生长的其他产品产值。其统计范围指营林生产的产值统计，包括总产值、净产值、增加值、商品产值和销售产值等。

广义的林业产值则不仅包括营林产品产量，还包括木材采伐、木材加工和林产化学加工等统称为森林工业的产品产量。广义林业产值是统计的范围主要包括：林业商品产值、森林工业总产值、营林和森林工业净产值及林业增加值四大方面。其中，林业商品产值主要包括营林商品产值和森林工业商品产值两方面。

第二节　林业产值统计的一般计算方法

林业(广义林业)总产值是营林与森工两方面产值之和。根据国民经济行业分类，这两部分产品分别属于农业和工业两部分，即营林部分属农业，木材采伐、木材加工等部分属于工业。营林部分应按农业总产值的计算方法进行核算，但在具体计算时应在农业总产值计算方法的框架内结合林业的特点进行核算；森工部分应遵循工业总产值的计算方法，在具体计算时也应结合木材采运、加工的生产特点进行计算。因此，林业产值的计算方法一般有两种方法，分别属于农业总产值的计算方法和工业总产值的计算方法。在价格上采用不变价格还是现行价格，要根据统计目的来决定。

一、林业总产值的统计范围

林业产值包括林业物质产品产值和森林环境产品产值两大部分。具体来说主要包括以下内容。

林业物质产品范围包括：

(1)采集林产品。包括林木种子、可供市场销售的苗木、天然橡胶和天然树脂，栲胶、紫胶、白腊、五倍子单宁酸原料、果类、林产饮料、林产调料、叶用和编织用林产品、木本中药材、木本观赏植物产品、捕猎(不包括禁猎)的野生动物及其产品，以及其他林产品。其总产出按采集的林产品产量乘以单位产品价格。产品产量资料可从农、林、牧、渔业统计报表，林业统计报表，收购部门取得。有的也可通过抽样调查、重点调查取得。

(2)采伐竹、木产品。包括采伐的木材和竹材两部分。其总产出按竹、木采伐量乘以单位产品价格计算。竹、木采伐量资料，可从森林工业统计报表、林业统计报表和森林资源统计报表中取得，也可通过抽样调查、重点调查取得。

(3)防护林和特种用途林。考虑其发挥的主要是社会效益，难以用经济效益计算其总产出。因此，拟采用按生长量乘以相应林价计算(或者按其营造的投入代替)。资料来源可从森林资源统计报表中取得，也可通过抽样调查和重点调查推算。

森林环境产品：包括森林景观提供旅游服务、森林涵养水源提供用水服务、森林防护效用提供的服务。

二、营林采用“产品法”计算总产值

营林是农业中农、林、畜、牧、渔五业之一。农业总产值按“产品法”计算，即将一定时期(通常为一年)内各种农产品的实物产量分别与其价格相乘，得到各种农产品的总产值，然后加总，得到农业总产值。农业总产值包括本期生产的可向社会提供的各种农产品价值，以及正处在生产过程中的各种在产品价值，如人工林生长量的价值、畜禽增重的价值等。按“产品法”计算农业总产值，不仅要计算生产单位生产的农业最终产品价值，而且包括生产单位本期生产又用于中间消耗的中间产品价值，例如本期种植的绿肥作物，本期内又翻入土地中作为下一茬农作物生长的肥料价值；本期种植的饲料作物，本期内收获后作为牲畜饲料的价值；等等。这部分由生产单位生产并供本单位本期生产消耗用的中间产品，与本单位生产的最终产品一样，均按其实物量与相应价格相乘计算求得。

农业总产值按“产品法”计算，是与农业再生产的特点有关。农业的再生产是社会再生产与自然再生产的结合，各种农产品都有自己的相对独立的生产过程，它与工业企业内部各车间生产之间的关系不同。例如饲料生产与牲畜饲养就不是一个连续过程，而是两个相对独立的生产过程，饲料产品是饲料种植的成果，畜产品是牲畜饲养的成果，如果农业总产值只包括畜产品产值，不包括生产单位用于牲畜饲养的饲料产值，这样农业总产值就只反映了牲畜饲养的成果，而没有反映饲料生产的成果。同时，按“产品法”计算农业总产值能够反映一定时期内农业生产的产品总量，以及农业内部各种产品生产之间的物质关系。

按产品法或成本费用法，当年生产的各种产品，无论是最终产品还是中间产品都要计算产值 。其计算公式如下：

总产值＝产品产量×价格(生产单位第一次售出产品时的价格)

$$Jz = \sum_{i=1}^{n} \sum A_i B_i$$

式中：Jz——报告期林业总产值；

A_i——报告期第 i 种林业产品的产量；

B_i——第 i 种林业产品价格。

三、森林工业采用“工厂法”计算总产值

工业总产值按“工厂法”计算。所谓“工厂法”就是以整个工业企业为单位，把企业本期工业生产的最终有效成果乘以相应的产品价格，进行加总计算，企业内部不允许重复计算，即对于企业本期生产而随即被耗用的各种产品，包括本期生产的在制品、半成品都不应重复计算。如森工企业，既生产原木，又生产锯材，这个企业的工业总产值只能计算锯材产品的价值和对外销售的原木价值，本企业自己生产的原木又被本企业用来生产锯材的原木价值，均不得计算工业总产值。这与农业的按“产品法”计算总产值的方法完全不同。按“工厂法”计算工业总产值允许工业产品在企业之间、行业之间、地区之间重复计算。在社会再生产过程中，一个企业的产成品可能是另一个企业的原材料。作为产成品，其价值已计入本企业的产值中了，作为原材料，其价值在生产过程中发生了转移，从而构成了后一企业成品价值的一部分。从全社会加总的角度来看，这部分产品的价值就发生了重复计算，这也是“工厂法”计算总产值的主要缺点之一。

根据工业总产值的概念和计算方法，工业总产值的内容包括三个组成部分，即成品价值，工业性作业价值，自制半成品、在制品期末期初差额价值。成品价值是指本企业在报告期内已完成全部生产过程，经检验、包装(规定不需包装的产品除外)入库的产品价值。工业性作业价值是指企业在报告期内生产的以生产性劳务形式表现的产品价值。工业性作业只恢复或增加原来产品的使用价值，而不创造新的使用价值。工业性作业按加工费计算工业总产值，即不包括被修理、加工产品的价值，但应包括在工业性作业过程中所耗用的材料和零件的价值。自制半成品、在制品期末期初差额价值是指企业在报告期内已经过一定生产过程，但尚未完成生产过程仍需继续加工的中间产品的价值，即报告期自制半成品、在产品期末余额减去报告期自制半成品、在产品期初余额后的差额价值。公式如下：

工业总产值＝成品价值＋对外加工费收入＋在制品、半成品期末期初差额价值

计算工业总产值应遵循的三条基本原则：

①“工厂法”原则　即以工业企业作为一个基本核算单位，按企业的最终产品来计算，企业内部不允许重复计算，不能把企业内部各个车间(分厂)生产的成果相加。但在企业之间、行业之间、地区之间存在着重复问题。

②最终产品原则　本企业生产经检验合格，不需再进行任何加工的最终产品。企业中间产品不重复计算。如果企业有中间产品(半产品)对外销售，那么对外销售的中间产品也视作企业的最终产品。

③工业生产原则　凡是企业在报告期生产的经检验合格的产品，不管是否在报告期销售，都算工业总产值内，凡不属于本企业生产的产品，均不计入本企业的工业总产值。

不计入工业总产值的项目有：非本企业生产的产品价值，如购自厂外在本企业内未经任何加工又转售的产品价值；本企业工业生产过程中产生的废料出售的价值；本企业非工业活动单位的非工业产品价值和收入(农、牧场、运输部门的运输收入等)。

由于林业既不同于农业也不同于工业，在生产和经营过程中存在着许多特殊性，因此在计算林业总产值时应在不违反农业和工业总产值计算原则的前提下，结合林业的特点制定出适合我国林情的林业总产值计算方法，以便正确地核算林业在国民经济中的地位和贡献。

四、总产值的计算价格

总产值的计算价格有现行价格和不变价格两种。按现行价格计算的总产值，是按企业实际出厂价格计算的。出厂价格只包括成本、税金和利润。现行价格反映报告期实际生产情况，它是计算净产值的基础。由于劳动生产率等因素的变动，现行价格是变动的，按现行价格计算的总产值是不可比的，故要按不变价格计算总产值。

不变价格是反映某一特定时期，产品价值量及其比例关系的价格，又称固定价格、可比价格，是全国计算总产值的统一标准价格。按不变价格计算的总产值，消除了价格变动的影响，保证前后期、地区间等产值的可比性。它真实地反映了产品产量的动态，反映了企业、地区或部门产品生产的总规模和发展速度。

【例】某地香榧产值的计算

以香榧产值的计算为例，假设2010年某农户采得香榧青蒲5 000kg，其中4 500kg直接出售给香榧加工厂，每kg售价25元，500kg经堆沤、去皮、晒干、炒制等工序处理后，加工成香榧100kg卖给经销商，每kg售价145元，经销商以平均价165元出售给消费者。香榧加工厂将购得4 500kg香榧青蒲加工成香榧900kg，以每kg155元批发给经销商，经销商又以平均价180元出售给消费者。通过生产、加工、消费整个流程，香榧的产值是多少呢?

解答：

第一产业产值(产品法)：农户直接出售产品或经粗加工后出售产品产值，等于4 500×25+100×145=127 000(元)。

第二产业产值(工厂法)：加工企业产值，等于900×155=139 500(元)。

第三产业产值：经销商销售产品毛利，等于100×(165-145)+900×(180-155)=24 500(元)。

从生产、加工到消费，香榧的产值=第一产业产值+第二产业产值+第三产业产值=127 000+139 500+24 500=291 000(元)。

第三节　营林业产值统计

营林业总产值是林业产值指标体系中的重要指标之一，是计算其他产值指标的基础，在产值指标体系中占有重要的地位。它是以货币计算的全部林产品产量的总和，反映林业生产的总成果和总规模。林业生产多种林产品，每种林产品的使用价值并不完全相同，其实物统计的计量单位也不完全相同。这就使得人们很难按实物量来核算林业生产的总成果。因此，必须借助于价值尺度使不能直接相加的各种林产品能够进行综合，以反映林业生产的总成果和总水平。

一、营林总产值的统计范围

按照国家林业局1997年的林业总产值计算方案，林业总产值统计主要包括人造林木生长量产值(按投入法计算)、林产品产值和村及村以下采伐的竹木产值三部分。具体内容有：

(1)用材林总产值。用材林也称商品林，其经营的主要目的是为人们生产和生活提供木材，如速生丰产用材林、一般用材林以及为培育某种工业生产所需的专业用材林，如造纸林、矿柱林等，它是林业产业体系建设的主要内容。用材林总产值包括活立木产品产值、林木的果、皮、根、汁、叶产品以及以森林为条件生产的各种副产品如香菇、木耳等产品产值，活立木产值是用材林总产值的主要部分。

(2)经济林总产值。经济林是以生产果品、食用油料、饮料、饲料、工业原料和药材等为主要经营目的的森林和林木，如油料林、特种经济林、果树林等。经济林所生产的各种果实(如油茶子、油桐子、核桃等)、原料性产品(如生漆、松脂、紫胶等)和各种干果食品(如板栗、白果、木耳等)、中药材、干鲜果品等产品以及经济林木本身的货币总价值为经济林总产值。

(3)薪炭林总产值。薪炭林是以生产燃料为主要目的而培育的森林，包括乔木林和灌木林等。它所生产的薪材的价值总量为薪炭林总产值。

(4)防护林总产值。防护林是以发挥森林防护效益抗御自然灾害、改善生态环境为主要目的的森林。根据不同的防护对象和效益，防护林可分为水源涵养林、水土保持林、防风固沙林、农田防护林、护路林、护岸林等。防护林的主要产品就是森林的防护效益，同时，在一定时期可通过更新采伐获得一定数量的林木。防护林的防护效益和本身林木的价值总量既为防护林的总产值。

(5)特用林总产值。特用林是以保护环境、科学实验、风景旅游等特种用途为主要经营目的的森林，如国防林、实验林、母树林、环境保护林等。特种林所生产的林木产品和特种效益的总价值为特种林总产值。

(6)竹林总产值。竹林是以生产竹材和竹产品为经营目的森林。竹林总产值是竹林在一定时期内所生产的竹木和竹产品的总价值量。

表5-1展示了某地区第五年营林产值的统计情况表。

表 5-1 年营林产值计算统计表

报告单位名称：

产品名称	产量计量单位	产量（或面积、株数）	按不变价格计算		按现行价格计算	
			价格（元）	产值（万元）	价格（元）	产值（万元）
林业产值合计						
（一）人造林木						
1. 育苗						
2. 造林						
3. 零星植树						
4. 迹地更新						
5. 幼林抚育						
6. 成林抚育						
（二）林产品						
1. 橡校						
2. 生漆						
3. 油桐子						
4. 油茶子						
5. 棕片						
6. 核桃						
7. 板栗						
8. 五倍子						
9. 松脂						
10. 竹笋						
11. 乌桕子						
……						
（三）林木采伐						
1. 木材						
2. 竹材						
……						

二、营林总产值的具体计算

(一) 用林材的计算

以生产木材为主要目的的森林，称为用材林。用材林面积在我国的森林面积中所占的比重最大，所以正确地解决用材林的计算方法，是林业产值研究的关键问题之一。

1. 用材林总产值的计算对象

用材林的生产目的是为生产木材提供资源蓄积。森林蓄积量便是用材林的主要产品的实体和实物表现形态。经过培育达到生产目的要求，可进行采伐的蓄积为用材林的产成品，其他正在培育的森林为在产品。用材林材积的生长，由树高生长和径级生长逐年累积而成，可根据其生长量进行总产值的计算。

2. 分龄组是计算用材林生长量总产值的科学方法

在计算用林材生长量总产值计算方面，有不同的观点。有人提出按采伐蓄积量计算用材林的年总产值。这种方法是"有效产出"所常用的一次法进行的产值计算，不考虑在产品的变动对产值的影响。这种方法固然简便，但不能反映我国各地区、各单位的林业生产实际。用材林从造林到主伐，生产周期短的，如杨树、桉树也得十多年、二十多年。生产周期长的得数十年，甚至上百年。中华人民共和国成立以后在五、六十年代为绿化荒山而建立的数千个国营林场和数万个集体林场，近二十年时间一直处在造林阶段和经营阶段，没有进入主伐。如果按这种方法计算，就只有劳动，而没有生产成果。相反，一旦进入主伐，由于采伐蓄积按全价计算，报告期的产值中包括了由过去各年逐年累计起来的成果，从而夸大了报告期的作用，也不能反映实际情况。

另一种观点认为用材林各年都有蓄积生长，各年的生长量和生长率不同，应分年龄计算。这种计算方法虽然过于烦琐，也不符合我国用材林的实际经营水平。而且各年龄生长量虽然不同，但实际上相邻年份变化并不大。早在一百多年前，测树学的研究成果就表明：树木的生长过程像 S 曲线，如果沿曲线的弯曲处作三条线，以其相交处为界限。第一大阶段相当于幼龄阶段；第二阶段相当于中、壮龄阶段；第三阶段相当于近、成熟阶段。所以把用材林划分为：幼林、中龄林、近熟林和成熟林阶段计算总产值，即能反映实际的生长情况，又可大大简化计算工作量。在实际资源统计中，也只有各龄组的生长率资料，没有分年龄的生长率资料。可见分龄组计算总产值是符合用材林生长周期长的特点。我国工业用材林主要树种龄级组划分如表 5-2 所示。

表 5-2　我国工业用材林主要树种龄级组划分表(人工林)

树种	地区	幼林	中龄林	近熟林	成熟林
红松、云杉、柏木、紫杉	北部	40 年以下	41~60	61~80	81~120
铁杉	南部	20 年以下	21~40	41~60	61~80
落叶松、冷杉、樟子松、赤松	北部	20 年以下	21~30	31~40	41~60
黑松	南部	20 年以下	21~30	31~40	41~60
油松、马尾松、云南松、思茅松	北部	20 年以下	21~30	31~40	41~60

（续）

树种	地区	幼林	中龄林	近熟林	成熟林
华山松、高山松	南部	10 年以下	11~20	21~30	31~50
杨、柳、桉、檫、泡桐、木麻黄、楝、枫杨、软阔	北部	10 年以下	11~15	16~20	21~30
	南部	5 年以下	6~10	11~15	16~25
桦、榆、木荷、风香、珙桐	北部	20 年以下	21~30	31~40	41~60
	南部	10 年以下	11~20	21~30	31~50
栎、柞、槠、栲、楠、椴、水曲柳、胡桃楸、黄菠萝、硬阔	南北	20 年以下	21~40	41~50	51~70
杉木、柳杉、水杉	南北	10 年以下	11~20	21~25	26~35
毛竹	南部	1~2 年	3~4	5~6	7~10

注：摘自《中华人民共和国森林资源规划设计调查主要技术规定》(2004)。

3. 用材林按净增长量计算总产值

森林在实际生长中是由两类林木的生长组成的。第一是期初和期末两次调查被测定过的树木在调查期内的生长量，即在整个调查期内都生长着的活立木的生长量。这些树木在森林经营过程中称为保留木。第二是在期初和期末整个期间，只被测定过一次的树木。这些树木只在调查期生长了一段时间，而不是全过程。这些树木有的在林分生长过程中，由于各种自然原因死亡的树木，有的则是被采伐的树木。在计算总产值时，枯损量应从生长量中予以扣除。

$$\Delta = Zgr - M$$

式中：Δ——净增长量；

Zgr——毛生长量；

M——枯损量。

毛生长量又称粗生长量，它是林木中全部林木在调查期间内生长的总材积。森林是个面积很大的植物群落，林业总产值计算的困难之一，就是它不像农业那样，种后一年或半年就可成熟收割，再经晾晒，过秤入库。也不像工业那样生产周期短，产品完工后，经检查验收后入库，产品的数量十分准确。世界各国，包括发达国家在内，森林调查都要耗费巨大的人力、物力和财力。森林调查一般是间隔进行的调查，美国的间隔期是七年，我国目前是五年的间隔期。因此要根据调查资料中的蓄积量和生长率来计算出材积生长量；即：

$$Zgr = V\rho$$

式中：V——基期森林蓄积量；

ρ——生长率。

枯损量可用资源调查的平均年枯损量代替。有毛生长量、枯损量，报告期的净增长量便可按上述公式计算出来。

4. 用材林净生长量总产值的计算方法

有些学者提出计算净增长量总产值，只计算材积的数量生长部分，用增长量乘林价求得。这种计算方法是不全面的。用材林的价值增殖是通过两方面来实现的。一是材积的增长；二是径级的增长，提高了单位材积的价格。前者是数量的增加，后者是质量的提高。计算公式应同时反映这两个方面的增殖，其计算公式如下：

$$用材林材积净增长总产值 = \sum_{J=1}^{m}\sum_{i=1}^{4}\Delta_{ji}P_{ji} + \sum_{J=1}^{m}\sum_{i=1}^{4}V_{ji}(P_{ji} - P_{ji} - 1)$$

式中：Δ——报告期材积净增长量；

P——林价；

j——树种，$j=1，2，\cdots，m$；

i——龄组，$i=1，2，3，4$；

1 幼林，2 中龄林，3 近熟林，4 成熟林；

V——报告期进入上一龄组的蓄积量。

公式的第一部分为各龄组报告期材积净增长量的产值，公式的第二部分反映径级、等级变动所增加的产值，也就是进入新龄组的蓄积部分乘两个龄组的价格差。

5. 用材林的林价

(1)成熟林林价。用材林的生产是商品生产，培育过程就是商品生产过程。商品是用来进行交换的，但要实现交换商品就必须有相应价格。这对于用材林来讲也不例外。由于森林与林地结合在一起，远离市场。在我国现阶段作为商品的用材林实际上是很少交换。因此难以直接获得实际的平均销售价资料。

成熟林虽然没有实际平均林价，但由于报告期生产的木材是从现有的成熟林中采伐的，其生产的材种结构、径级结构和等级结构和成熟林相似。报告期木材的销售价，反映报告期木材所包含的社会必要劳动量的货币价值，同时也反映了报告期的供求关系。在市场经济条件下木材平均销售价完全可以作为推算林价的根据。

商品的价值由 $C+V+M$ 三部分组成，其中 $C+V$ 为成本，M 为利润，包括企业利润和税金。在市场经济条件下，商品价格形成的基础是商品价值的转化形式——生产价格。有了木材生产的成本资料，利润可按平均资金利润率计算。

$$M = s + m$$

$$s = PT$$

式中：M——利润；

s——税金；

m——企业利润；

P——销售价格；

T——税率。

$$单位木材的企业利润\ m = gk/q$$

式中：g——占用的总资金；

k——平均资金利润率；

q——木材产量，m^3。

平均资金利润率可从国家统计资料取得。这样成熟林林价便可按下式计算出来。

$$\begin{aligned}成熟林单位蓄积林价(P_{成}) &= (P_{木} - Z - P_{木}T - gk/q)\ /(1/L)\\ &= [P_{木}(1-T) - Z - gk/q]L\end{aligned}$$

式中：$P_{成}$——成熟林单位蓄积林价；

$P_{木}$——单位木材价格；

Z——木材单位成本；

L——木材出材率；

T——税率；

g——占用的总资金；

k——平均资金利用率；

q——木材产量。

在具体林价计算实践中，应分别主要树种进行测算。因为树种不同，木材市场价格差别很大。因此，在计算一个地区或一个林业局的用材林总产值时，应分别主要树种进行测算。由此汇总求得全国用材林总产值。当然在木材价格统计逐步完善的情况下，也可以先求出本地区木材综合平均价，用此平均价来计算用材林总产值。

【例】根据对三北地区的杨树用材林的调查，每立方米的木材价格为 800 元左右，木材采伐及运输成本为每立方米 150 元左右，税金主要有农林特产税和育林基金，农林特产税为木材销售收入的 8%，育林基金为销售收入的 12%。另外根据 2000 年林业统计资料，木材采伐的成本费用利润率为 2.7%。

解答：

(1) 杨树成熟林的林价

$$P=(800-150-800\times8\%-800\times12\%-800\times2.7\%)\times70\%=468.4\times70\%=327.88\ (\text{元/m}^3)$$

(2) 中龄龄和幼林林价

计算方法有两种，即：

方法一，用中龄林或幼林的生产费用，包括占用资金的时间价值，占成熟林生产费用的比重，乘以成熟林林价求得。

$$\text{用材林生产费用}=\sum_{i=1}^{n}(C+T+K)(1+f)^{i}$$

式中：C——物化劳动消耗的费用；

T——生产用工的工资和福利费；

K——管理费；

f——银行长期贷款利率。

方法二，选择中龄林、幼林的代表性样地，测量其蓄积，采伐后实际进行造材，即可获得各林种径级、等级的木材的实际资料，分别乘上相应的实际价格，即可求得木材的总产值和单位木材平均价格。再按前述成熟林求林价的方法计算出中龄林和幼林林价。

【例】同样根据对三北地区杨树速生丰产林造林成本调查结果显示，10 年短轮伐期杨树幼林的生产费用占成熟林总生产费用的 50% 左右，中龄林的累积生产费用占成熟林总生产费用的 75% 左右。当然随着造林树种的不同和轮伐期长短的变化，中龄林、幼林生产费用所占的比重会有不同，但基本在上述数值附近摆动。当获得中龄林、幼林生产费用所占比重的资料，中龄林和幼林林价就可经计算获得。

$$中龄林林价\ P = 75\% \times 327.88 = 245.91\ （元/m^3）$$

$$幼林林价\ P = 50\% \times 327.88 = 163.94\ （元/m^3）$$

6. 枝条、松脂等总产值

速生丰产用材林在培育过程中，为提高土地利用率，提高经济效益，在幼林抚育阶段常间作农作物和药材，形成林农混交。这部分非林产品也是生产的成果，考核生产综合成果时，应参加产值的计算。如只反映林业成果，由于农产品不属林产品，不参加产值计算。

在用材林中进行的修枝、间伐、采脂等生产的林产品计入林业总产值。由于综合利用水平的不同，没有利用的部分，如松树可以采割松脂，没有采割和林内的蘑菇、木耳没有采集，这部分资源在主伐后，松脂、树叶、蘑菇等将不复存在，所以对这部分资源只计算利用部分。

【例】各龄组用材林净生长量的测算

依据第五次和第四次全国森林资源清查资料，我国用材林的情况如表 5-3 所示。

表 5-3　全国森林资源第四次清查与第五次清查间隔期内用材林蓄积变动情况表

项目	单位	合计	%	幼林	%	中龄林	%	成过熟林	%
期初蓄积	亿 m^3	69.64		8.58		32.08		28.98	
期末蓄积	亿 m^3	72.10	100	8.9	12.32	35.79	46.07	27.4	41.61
净增长量	亿 m^3	2.42	100	0.32	12.34	3.71	49.64	−1.58	38.02
年均净增长量	亿 m^3	0.52		0.06		0.73		−0.27	
年均净增长率	%	0.74		0.086		1.048		−0.95	

注：表中数字根据第四次与第五次森林资源清查资料加工汇总取得，森林郁闭度标准为0.2；森林郁闭度，指森林中乔木树冠遮蔽地面的程度，它是反映林分密度的指标．它是以林地树冠垂直投影面积与林地面积之比，以十分数表示，完全覆盖地面为1；用材林年均净生长率为3.85%。

在间隔期内由于林木自然生长，在第五次清查时进入上一龄级的用材林蓄积变动情况和年均净生长量如表 5-4 和表 5-5 所示。

表 5-4　全国第四次清查与第五次清查间隔期内用材林蓄积进入上一龄级变动统计表

单位：亿 m^3

项目	幼林	中龄林	成过熟林
期初蓄积	8.58	32.08	28.98
本期净增长蓄积	1.78	6.67	6.02
期末应有蓄积	10.36	38.75	35.0
期末实有蓄积	8.9	35.79	27.4
进入上一龄级蓄积	1.46	2.96	7.6

注：进界木在资源清查时计算与统计过，但资料未公布。故本表中未包括进界木的数字。进界木是指在同一地块上进行定期调查时新增长到起测径阶的林木。成熟林的 7.6 亿 m^3 是本期内森林蓄积采伐量和枯损量之和。

表 5-5　全国第四次清查与第五次清查间隔期内用材林蓄积年均净生长量统计表

单位：亿 m^3

项目	幼林	中龄林	成过熟林
期初蓄积		32.08	28.98
年均蓄积生长量	8.58	1.235	1.258
年均枯损量			0.142
年均蓄积净生长量	0.33	1.235	1.116
年均蓄积净增长量	0.06	0.73	-0.27
年均进入上一龄级蓄积	0.292	0.592	
年均进界木蓄积	0.022		
年均采伐量		0.205	1.386

由以上三张表(表5-3、表5-4、表5-5)，可知各测算量的公式如下。

各树种净生长量 = 各树种生长量 － 枯损量

净生长率 = [(净生长量/间隔期)/前后期蓄积平均数] × 100%

年均蓄积生长量 = 年均净生长率(3.85%) × 期初蓄积成过熟林年均蓄积生长量

= [年均净生长率(3.85%) + 年均枯损率(0.49%)] × 期初蓄积

年均枯损量 = 年均净枯损率(0.49%) × 期初蓄积

年均蓄积净增长量 = (期末蓄积 - 期初蓄积)/间隔期

年均进入上一龄级蓄积 = (期初蓄积 + 本期净增长蓄积 - 期末实有蓄积)/间隔期年均进界木蓄积

= 年均蓄积净生长量 - 年均蓄积净增长量 - 年均进入上一龄级蓄积

中龄林年均采伐量 = 年均蓄积净生长量 + 幼林年均进入上一龄级蓄积

- 年均蓄积净增长量 - 年均进入上一龄级蓄积

年均采伐量 = 年均蓄积净生长量 + 中龄林年均进入上一龄级蓄积 - 年均枯损量

- 年均蓄积净增长量

因此，根据我国第五次森林资源清查资料和各龄组的林价，计算出用材林总产值为：

成熟林总产值 = 1.116 × 96.11 = 107.26 (亿元/年)

中龄林总产值 = 1.235 × 72.08 + 0.592 × (96.11 - 72.08) = 103.24 (亿元/年)

幼龄林总产值 = 0.33 × 48.06 + 0.292 × (72.08 - 48.06) = 21.22 (亿元/年)

用材林总产值 = 107.26 + 103.24 + 21.22 = 231.72 (亿元/年)

(二)竹林总产值的计算

竹林是森林的一类，在长江流域和其以南地区有广泛的分布。充分利用我国优越的自然条件，扩大竹林生产，满足社会主义建设和人民生活的多种需求，是林业的一个重要任务。

竹子从生出边笋、长到一定高度以后，就不再有高生长和径生长，或者说毛竹长出一年以后，就不存在蓄积的生长。可见计算竹林蓄积的增长量，只需计算边笋生出量，即可推算出来。由于竹子生长周期短，产出快，可直接根据“有效产出”的原则，一次计算成熟竹林产值，不必考虑在产品(即未成熟竹林)增减变化对产值波动的影响。

$$\text{竹林采伐蓄积总产值} = \sum_{j=1}^{m} q_j p_j$$

式中：q ——竹林产量，根；

p——每根立竹蓄积平均林价。

立竹平均林价是根据竹材收购价扣除采运成本、税金、和利润后求得。其计算公式如下：

$$p = p_{材} - z - \delta - m$$

式中：p——立竹平均林价；

$p_{材}$——每根竹材平均收购价；

z——每根竹材平均采运成本；

δ——每根竹材税金；

m——每根竹材采运利润。

【例】根据林业统计年鉴的数据资料，得到2000年我国竹木采伐量和竹木平均市场价格如表5-6所示。

表5-6　2000年我国竹木采伐量和竹木平均市场价格

毛竹和篙竹采伐量及单价					小杂竹采伐量	
单价(元/万根)	单位	合计	营林生产	森工生产	单位	营林生产
66 667	万根	179 526.05	123 343	56 183.05	t	3 034 354

根据世界银行造林项目的生产实践和对浙江林区的典型调查，竹材采伐的成本1元/根，税率17%(其中农业特产税8%，育林基金9%)，利润3.5元/根。小杂竹是最近几年才进行统计的一个竹材材种，这也是人们对竹林资源利用价值不断认识的结果，随着经济的发展和对竹林资源利用技术的不断提高，竹林的利用材种和数量将会有很大的提高。因此，对小杂竹的经济价值核算也应引起人们的重视。通过典型调查，目前小杂竹的市场价格为每吨300元，采伐成本60元/t，农林特产税8%，森林植物检查费0.2%，采伐利润170元/t。2000年我国竹林总产值为：

$$\begin{aligned}\text{竹林总产值} &= 179\ 526.05 \times (66\ 667 - 10\ 000 - 66\ 667 \times 17\% - 3.5 \times 10\ 000) \\ &\quad + 3\ 034\ 354 \times [300 - 60 - 300 \times (8\% + 0.2\%) - 170] \\ &= 179\ 526.05 \times 10\ 333.61 + 3\ 034\ 354 \times 45.4 \\ &= 1\ 855\ 152\ 185.5405 + 137\ 759\ 671.6 \\ &= 199\ 291(\text{万元/年})\end{aligned}$$

(三)其他林木产值计算

防护林、特种用途林由于其培育目的有别于用材林，因此，其计算活立木产值应区别于用材林。鉴于目前还没有统一的标准，现暂按用材林方法计算。经济林按其产品产量计算林产品产值。薪炭林产值凡能按蓄积量计算的，则按用材林计算产值的方法计算薪炭林产值，凡不能用蓄积量计算的，按薪炭材的重量乘以其市场平均价计算薪炭林产值。

第四节　森林工业总产值统计

一、森林工业总产值的概念

森林工业总产值是指以货币表现的森工企业在报告期内生产的森工产品总量。它是社会总产值的重要组成部分。工业总产值指标的作用主要是：第一，它可以反映我国森林工业生产的物质产品规模、总水平，分析森林工业的结构比例，计算森林工业发展速度；第二，它是进行宏观的、微观的和经济核算的基础。宏观中是为了反映整个森林工业生产发展水平与生产效率的高低。微观中是为了反映森工企业生产发展水平和经济效益，利用它计算各种劳动生产率、产值利润率、产值利税率等指标。

二、森林工业总产值的计算方法——工厂法

森林工业采用“工厂法”计算总产值。所谓“工厂法”就是以森林工业生产活动单位作为一个整体，按工业生产活动的最终成果来计算产值，企业内部不允许重复计算，不能把企业内部各车间的生产成果相加求得企业总产值。如某林业局生产木材和锯材，林业局森工总产值是木材商品量和锯材商品量的价值，林业局内生产锯材所耗用木材的价值不再计算总产值。

【例】根据某林业局某年度生产情况统计表，计算其森工产值。

表 5-7　某林业局 某年度生产情况统计表　　单位：元

项目	期初未完成品价值	本期生产的产品价值	局内进一步加工产品价值	期末未完成品价值	企业最终产品价值
原木	20 000	100 000	90 000	30 000	10 000
锯材	10 000	250 000	110 000	150 000	140 000
家具	—	400 000	—	—	400 000
全局	30 000	750 000	200 000	180 000	550 000

解答：

按“工厂法”计算森工总产值，有两种计算方式：

(1)根据各车间生产的产品价值之和，减去企业内进一步加工的产品价值来计算。本例中本期各车间生产产品价值总计为750 000元，其中局内进一步加工产品价值为200 000元，则：

$$森工总产值 = 750\ 000 - 200\ 000 = 550\ 000\ 元$$

(2)根据企业生产活动的最终成果来确定，即直接把企业在报告期生产的最终产品价值相加计算。

例中，林业局在报告期内的家具产品以及期末结存的本期生产的原木和锯材产品，均是本期企业生产活动的最终成果，应计入本期总产值。单期末结存量中所包含的上期结存下来的原木和锯材产品，属于上期的生产成果，上期已计算过产值，却又转入本期生产的

产品价值中，根据“工厂法”计算原则，企业内产品、价值不允许重复计算，故这部分价值应从本期总产值中扣除。因此，本例中企业最终产品的价值为：家具产品价值加上原木和锯材期初期末差额价值，即：

森工总产值 = 10 000 + 140 000 + 400 000 = 550 000 元

为了反映工业总产值的产品构成，一般采用第二种方法计算森工总产值。

三、森林工业总产值的统计范围

根据森工总产值的概念和“工厂法”的要求，森林工业总产值包括本年生产成品价值（含准备销售的半成品价值），已完成对外承做的工业性作业价值，半成品、在制品期末、期初结存量的差额价值三部分。

森工总产值 = 本年生产成品价值 + 对外加工费收入 + 自制半成品、在制品期末期初差额价值

式中，成品价值包括企业自备料生产的，用订货者来料生产的产品价值，自制自用并转入固定资产的成品价值，以及已经销售和准备出售的半成品价值。成品价值按产品的全价计算；工业性作业按加工费计算总产值。

（一）本年生产成品价值

成品是完成所有工序，在本企业不再进行加工，经验收、包装入库的产品，包括已经销售和准备销售的全部森工产品，包括已经销售和准备销售的半成品。这些产品只要是报告期生产不论已出售、准备出售，也不论用自备原料生产或用订货者原料生产的，均按全价计算产值，即把产量分别乘产品价格，求得产值。准备出售的半成品视为成品计算产值。

因此，成品价值具体内容包括以下各项：

①报告期已经销售和准备销售的成品价值。

②报告期已经销售和准备销售的半成品价值。

③供本企业非工业生产部门使用的，如基建部门、农副业部门、生活福利部门等单位使用的成品价值。

④企业自制设备，已构成固定资产，并转入财务账目的。

（二）对外加工费收入

对外加工费收入，是指企业在报告期内完成的对外承做的工业品加工（包括来料加工生产）的加工费收入和对外工业品修理作业所获取的加工费收入。按加工费计算总产值。这里工业性作业又称工业劳务。有些工业性作业不创造新的使用价值，而是恢复或增加某一工业产品的使用价值。主要存在于林业机械修理和木材加工工业中，如机械家具的修理，对外承制的油漆、电镀等，前者是恢复其使用价值，属修理作业，后者是增加其使用价值，属加工作业。具体包括：

①对外承做的工业品修理的加工费收入。

②对外来零件、配件进行的转配工作所获取的加工费。

③对外承做的工业品加工所收取的加工费。

（三）半成品、在制品的期末期初结存量差额价值

期末结存的半成品、在制品也是本期的生产成果，除已经销售和准备销售的半成品应

计算产值外，其余部分也应计算产值。但是，期初结存的半成品、在制品已在上期计算过产值，它在本期生产中消耗掉，其价值转入成品价值中。本期生产的成品按全价计算，为使两个时期产值计算不产生重复，应把期初半成品、在制品的价值从本期产值中扣除。所以，实际应计算本期产值的只有期末期初半成品、在制品结存量差额的价值。

一些生产周期较短的企业，半成品、在制品期末期初结存量差额价值变动较小，对总产值影响不大。例如，黑龙江省林区木材在产品结算量差额的价值，对总产值只影响 1%~2% 为简化计算手续，可不予计算。但生产周期较长的企业，如南方木材采运企业，如不计算就会使不同时期产值变化过大，偏离企业的生产实际。

在现行统计制度中为了保持统计核算与会计核算的一致及便于增加值计算，自制半成品和在制品期末起初差额价值按下列规定执行，即：如果会计产品成本核算中不计算自制半成品、在制品成本，则不计入工业总产值；如果会计成品成本核算中计算自制半成品、在制品成本的，则计入工业总产值。

对本企业非工业部门提供的加工修理、设备安装价值，由于这部分价值的计算难度大，在许多企业的总产值中所占份额较小，故在核算工业总产值中可以忽略不计。单如果企业核算基础较好，能取得这部分资料，而且这部分价值所占比例较大，不计算会影响历史资料的对比，则就需要将其价值计入“对外加工费收入”指标内。

【知识链接】

工业总产值不应包括的项目：

(1)进一步用于本企业工业生产的各种自制材料、成品、半产品、动力、工具等，这些产品在本企业生产中消耗掉，其价值已包括在成品的价值中。因按最终产品计算产值，这些产品不再另行计算产值。

(2)为本企业生产设备、交通运输工具进行的中修和小修，是保证生产中正常运转所必须的。其价值体现生产品的价值中，不再另行计算产值，但按现行统计制度规定暂不计算产值。

(3)为本企业生产设备、交通运输工具进行的大修理，通过修理恢复固定资产的使用价值，费用由大修理基金支出。从理论上讲应计算产值，但按现行统计制度规定暂不计算产值。

(4)废品价值和废料出售的价值，出售板皮、锯末等加工剩余物的收入，不计入工业产值内。

(5)非本企业生产的工业产品的价值，如木材采运企业转售给企业职工的煤炭等价值。

(6)本企业非工业生产部门的收入，如附属农场的农产品、森铁的客运收入、基本建设的建筑安装价值，住宅、公共福利事业的收入等。

从上述可见，总产值和产品实物量所包括的范围并不完全一致。产品实物量是构成总产值的主要部分，但不是全部。有的要计算产量但不计算产值。例如，凡工业产品目录中规定的产品，都要统计产量，这些产量中企业自产自用部分不计算产值；而另一部分则要计算产值而不计算产量，如工业性作业。总之，要正确理解二者的区别和联系，正确区分二者的不同范围。

【例】某木材厂某年生产情况如表 5-8 所示，试计算其工业总产值。

表 5-8　某木材厂某年度生产情况表

项目	单位	产量	不变价格（元）	价值（万元）	应计入工业总产值(万元)
一、自备材料生产的产品	m^3			1 774. 52	1 802. 19
(一)成品	m^3			1 764. 38	1 764. 38
1. 锯材	m^3	950	470	44. 65	44. 65
2. 纤维板	m^3	2 160	911	196. 78	196. 78
3. 胶合板	m^3	7 150	2 130	1 522. 95	1 522. 95
(二)已售和准备出售的半成品	m^3			9. 36	9. 36
胶合板单板	m^3	3 120	30	9. 36	9. 36
(三)自制设备	台			0. 78	0. 78
细木工带锯(自用)	台	2	3 900	0. 78	0. 78
二、订货者来料生产的产品	m^3			14. 57	14. 57
锯材		310	470	14. 57	14. 57
其中来料价值					
三、工业性作业				1. 10	1. 10
(一)对外修理车床				0. 45	0. 45
(二)设备大修理				0. 65	0. 65
四、转售原材料				5. 10	
五、出售废料收入				0. 20	
六、自制半成品、在产品期末期初差额				12. 00	12. 00

解答：

根据以上计算公式，只要将表中一、二、三、六项应计入工业总产值的数值相加，就是该木材厂该年的工业总产值。即：

$$\text{工业总值} = 177.452 + 14.57 + 1.10 + 12.00 = 1\ 802.19\text{(万元)}$$

四、森林工业总产值的具体组成和计算方法

如前章所述，森工产品品种统计上主要包括木材、竹材、木材加工品、林化产品、林机品木材采运企业生产的其他工业产品。因此，森林工业总产值从成品的种类角度来说，主要由木材产值、竹材产值、木材加工产值、林产化学工业产值、林机修造产值以及森林工业企业生产的其他工业产品产值构成。森林工业产值主要由以下六项组成。具体计算方法分别如下：

(一)木材产值的计算

木材产值包括原木、小规格材和薪材的产值。

1. 东北林区及具备完整生产过程的木材采运企业按"一次性"计算总产值

这类企业木材总产值以报告期内采伐和收购运抵最终贮木场或国家指定调拨地点(包括途中拨交)及企业非工业生产自用材的全部木材产量，按材种分别乘以每立方米该材种不变价格，减去收购的木材数量乘以每立方米木材不变价格。公式如下：

木材总产值 = $\sum$[报告期木材产量(按材种分)×材种不变价格－收购量×每立方米木材不变价格]

东北林区木材采运企业，整个木材生产过程由企业自己完成，生产周期短，木材各段在产品期末期初结存量的差额变动不大，对总产值影响小，为简化计算手续，可不予计算。

2. 按分段法计算木材产值

国营木材生产单位采伐和收购农村集体或个人生产的木材运抵公路边，铁路边、大、小河边交木材运输部门继续运输为一段，称为上段。将上段的木材由企业自己或委托交通运输部门继续运抵最终贮木场或国家指定调拨地点为另一段，称为下段。

上、下两段的比率根据各省区各段在价值形成过程的不同比重规定不同的比率。上、下两段的合计等于木材不变价格的全价，根据国家统计制度规定：

第一类林区：包括四川、云南、新疆、青海、甘肃、陕西等省(自治区、直辖市)。上段产值按木材不变价格55%的比率计算；下段产值按木材不变价格45%的比率计算。

第二类林区：包括安徽、浙江、福建、江西、广东、广西、湖南、湖北、贵州等省(自治区、直辖市)。上段产值按木材不变价格的60%比率计算；下段产值按木材不变价格的40%比率计算。

第三类林区：除以上各省区外，主要是销区，如河北、河南、山东、山西、江苏、辽宁和西藏等省(自治区、直辖市)，原则上采用一次法计算产值，如一次法不能满足核算上的需要，可按分段法计算产值。

按分段法计算木材产值公式如下：

上段木材产值 = 上段交材量×每立方米木材不变价格×上段比率
－本期收购木材数量×每立方米木材不变价格

下段木材产值 = 下段作业量×每立方米木材不变价格×下段比率

分段法计算的时候，需注意以下三点：

(1)途中拨交需材单位和企业自用材，应视同完成整个木材生产过程计算产值，如在上段拨交应按全价计算，在下段拨交则按下段比率计算。

(2)在木材生产过程中，要托交通部门运输的木材，由林业部门交运木材的企业计算总值，交通运输部门不再进行计算。

(3)各省区上段和下段各企业的实际比率各不相同，按上述规定的比率计算木材产值，也不能正确地反映各企业的实际。因此，各省区在实际执行中还必须根据分段法原理，再规定适应各自情况的具体比率。

(二)竹材产值的计算

竹材产量是指经过采伐生产运出可供调拨销的竹材，包括胸径围长23cm以上的毛竹(楠竹)，不包括杂竹或小竹。竹材产于南方林区，产值按一次法计算。

竹材产值＝报告期运抵贮木场或国家指定调拨地点的竹材数量×竹材不变价格
－报告期收购竹材数量×竹材不变价格

(三)木材加工产值的计算

木材加工产值的计算，主要有两类情况，即独立木材加工企业和木材采伐企业附属木材加工厂(或)车间分别按照不同要求进行加工产值计算。

1. 独立木材加工企业木材加工产值的计算

不论用自备原料还是用定货者来料生产的产品，均按全价计算。用本企业生产的原材料进行再加工生产的产品，例如，用本企业生产的锯材再加工为家具，因锯材已计算产值，只计算加工费。

2. 木材采伐企业附属木材加工厂(或车间)木材加工产值的计算

利用本企业生产的木材，加工成锯材或其他木材加工产品，因木材已计算过产值，根据“工厂法”原理，这部分产值不应重复计算，只计算加工费。如本企业生产的木材不足以供应加工，又从其他企业调进木材进行加工，其产品按全价计算产值。

木材加工产值＝报告期加工产品数量×产品不变价格
－实际耗用原材料数量×原材料不变价格

(四)林化产品产值的计算

松香、松节油、栲胶等林化产品，以最终产品产量乘单位产品不变价格求得。如利用本企业生产的木材为原料，加工成纸浆，只计算加工费。利用剩余物加工的产品，按不变价格的全价计算产值。

(五)林机产值的计算

为本企业机械设备进行修理，不计算产值，对外承做的工业作业，按加工费计算产值。成批生产的机械配件，除供应本企业机械检修用外还对外销售或调拨，外销部分按产量乘单价计算产值。

(六)木材采运企业生产的其他工业产品产值的计算

(1)企业自备发电厂生产耗用的电力，因产值已转移到各种产品产值中，不应重复计算产值。但对外销售和供本企业非生产部门的用电量应计算产值。

(2)企业附属车间生产的建筑材料和其他工业产品，按产量乘以该产品的不变价格计算产值。

【例】以东北和云南两个木材采运企业为例，分别说明“一次法”和“分段法”计算木材产值如表5-9、表5-10所示。木材加工用本企业的木材为原料，企业附属机修厂为本企业的机械设备进行修理，无对外加工作业。

表 5-9 某木材采运企业森林工业总值计算表

项目	产量 (m^3)	1980 年不变价格	产值 (元)
合计			33 916 970
一、木材	393 014		30 085 270
1. 原木	328 814		28 415 170
(1)坑木	62 800	100	6 280 000
其中：二等坑木	4 100	66	270 600
(2)普通电柱	64	120	7 680
(3)车辆材	11 900	107	1 273 300
(4)造船材	3 550	107	379 850
(5)胶合板材	19 400	107	2 075 800
(6)枕木资材	18 200	107	194 740
(7)造纸材	16 700	97	1 619 900
(8)火柴材	9 600	90	864 000
(9)农用橡材	1 000	62	62 000
(10)农用胶材	1 000	85	85 000
(11)农用辅材	1 000	123	123 000
(12)一般用材	143 000	97	13 871 000
(13)次加工用材	38 900	36	1 400 400
(14)车立柱	1 700	105	178 500
2. 小规格材	14 300	47	672 100
3. 薪材	49 900	20	998 000
二、木材加工			3 831 700
锯材	99 000		15 462 000
(1)普通锯材	93 000	152	14 136 000
(2)枕木	6 000	221	1 326 000
减：耗用原木	123 400		11 630 300
(1)枕木资材	18 200	107	1 947 400
(2)一般用材	93 700	97	9 088 900
(3)次加工材	16 500	36	594 000

表 5-10　某木材采运企业森林工业总产值计算表

项目	产量（m^3）	1990 年不变价格	比率（%）	产值（元）
合计				5 719 643
公路边到材量	60 000			3 194 400
1. 原木	59 000			3 168 550
(1)坑木	6 000	100	55	330 000
(2)胶合板材	2 000	107	55	117 700
(3)一般用材	51 000	97	55	2 720 850
2. 小规格材	1 000	47	55	25 850
二、上段途中拨交	18 750			825 188
1. 原木	18 500			819 900
(1)坑木	2 500	100	45	112 500
(2)胶合板材	2 000	107	45	96 300
(3)一般用材	14 000	97	45	611 100
2. 小规格材	250	47	45	5 288
三、中楞运材到最终贮木场	39 200			1 700 055
1. 原木	38 500			1 685 250
(1)坑木	3 500	100	45	157 500
(2)一般用材	35 000	97	45	1 527 750
2. 小规格材	700	47	45	14 805

五、森工总产值与森工销售产值的联系与区别

森工销售产值是指以货币表现的森工企业在一定时期内销售本企业生产的森工产品总量。它包括已销售的成品、半成品价值，对外提供的工业性作业价值和对本单位基本建设部门、生活福利部门等提供的产品和工业性作业及自制设备的价值。已销售的成品、半成品不论是本期生产的，还是上期生产的，只要是本期销售出去的均包括在内。对外提供的工业性作业是指企业按合同对外提供的工业性作业。企业为本单位基本建设部门、生活福利部门等提供的产品和工业性作业及自制设备也视同销售，这部分也作为工业销售产值统计。

(一)工业销售产值与工业总产值的联系和区别

工业销售产值的计算范围、计算价格和计算方法与工业总产值一致，但两者的计算基础不同：工业销售产值计算的基础是产品销售总量，工业总产值计算的基础是工业产品生产总量。

(二)工业销售产值的计算价格

工业销售产值分别按现行价和不变价两种价格计算。根据工业销售产值的计算原则。现行工业销售产值中的销售成品价值按实际销售量乘其实际销售价格计算求得。具体公式为:

$$销售成品价值 = \sum(报告期某种产品销售量 \times 该产品实际销售单价)$$

对外提供的工业性作业销售产值按其实际结算的劳务费计算;企业为本单位基本建设部门、生活福利部门等提供的产品和工业性作业及自制设备,可参照同类产品和设备的销售价格或实际成本价格计算其销售产值。

生产周期较长(指6个月以上)的机械产品,如船舶、重型机械、大型电子计算机等,可按实际完成的工时定额乘以计划销售价格计算销售产值。

自行完成的本企业的工业作业价值,按报告期实际完成工业性作业的核算成本计算其销售产值。

按不变价格工业销售产值的计算公式为:

$$工业销售产值 = \sum[报告期某种产品销售量 \times 该产品(工业性作业)1990年不变价格]$$

第五节　林业商品产值与净产值统计

在市场经济中,林产品是作为商品提供给社会消费和使用。为了反映一定时期内林业企业及林业生产的商品可供量,就要计算林业商品产值。林业商品产值是林业企业在本期生产的可供销售的产品价值。主要包括营林和森工商品产值两部分。此外,还需核算林业商品的净产值。林业商品产值指标与净产值指标等其他经济指标结合使用,可以更好地反映林业生产发展速度与规模,利于林业生产内部重大比例关系的分析。

一、营林与森工商品产值统计

(一)商品产值的内涵

营林商品产值,是营林生产单位在一定时期内生产的预定发售到营林生产单位以外的营林产品的总价值,是营林生产单位可能获得的货币收入,是营林生产中的一项重要指标。它的大小,说明营林生产能够投入市场进行交换的生产价值量的大小,与相关的财务指标和销售指标联系起来,可以研究营林生产的经济效益和对市场的适应程度。营林商品产值按“产品法”计算。

森工商品产值,是森工企业在一定时期内生产的可以作为商品销售并构成本企业货币收入的产品总价值。它反映一定时期内森工企业为社会提供的商品总量。将它与企业同期的销售收入比较,大体可以说明企业生产的产品和市场需求相适应的情况。

森工商品产值、森工总产值都是反映森工企业工业生产活动成果的价值指标,但两者之间有着显著差别。具体区别如下:

(1)森工总产值包括自制半成品、在制品期末期初的差额价值,而森工商品产值则不包括。

(2)森工总产值中包括提供给本企业的基本建设部门、其他非工业和生活福利部门的成品价值，而森工商品产值不包括这部分内容。

(3)森工总产值包括企业自制设备的价值，但森工商品产值不计算这部分价值。

森工商品产值按“工厂法”计算，它是企业报告期所生产的可供作商品销售的森工产品价值之和。因此，企业之间的商品产值也存在重复计算问题。

(二)商品产值统计的内容

营林商品产值统计主要包括：可供出售的林产品价值；可供出售的乡以下单位生产的竹木产品价值；已经出售或准备出售的活立木价值。但是，由于营林生产的主产品——活立木生长周期长，活立木交易市场还未形成，加之生态效益核算还处于研究阶段，目前可以进入市场进行交易的营林产品品种少，使得营林商品产值偏低，难以反映营林生产的实际情况。如何准确核算营林商品产值还需进一步探讨。

根据森工商品产值的概念，应计入森工商品产值的内容有：企业自备原材料生产的可供销售的成品价值和准备或已出售的半成品价值；用订货者来料生产的成品的加工价值；已经完成的对外工业品加工和修理价值。

二、林业商品净产值的概念和一般方法

(一)净产值的概念和作用

净产值是一定时期内劳动者在生产活动中新创造的价值。总产值是报告期以货币表现的产品总量或总价值，它由 $c+v+m$ 三个部分组成。c 是生产过程中的物质消耗的价值，即转移价值；v 是劳动者的劳动报酬；m 是剩余产品的价值，包括利润和税金。总产值扣除物质消耗的价值，就是净产值($v+m$)，它是物质生产部门创造的净成果。国民经济各物质生产部门，包括工业、农业、建筑业、运输邮电业和商业(含饮食业和物资供销)的净产值之和，就是全部的国民收入。净产值的作用主要有以下几个方面：

(1)净产值的大小反映生产部门对国民收入所作贡献的大小及林业生产为社会新创造财富程度。

(2)净产值能较确切地反映林业生产增产和节约两方面的成果，可以促使企业不仅注重增加产品的生产，还要关心生产中物质消耗的节约工作，推动林业生产经营管理水平的提高。

(3)净产值指标与总产值等其他经济指标结合使用，可以更好地反映林业生产发展速度与规模，利于林业生产内部重大比例关系的分析。

(二)计算净产值的一般方法

计算净产值有两种方法：一种是生产法，另一种是分配法。净产值一般按现行价格计算，这样便于使用财务会计的资料。按不变价格计算的净产值，由上级主管机关根据价格指数进行换算。

1. 生产法

生产法又称正算法，它是从价值形成的观点来进行计算的。把总产值减去物质消耗的

价值求得净产值。用生产法计算净产值，通过计算物质消耗，求得净产值，对于研究产品的价值构成，分析物质消耗和净产值在总产值中的比例，加强生产过程中的管理，降低消耗具有重要意义。

其计算公式为：

$$净产值(v+m) = 总产值(c+v+m) - 物质消耗的价值(c)$$

物质消耗是指工业产品生产过程中的生产资料转移价值。只有支付给物质生产部门又作为生产消费的费用，才是物质消耗。根据这一原则，生产费用要素中，属于物质消耗费用的有：外购材料、外购燃料、外购动力、折旧费、提取的大修理基金和其他支付的物质消耗等六项。以上这些是企业在生产过程中支付的物质消耗，还应加上来料价值和产品销售费用中的物质消耗，才是企业全部的物质消耗。

企业全部物质消耗 = 生产费用要素中物质消耗合计 + 订货者来料价值 + 产品销售费用中的物质消耗

最后还要将以上全部物质消耗调整为工业总产值的物质消耗，做到计算口径一致才能计算工业净产值。从现行生产费用表和工业总产值的计算方法看，应当进行以下调整：

(1)按一次法计算森工总产值的企业，工业总产值不包括自制自用半成品、在制品期末期初差额价值，而企业的全部物质消耗中包括了这一部分价值。可以按工业总产值的口径调整企业全部物质消耗价值。这种方法是先计算物质消耗系数，再用它乘以自制自用半成品、在制品期末期初差额价值，然后从全部物质消耗中扣除这部分价值即可。计算公式如下：

$$物质消耗系数 = \frac{生产费用要素中物质消耗合计数}{生产费用合计数}$$

自制自用半成品在制品物质消耗 = 自制自用半成品在制品期末期初差额 × 物质消耗系数

调整后的物质消耗 = 企业全部物质消耗 - 自制自用半成品在制品物质消耗

(2)某些只按加工费计算总产值和自备材料生产的产品，因其原材料消耗已记入生产费用，包括在全部物质消耗中，为了计算口径一致，必须扣除。

(3)关于其他不包括在商品产品成本内的工业生产费用的调整问题。在现行生产费用表中不包括在商品产品成本中的生产费用需要调整的有以下三项：

①专用拨款开支的新产品试制失败损失和新产品试制成本大于售价的差额。

②按规定应由营业外支出的新产品试制失败损失。

③转作待处理财产损失的在制品自制半成品的盘亏、毁损减去盘盈后净损失。

以上三项称转作损失的生产费用物质消耗。调整为与工业总产值口径一致的全部物质消耗计算公式：

与工业总产值口径一致的物质消耗 = 企业全部物质消耗 - 自制半成品在制品期末期初差额的物质消耗 - 按加工费计算总产值的自备材料价值 - 转作损失的生产费用物质消耗

最后，从工业总产值中扣除上面调整后的全部物质消耗，即是按生产法计算的工业净产值。

2. 分配法

分配法，也称倒算法，是从国民收入的初次分配角度出发，把净产值构成的各要素直接相加而得的。国民收入在国营企业初次分配为：利润、税金、职工的工资、福利基金、利息支出、育林基金、维持再生产基金和其他。在农村初次分配为农民的劳动报酬或纯收入、上交国家的税金、利息支出、集体的公积金和公益金、其他几个部分。由于分配法是按国民收入初次分配的构成要素进行计算的，对于研究净产值的构成，分析国家、集体和个人之间的分配具有重要意义。其计算公式如下：

净产值 = 应得的产品销售利润 + 应缴纳的产品销售税金 + 工资 + 提取的职工福利费 + 利息支出 + 其他

其中：

应得产品销售利润和应交产品销售税金 = 现价工业总产值 − 生产费用合计 + 订货者来料价值 − 转作损失的生产费用 − 按加工费计算总产值的自备原料价值 − 半成品在制品期末期初差额价值（按一次计算法计算森工总产值的企业才扣除） − 产品销售费用 − 按产量或利润支付的技术转让费

按分配法计算工业净产值要遵守以下两个原则：

第一，要避免各个项目之间发生重复计算。理论上是不应该重复的，但实际工作中，由于财务成本核算的规定，严格限制了各种费用和基金的来源。同一经济性质的支出，如工资，可能会有不同的经费来源。所以不考虑财务成本核算的各种规定，就会发生重复计算，应引起注意。

第二，要划清生产与流通的界限。工业净产值是生产领域里的一个价值量指标，其包括的内容如利润税金不同于流通领域商品实现活动相联系的经济范畴。产品的生产和实现有一个时间差，本期生产的产品，不一定在本期实现；本期实现的产品，也不都是本期生产的，所以工业净产值的计算存在着一定的假定性，其利润税金就是推算的。计算工业净产值时一定要划清这一界限。

用生产法和分配法计算的净产值，如果没有遗漏、重复，从理论上说，两种方法计算结果应相等。但在实际计算时由于经过多次换算，两种方法的计算结果，往往是不一致的、实际工作中，营林净产值一般用生产法进行计算，森林工业净产值用分配法进行计算。

净产值是以价格为基础进行计算的，当价格背离价值时，所计算的净产值，往往不能正确反映企业的成果。比如在过去，木材价格偏低，计算的净利润就少。特别是国有林区，木材几乎不包括林价的情况下，采伐人工所谓的木材生产利润，甚至不足以补偿营林成本。在产品价格与价值背离的情况下，各行业的净产值也就不宜用来对比，用以说明各行业贡献的大小。在分析时也不能只看净产值指标，还应结合其他指标进行全面分析，才能得出准确的结论。

三、营林净产值的统计

营林净产值是营林企业在一定时期内营林企业生产活动新创造的价值。各个营林企业的净产值之和就是营林所创造的净产值，它是我国国民收入的组成部分之一。营林净产值就是营林业创造的国民收入，其价值构成为 $v+m$。

营林净产值和营林总产值一样，都是由综合统计部门统一计算的。具体计算方法如下：

(一)生产法

$$营林净产值(v+m)=营林总产值(c+v+m)-营林物质消耗的价值(c)$$

从上式可以看出，在核算了营林总产值的基础上，用生产法计算净产值的关键是正确地确定营林物质消耗的价值。营林物质消耗价值是指营林生产过程中消耗并将其价值转移到所生产的营林产品中去的那部分生产资料价值。计算时，需要注意以下几点：

1. 计算按现行价格计算的营林总产值

统计报表中的营林总产值，是按不变价格计算的。要按生产法计算现行价格净产值，首先必须计算现行价格营林总产值。营林总产值按产品法计算，一个生产单位内允许农、林、牧、副、渔各业重复计算。按现行价格计算的营林总产值，可根据营林产品产量和工作量资料，乘以收购价格(或成本)示得。

2. 计算营林物质消耗的价值

按现行价格计算的物质消耗价值包括的项目如下：

(1)种子。育苗和直播、飞播、撒播造林用的种子，按用种面积乘单位面积平均用种量，乘种子价格求得。

(2)苗木。造林用苗木，以造林面积乘平均用苗量，再乘苗木价格求得。

(3)肥料。林业生产过程中如育苗、造林、幼林等施用的肥料，包括化肥、饼肥、绿肥等，直接按使用肥料的数量计算。

(4)燃料和饲料。燃料是指使用的各种机械所耗用的汽油、柴油、润滑油等，可根据实际消耗计算，也可根据各种机械的燃料平均消耗定额乘以机械作业数量进行计算。饲料是指林业生产中役畜所消耗的各种精饲料，如粮食、糠麸、农作物秸杆等。饲料消耗量可按每头平均消耗量乘头数计算。

(5)农药。根据实际施用量计算。

(6)用电量。指生产过程中全部生产用电量，包括外购和本单位发电用于林业生产的部分，不包括生活用电量。

(7)中小农具购置费。指当年购置的，价值在 30 元以下，使用时间在两年以下的中小农具的全部费用。

(8)生产用固定资产折旧。是指生产过程中，使用的各种农机具、设备、役畜和生产用房屋、库、畜圈等生产固定资料应提的折旧费。如没有核算折旧的资料，可根据调查资料进行估算。

(9)生产性劳动服务支出。指农机具和设备支付的修理费、生产用的外雇运费及其他生产性劳务支出。这些费用可按实际支出计算，或通过调查进行估计。

(10)其他物质消耗。指上述项目以外的物质消耗费用，如办公费中的文具纸张、印刷费、邮电费、调查设计中的物耗费等。

3. 计算按现行价格计算的营林净产值

按现行价格计算的营林总产值减去上述各项物质消耗的费用，求得现行价格计算的营林净产值。

(二)分配法

营林净产值 = 应得的产品销售利润 + 应缴纳的产品销售税金 + 工资 + 提取的职工福利费 + 利息支出 + 其他

营林净产值的初次分配项目的具体内容如下：

(1)应得的产品销售利润。是指国有和集体单位及个人在报告期内生产的营林产品应得的销售利润。不得指会计报表中实际获得的销售利润。因此，在核算时不能直接采用会计报表上的资料，而应对其进行必要的调整。

(2)应缴纳的产品销售税金。是指国有和集体单位及个人在报告期内从事林业生产而应该向国家交纳的营林产品销售税金。同样应根据营林净产值核算的口径和范围，对会计报表中的产品销售税金进行调整。

(3)工资。是指国有及集体林场支付给本场固定职工和临时工从事营林生产活动的劳动报酬，包括标准工资、奖金、职工福利费和其他实物收入。国有林场职工从事木材生产，由于木材计入森工产品，这部分工资也应计入森工采伐部门的工资总额中。

(4)提取的职工福利费。是指列入产品成本中提取的职工福利基金，包括在成本中按工资的一定比例提取的职工福利费和在销售费用中提取的职工福利基金。

(5)利息支出。是指国有林场、集体和农民个人从事营林生产所支付的利息净值。

(6)其他。是指不包括在上述五项中的其他营林生产初步分配项目，主要包括以下三部分。

①公积金　指农村集体为扩大再生产从当年的营林收益中提取的公共积累；

②公益金　指在当年营林收益分配中用于集体福利事业和社会保险的基金；

③不包括在上述项目中的其他分配额，如从营林收益分配中提取的村民生活基金等。

营林净产值是产值统计中的一个指标，按生产法计算营林净产值，其准确性受营林总产值和物质消耗价值统计准确与否的影响。目前，营林总产值中尚有许多问题正在探讨之中，营林净产值指标的核算势必受其影响。按分配法计算营林净产值，由于森林培育时间长，其产品长期处于“在制品”阶段，通过市场交换的只有采集的林产品，其数额较小，难以反映营林生产的实际情况。因此，准确地核算营林净产值仍需进一步研究。

【例】某木材加工厂2000年现行价格工业总产值7 081万元(该厂采用一次计算法计算

森工总产值），其生产费用如表5-11所示。试分别用生产法和分配法求其工业净产值。

表5-11 某企业生产费用表

序号	生产费用要素	本期实际(万元)
1	外购材料	3 641. 79
2	外购燃料	223. 33
3	其中：烧油特别税	3. 00
4	外购动力	229. 75
5	工资	286. 30
6	职工福利基金	18. 00
7	折旧费	376. 29
8	大修理基金	216. 51
9	利息支出	283. 69
10	其他支出	159. 57
11	其中：物质消耗	38. 38
12	非物质消耗	121. 19
13	生产费用合计	5 435. 23
14	在产品自制半成品期初余额	51. 69
15	在产品自制中成品期末余额	91. 19
16	自制设备	218. 00
17	其他不包括在商品产品成本在内的生产费用	3. 31
18	其中：转作损失的生产费用	1. 00
19	商品产品工厂成本	5 174. 42
20	产品销售费用	106. 52
21	其中：物质消耗	103. 29
22	工资	2. 45
23	职工福利基金	0. 28
24	全年技术转让费用	2. 00
25	订货者来料价值	200. 00
26	物质消耗合计	5 026. 34

解答：

1. 生产法计算的工业总产值

(1)生产费用要素的物质消耗合计数

=3 641. 79 +223. 33 −3 +229. 75 +376. 29 +216. 51 +38. 38

=4 723. 05(万元)

(2)全部物质耗数

=4 723. 05 +200 +103. 29

=5 026.34(万元)

(3)物质消耗系数 $=\frac{4\ 723.05}{5\ 435.23}=0.869$

(4)自制自用半成品在制品物质消耗=(91.19-51.69)×0.869=34.33(万元)

(5)与工业总产值口径一致的物质消耗=5 026.34-34.33-1=4 991.01(万元)

(6)工业净产值=7 081-4 991.01=2 089.99(万元)

2. 分配法计算的工业净产值

(1)工资=286.34+2.45=288.75(万元)

(2)职工福利费=18+0.28=18.28(万元)

(3)应得产品税利额=7 081-[5 435.23+200-1-(91.19-51.69)]-106.52-2=1 377.75(万元)

(4)其他应计入工业净产值数=121.19+(106.52-103.29-2.45-0.28)+3+2=126.69(万元)

(5)利息支出额283.69万元

(6)工业净产值=288.75+18.28+1 377.75+283.69+126.69=2 095.16(万元)

以上两种方法计算的工业净产值基本一致。

3. 两种计算方法的优缺点

采用生产法计算的优点：第一，计算项目较稳定，较少受国家财政和分配制度的影响。第二，在生产费用核算较准确条件下，用此法计算的工业净产值准确性较高。第三，从宏观经济角度看，便于研究物质消耗的行业结构；从微观经济角度看，便于分析各项物质消耗的结构；有利于寻找降低物质消耗的途径。其缺点有二：一是由于必须利用生产费用表，其编制的时间和核算质量，就影响到工业净产值的准确性和及时性；二是有些项目不能直接取得，需用系数推算，也影响到其准确性。

采用分配法计算的优点：主要是通俗易懂，不必完全依赖生产费用表，指标及时性得到保证。缺点是受到国家财政和分配制度变化的影响较大，往往需要调整分配法的计算方法。

两种方法因计算资料和口径不一致而不一致，但两者计算结果的差异不能太大，现行统计制度规定：两者的差额不能超过5%。

四、森工净产值的统计

森工净产值是森林工业企业在一定时期内森林工业生产活动新创造的价值。各个森工企业的净产值之和就是森林工业所创造的净产值，它是我国国民收入的组成部分之一。森工净产值就是森林工业创造的国民收入，其价值构成为 $v+m$。

森工净产值是以企业为单位计算的。其计算方法一般有两种：一是生产法，二是分配法。森工净产值一般按现行价格计算。

(一)生产法

按生产法计算森工净产值，是从森工总产值中减去物质消耗价值求得的净产值。其计算公式为：

$$森工净产值(v+m)=森工总产值(c+v+m)-森工物资消耗的价值(c)$$

用生产法计算森工净产值的关键问题是如何准确计算物质消耗价值。森工物质消耗价值是指森工生产过程中消耗并将其价值转移到所加工的产品中去的那部分生产资料价值。主要包括：外购材料、外购燃料(扣除其中烧油特别税)、外购动力、折旧费和其他物质消耗价值。这些消耗的价值可从会计报表“生产费用表”中查得。

根据会计报表资料，核算森工生产物质消耗价值时，必须注意以下几个问题：

1. 要划清物质消耗和非物质消耗的界限

企业生产的森工产品的费用，既包括物质消耗费用，也包括非物质消耗费用。为了准确地计算森工净产值，就必须正确区分物质消耗与非物质消耗。物质消耗是指本企业森工生产支付给物质生产部门提供的产品和劳务的费用。划分的原则是：一是看费用是否支付给物质生产部门；二是在本企业是否用于生产消费。只有同时具备这两个条件的才是物质消耗，否则属于非物质消耗。

2. 物质消耗与森工总产值的口径要一致

在调整物质消耗与森工总产值的口径时，应考虑以下两个因素：①物质消耗价值既包含生产过程中的物质消耗价值，也要包括实现产品过程中的物质消耗价值。②从会计报表中所得到的物质消耗的价值既包括木材采运、木材加工、林产化工、林机制造和修理等工业生产所消耗的物质产品价值，也包括为企业专项工程、职工福利部门等提供作业所发生的物质消耗价值。非工业生产物质消耗应予剔除，在剔除非工业生产物耗后，余下的价值就是森工总产值中物质消耗的价值。

3. 森工生产中的其他物质消耗

其他物质消耗是指办公费中的文具费、印刷费、邮电费、外部加工费、外部修理费、向外单位运输企业支付的运输费、租赁费以及委托生产中的物质消耗费用等。从现价森工总产值中，减去用上述方法计算的森工总产值的物质消耗价值，即得出森工净产值。

森林工业总产值中物质消耗的价值，可按下面两式计算：

$$\begin{array}{c}森林工业生产中\\物质消耗的价值\end{array}=\begin{array}{c}全部生产生产费用\\物质消耗的价值\end{array}\times\frac{森工总产值的生产费用}{生产费用合计}$$

$$\begin{array}{c}在制品、半成品\\期末期初结存差额\\物质消耗的价值\end{array}=\begin{array}{c}在制品、半成品\\期末期初结存量\\差额\end{array}\times\frac{森工生产物质消耗价值}{森工总产值的生产费用}$$

经过上述调整后的物质消耗的价值，与森工总产值的口径一致。把现行价格计算的森林工业总产值，减去物质消耗的价值，就是森林工业净产值。

$$\begin{array}{c}按现行价格计算的\\森林工业净产值\end{array}=\begin{array}{c}按现行价格计算\\的森工总产值\end{array}$$
$$-\left[\begin{array}{c}生产费用中物\\质消耗的价值\end{array}+\begin{array}{c}订货者\\来料的\\价值\end{array}-\begin{array}{c}生产费用中非\\工业生产物\\质消耗的价值\end{array}-\begin{array}{c}按一次法计算总产值的\\在制品、半成品期末期\\初差额的物质消耗价值\end{array}\right]$$

(二)分配法

按分配法计算的森林工业净产值，是根据森林工业生产新创造价值中属于国民收入初步分配的各项要素相加求得的净产值。要注意使森工净产值各项分配要素与森工总产值计算口径一致。森工总产值是森工产品的全部价值，森工净产值是森工生产中新创造的价值，是森工总产值价值构成的一部分。因此，二者的计算口径一定要保持一致，其计算公式为：

$$\text{森工净产值} = \text{应得的产品销售利润} + \text{应缴纳的产品销售税金} + \text{工资} + \text{提取的职工福利费} + \text{利息支出} + \text{育林基金} + \text{其他}$$

1. 应得的产品销售利润

应得的产品销售利润，是报告期生产的全部森林工业产品销售后应获得的利润额，不是会计报表中销售产品已实现的利润。报告期销售的森林工业产品一部分是上期生产的，另一部分是本期生产的。本期生产的产品，一部分在本期销售，另一部分在下期销售。因此，报告期生产的森林工业产品应得的销售利润，必须经过计算求得。

(1)生产的木材应得的销售利润，分别按原木(不分材种和长级、径级)、小规格材、薪材进行计算，把产量乘以每立方米平均利润额求得。每立方米平均销售利润，可从销售利润明细表中查得。

(2)等级内锯材、胶合板、纤维板、刨花板等产品，不分等级把产量乘单位产品平均利润求得。

(3)综合利润产品等应得销售利润，可按下式计算：

$$\text{应得销售利润} = \text{按现行价格计算的森林工业总产值} \times \frac{\text{本期销售利润}}{\text{本期产品销售收入}}$$

报告期企业生产的各种产品应得的销售利润之和，就是企业应得产品销售利润。

2. 应缴纳的产品销售税金

应缴纳的产品销售税金，是指报告期生产的全部森林工业产品销售后，应缴纳的税金。也必须通过计算求得。

税金是按销售额计提的，原木、小规格材、薪材的税率为10%。这些产品可以现行价格计算的工业总产值乘税率，求得应缴纳的产品销售税金。

$$\text{应缴纳的产品销售税金} = \sum \text{各类产品按现行价格计算的总产值} \times \text{产品税率}$$

式中按现行价格计算的工业总产值，包括来料加工产品的来料价值，这部分价值不能构成企业的销售额，应予扣除。

其他零星综合利用产品，为简化计算手续，可按下式计算：

$$\text{应缴纳的产品销售税金} = \text{按现行价格计算的总产值} \times \frac{\text{本期产品销售税金}}{\text{本期销售收入}}$$

3. 工资总额

木材采运企业是综合性的生产企业，包括森工、营林、基建、商业、文教等多种人员。森林工业净产值中的工资总额仅指企业支付给工业生产活动人员的工资。这部分人员的工资总额，可用劳动工资统计报表中工业部门的工资总额指标，扣除下列几个部分求得，由职工福利基金开支的福利设施人员的工资；由工会经费开支的工会人员的工资等。

如调整工资总额有困难，也可利用《生产费用表》中“工资”要素费用，从中扣除非工业生产劳务人员的工资求得。公式如下：

$$工业生产人员的工资 = 全部生产费用的工资 \times \frac{工业总产值的生产费用}{生产费用合计}$$

4. 提取的职工福利基金

指企业按国家规定的比例提取的职工福利基金，但应扣除由营业外开支和专用基金开支人员提取的福利基金，利润留成中职工福利基金也应扣除，以免重复计算。

5. 利息支出

指企业利息支出与利息收入冲抵后的支出净额。利息收入大于支出的，按财务制度规定冲抵成本，在利息支出项下以负数表示。

6. 其他

除上述各项和育林基金、维持再生产基金等以外属于国民收入初次分配性质的支出，也就是在前述生产费用表中其他支出中，非物质消耗的费用，包括委托生产中的非物质消耗、差旅费、探亲费、出差补贴、误餐补贴、罚金支出(罚金收入冲抵支出后的净额，如收大于支处理方法与利息支出同)、保险费、工会经费、民兵活动、企业职工教育经费等。

7. 育林基金、维持再生产基金等

育林基金不是成本的一部分，是在木材销售后提取的，是用于更新采伐基地的基金，属于净产值的一部分。维持再生产基金是为延伸伐区新提的基金，不是固定资产折旧。零星顾定资产购置费，是企业购置固定资产的资金来源之一，也属国民收入的初次分配。

第六节 林业增加值统计

一、林业增加值的概念

林业增加值，是指林业生产单位在报告期内以货币形式表现的林业生产活动的最终成果，是林业生产单位全部生产活动的总和，扣除了在生产过程中消耗或转移物质产品和劳务价值后的余额，是企业生产过程中新增加的价值，反映林业生产经营活动的最终成果，是综合评价林业生产经营活动的重要经济指标。

林业的增加值包括营林增加值和森林工业增加值，其中森林工业增加值由于采用工业增加值的核算方法，所以现行林业统计报表制度中规定独立核算的森林工业企业在年报中需要填报林业系统的工业增加值。营林增加值的核算问题无论在理论上还是在实践中，尚处于研究和探索阶段。

营林增加值的统计范围包括林产品采集、竹木采伐以及防护林、特种用途林的栽培等生产经营活动所提供的社会劳动量的价值。

森林工业增加值的统计范围包括森工产品成品生产，对外加工费收入以及自制半成品，在产品期末期初差额等生产经营活动所提供的社会劳动量的价值。

林业增加值是由林业总产值和林业中间投入两大因素作用的结果。生产的发展、产值的提高与经济效益的提高、中间投入的降低，都可以提高林业增加值。通过林业增加值的构成要素，可以全面反映林业生产单位的经营状况。增加值是由劳动者报酬、固定资产折旧、生产税净额和营业盈余四大要素组成的，通过四大要素相互关系，可以正确地分析出林业增加值增长与下降的成因以及林业增加值在国家、企业和个人三者之间的分配情况。

另外用林业增加值作为总量考核指标不受企业生产组织结构变动的影响，具有可比性。

二、增加值与总产值、净产值的区别

增加值与总产值和净产值的区别，主要表现在如下两方面：

(1)指标的价值构成不同。总产值指标是一定时期内所生产的物质产品的价值总和，包括转移价值和新创造的价值两部分；而增加值是从林业总产出中减去中间投入价值，而中间投入既包括物质产品的投入，也包括其他部门的劳务投入；净产值则是本期新创造的价值。如果用 c 表示转移价值，c_1 表示生产用固定资产折旧价值，c_2 表示原材料、燃料和辅助材料的价值，v 表示活劳动消耗的价值，m 表示剩余价值，则有：

$$c = c_1 + c_2$$

$$总产值 = c + v + m$$

$$增加值 = 总产值 - c_2 - 对外支付的生产性劳务费$$

$$净产值 = v + m$$

(2)核算的范围不同。总产值和净产值是以物质生产部门即工业、农业、建筑业、运输业和商业为核算对象的，而增加值是以全社会为核算对象的，核算范围既包括物质生产部门，也包括非物质生产部门。

三、林业增加值的计算方法

林业增加值的计算方法有两种，即生产法和分配法。根据我国林业生产的实际情况，林业增加值的计算以生产法为主。

(一)生产法

生产法是按林业增加值的形成过程，从林业总产值中扣除各项中间消耗价值求出林业增加值的方法。即：

$$林业增加值 = 林业总产出 - 林业中间消耗价值$$

式中，林业总产出是以货币形式表现的日历年度内进行林业生产活动所生产的林业产品总量。从核算的方法和内容来看与林业总产值一样，之所以在计算林业增加值时用林业总产出而不用林业总产值名称，是由于新国民经济核算体系中，全社会生产成果总量指标用总产出指标度量，与此相适应，在计算林业增加值时使用林业总产出，实际上林业总产出与林业总产值并无实质性的差异。因此，在有些林业统计资料中将林业增加值定义为林业总产值减去林业中间消耗的价值。林业总产值的计算方法在前面的章节中已有论述，这里主要探讨林业中间消耗的计算问题。

林业中间消耗是指林业生产过程中消耗的物质产品价值和非物质生产部门的劳务价值。

计算林业中间消耗必须遵循以下两条基本原则：一是中间消耗的计算口径和范围必须与总产出保持一致，即只有与林业总产出相对应的生产过程中所消耗的物质产品和劳务才应计入林业中间消耗；二是林业中间消耗必须是在本期内投入且在本期内一次性全部消耗掉的物质产品和劳务价值。不包括林业固定资产折旧，但包括不属于固定资产的各种低值易耗品价值。

1. 林业中间物质消耗

包括用种量、肥料、燃料、农药、用电量、林业小农具购置、办公用品购置，对物质生产部门的劳务支出(修理费、生产用外雇运输运输费，生产用邮电费，其他劳务支出)和其他物质消耗。中间消耗物质产品价值，具体包括以下项目：

(1)种苗。包括育苗、飞播造林用的树木种子和造林用的苗木。

(2)饲料。役畜消耗的各种精饲料和粗饲料。

(3)肥料。指林业生产所耗用的化肥、饼肥、绿肥和作肥料用的农作物副产品(如秸杆还田用作肥料)。

(4)燃料。指林业机械所耗用的汽油、柴油、煤炭等燃料及润滑油。

(5)农药。指林业生产所使用的各种农药。

(6)用电。指林业生产所耗用的全部电量，包括外购的和本单位发电用于林业生产的部分。

(7)林业小农具购置。指当年购置、价值在50元以下、使用时间在两年以下的林业小农机具。

(8)办公用品购置。指林业生产经营单位购买各种办公用品，包括纸张、笔墨、低值易耗品。

(9)原材料。主要指木材采伐生产所耗用的劳动对象，包括直接材料、辅助材料、修理用零配件、包装材料等。

(10)物质性服务支出。指林业生产单位对物质生产部门的服务支出，包括修理费、生产用外雇运输费、生产用邮电费等。

(11)其他物质产品消耗。

2. 林业对外非物质生产部门劳务支出

包括贷款利息净支出、保险费支出、广告费、技术咨询费、上交管理费、差旅费、会议费和其他劳务费。

计算方法一般采用实际消耗量乘以其单价或直接采用消费金额。资料来源，可以从农林牧渔业统计报表、林业财务报表中取得，也可以利用业务核算资料或通过抽样调查、重点调查推算。

(二)分配法

分配法也称收入法，是从分配或收入的角度，以各种生产要素从生产成果中应取得的收入份额为依据计算林业增加值的一种方法。计算公式如下：

林业增加值 = 林业固定资产折旧 + 林业劳动者报酬 + 生产税净额 + 营业盈余

1. 固定资产折旧

指固定资产在生产经营过程中逐步消耗并转移到产品成本和流通费用中的那一部分价值，包括两部分：

(1)是当年按一定标准提取的固定资产折旧基金，对于营林企业来讲，一般按照当年实际发生额计入增加值，对于农户，可按历史资料和当年固定资产结构进行推算或估算。对于营林生产单位不计提折旧的固定资产，可参照类似的固定资产及其使用年限计算虚拟折旧并计入增加值。

(2)是营林生产单位实际发生或预提的固定资产大修理费。

2. 劳动者报酬

指从事林业生产经营的劳动者在生产经营活动中取得的以各种形式支付的报酬和收入，包括货币性收入、实物收入、年终分红等劳动报酬和生产经营者从事各种林业生产经营活动得到的纯收入扣除折旧后的余额。

3. 生产税净额

指营林生产经营者向国家缴纳的生产税如农林特产税扣除政府向营林生产者支付的补贴后的余额。生产税净额等于生产税减去生产补贴。即：

$$生产税净额 = 生产税 - 生产补贴$$

其中，生产税是指林业生产单位在生产销售过程中按照国家税法规定实际向国家缴纳的各种税金。生产补贴是指国家直接支付给林业生产单位的补贴。

4. 营业盈余

指生产要素在林业生产过程中创造的剩余价值，具体数额为林业总产值扣除林业中间消耗、固定资产折旧、劳动者报酬和生产税净额后的剩余价值部分。

上述资料来源，可通过财政、税务部门收集、农林牧渔业统计报表、林业财务报表取得，或通过抽样调查、重点调查推算取得。

本章小结

林业(广义林业)包括营林业和森林工业两部分，林业产值的统计工作涉及林业总产值、林业净产值、林业增加值、商品产值以及销售产值的统计，其中林业总产值是计算其他产值指标的基础。在具体计算时有产品法和工厂法，生产法和分配法区分。在计算林业总产值时，营林产值适用产品法计算，森林工业产值适用工厂法计算，计算时需注意对不同营林产品和不同森工产品的统计口径与方法。在计算林业净产值时，一般营林净产值用生产法计算，森工净产值用分配法进行计算。同样，林业增加值的计算方法也有生产法和分配法两种，但根据我国林业生产的实际情况，一般以生产法为主。

思考题

一、名词解释

林业总产值、林业增加值、林业净产值、林业商品产值、林业销售产值、产品法、工厂法、生产法、分配法。

二、判断题

1. 林业总产出不同于林业总产值，它是反映林业生产成果总量的综合性指标。(　　)

2. 林业产业总产值是林业系统内各生产单位所提供的物质产品价值和劳务价值之和(　　)

3. 森工增加值中劳动者报酬是指森工企业全部生产人员的工资总额。(　　)

4. 林区社会总产值是指林区内各类物质生产部门所生产的产品价值总和。(　　)

5. 林业商品价值是本期销售林产品所获得的经济收入总额。(　　)

6. 林业增加值构成 $c+v+m$，实物构成为可供社会用于消费和投资的林产品数量。(　　)

7. 在用分配法计算营林增加值时，营业盈余通常用从营林增加值中减去固定资产折旧、营林劳动者报酬和生产税净额的方法取得。(　　)

8. 营林净增加值是营林增加值中扣除营林固定资产折旧及大修理基金后的剩余部分。它反映营林生产劳动在当年新增加的价值。因此，它等于林业统计中曾采用过的营林净产值。(　　)

9. 林业总产值与林业增加值所反映的都是林业生产单位本期生产活动的成果。(　　)

10. 在计算工业总产量时，如果会计产品成本核算中不计算自制半成品、在制半成品，则自制半成品期末期初差额价值也不计入工业总产值中。(　　)

11. 在计算工业总产值时，按含增值税的价格计算。(　　)

12. 森林蓄积量年增长量的价值，是营林总产值的重要组成部分。(　　)

13. 薪材产值等于薪材产量乘以薪材的市场价格。(　　)

14. 森工总产值 = ∑(实物产量×产品价格) + 森林工业性作业价值。(　　)

15. 企业本期完成的工业性作业价值，由于不是实物产品，故不应包括在商品产值中。(　　)

三、单选题

1. 介于林业总产值与林生产净值之间的价值指标是(　　)。

A. 林业销售产值　B. 林业净产值　C. 林业商品产值　D. 林业增加值

2. 既能反映企业增产又能反映企业节约成果的指标是(　　)。

A. 工业总产值　B. 工业净产值　C. 工业商品产值　D. 工业销售产值

3. 对比生产同种产品的两个企业的生产工作量时易用(　　)。

A. 工业总产值　B. 工业净增加值　C. 工业商品产值　D. 工业销售产值

4. 工业商品产值(　　)。

A. 是企业报告期实际销售的工业产品价值

B. 是企业报告期实际销售的产品销售收入

C. 是企业报告期可以作为商品销售的工业产品价值

D. 是企业报告期计划对外销售的工业产品价值

5. 在来料加工生产中，加工企业的工业总产值为(　　)。

A. 财务结算上的加工费

B. 包括来料价值的产品全价

C. 工业企业之间的来料加工，加工企业按全价计算

D. 工业企业与非工业企业之间的来料加工，当工业企业作为加工企业时，按全价计算

6. 不应包括在工业总产值内的是(　　)。

A. 自制自用的工业生产设备，已入固定资产帐户

B. 独立发电厂在供电过程的线路报耗

C. 企业利用“三废”生产的产品，留作生产自用

D. 企业自制的多次性使用的包装器材

7. 某林业局自发电 10 万度，由电力公司供电 5 万度，其中工业生产用电 12 万度，非工业生产用 1 万度，供给外单位用电 2 万度，每度电的价格为 0.16 元，则工业总产值中电力价值为(　　)。

A. 1.6 万元　B. 0.48 万元　C. 0.32 万元　D. 不计产值

8. 用材林总产值的计算方法是(　　)。

A. 工厂法　B. 产品法　C. 生产法　D. 分配法

四、多项选择题

1. 下列哪项不应计入本企业批发零售总产值中的是(　　)。

A. 对外支付的运输费　B. 对外支付的邮电费

C. 本期已销售商品价值　D. 企业已销售商品价值

2. 工业总产值指标的局限性是指(　　)。

A. 不能反映企业的生产起点的变化　B. 计算过程复杂

C. 地区、部门总产值的大小受企业专业化和协作程度高低的影响

D. 报送的时效性差　　E. 受转移价值大小的影响

3. 下述项目中，可以作为本期成品价值统计的是(　　)。

A. 提供给企业非生产单位使用的产品价值

B. 企业自制自用的生产设备和交通运输设备价值

C. 新产品价值

D. 国家允许销售的次品价值

4. 不能简单地使用总产值指标来对比反映两个企业的生产工作量大小，这是因为(　　)。

A. 总产值受产品中转移价值大小的影响

B. 总产值不受产品生产起点变化的影响

C. 两个企业的管理水平不同

D. 两个企业的物质消耗水平不同

E. 两个企业生产的产品不同

5. 在报告期内部分时间正常生产，其余时间停产的森工企业，则(　　)。

A. 工业净增加值可能大于工业总产值

B. 工业净增加值最大等于工业总产值

C. 工业净增加值不可能大于工业总产值

D. 停产期间企业支付给职工的工资不是净增加值的组成部分

6. 下例哪项应计入森工总产值中(　　)。

A. 用于企业家具制造的锯材价值　　B. 锯材车间出售板皮价值

C. 企业出售薪材价值　　D. 用板皮等废料生产的包装品价值

7. 属于森工总产值中物质消耗价值内容的有(　　)。

A. 生产过程中消耗的“低值易耗品”价值

B. 计入制造费用中的租赁费

C. 产品销售环境中的运输费

D. 产品自用的锯材价值

E. 发给职工的保健食品。

8. 森林工业销售产值包括(　　)。

A. 对本单位生产福利部门提供的产品

B. 产品发出，对方已支付货款但未收到

C. 自制设备价值

D. 本期生产成品价值

E. 期初期末差额价值

五、计算题

1. 某森工企业，2005 年生产情况如下：

(1)生产原木 17 万 m^3。其中：7 万 m^3 用于锯材生产，0.5 万 m^3 用于子弟学校、职高教学设施维修，9.5 万 m^3 外销。

(2)企业附属家具车间生产家具 10 000 件，其中 500 件用于职工活动中心，9 500 件外销。

(3)自备电厂发电 80 万度，其中基建用电 10 万度．职工生活照明用电 0.6 万度，森工生产用电 40 万度，其余外销。

(4)附设机修厂为基建部门修理设备 2 台，每台修理费 5 000 元，自制装卸设备 5 台，每台价值 1 万元，已入固定资产帐户，用来料加工机电设备 1 台，价值 10 万元，其中订货者来料价值 3 万元。

(5)运输科为外厂提供运输服务．其收入 2 000 元，出件板皮收入 300 元。

(6)产品价格：原木 300 元/m^3，家具 200 元/件，电力 0.30 元/度，原木锯材出材率 70%，锯材 1 000元/m^3。

根据上述资料计算该森工企业的工业总产值和森工商品产值。

2. 某森工企业报告期工业总产值3 200万元，根据会计科目归纳，直接材料费为1 100万元，制造费用中的物质消耗价值98万元，销售费用中的物质消耗价值为30万元，管理费用中的物质消耗价值为55万元，支付给非物质生产部门的管理费23万元，利息支出10万元。

请计算工业增加值。

3. 某木材采运企业2005年产品产量情况如下表所示，请按一次法计算森工总产值。

某木材采运企业2005年产品产量情况

产品名称	单位	产量	价格(元/立米或元/吨)
一、木材			
1. 原木	m^3		
坑木	m^3	35 200	400
车辆材	m^3	23 700	450
造船材	m^3	3 000	450
造纸材	m^3	1 500	350
电柱	m^3	4 000	470
胶合板材	m^3	43 000	450
火柴板	m^3	25 000	370
檀材	m^3	4 000	350
椽材	m^3	2 300	300
枕资材	m^3	21 000	450
次加工材	m^3	19 000	200
一般用材	m^3	20 000	450
车立柱	m^3	1 200	430
2. 薪材	m^3	3 400	40
二、锯材			
枕木	m^3	3 100	700
普通锯材	m^3	45 000	500
三、人造板			
普通胶合板	m^3	54 000	2 000
中密度胶合板	m^3	50 000	3 000
刨花板	m^3	20 000	2 000
四、林化产品			
栲胶	t	119	3 200
纸浆	t	180	1 700

注：锯材生产原木出材率为70%；生产1 m^3 胶合板耗用原木2.3 m^3；生产1 m^3 中密度纤维板耗用一般用材1.5 m^3；生产1 m^3 刨花板耗用次加工材1.5 m^3；生产一t纸浆耗用造纸材1.7 m^3。

推荐阅读书目

陈文汇．林业统计、监测与评价指标体系和方法研究．中国林业出版社，2013.
张车伟，赵文．中国劳动报酬份额问题．中国社会科学出版社，2016.
丁梓楠．基于不同产业劳动报酬差异的研究．经济管理出版社，2010.

相关链接

1. 中国林业数据库．http：//www. forestry. gov. cn/data. html.
2. 2016 年各地区林业系统企事业单位从业人员年末人数．http：//data. chinabaogao. com/nonglinmuyu/2018/02233209452018. html，2018. 2

第六章　林产品价格与销售统计

内容提要

在市场经济条件下，价格是一个重要的经济范畴，多年来，林业部门由于传统僵化的计划管理体制的制约，忽视商品生产、忽视价值规律对社会生产的调节作用，未能形成合理的林产品价格体系，影响了林业经济的发展。林产品商品化的理论属于林业经济范畴，长时期来一直无法正确核算，没有起到其应有的指导生产、调节经济的作用，林业生产也难以得到合理的补偿。这也是林业资源危机、经济危困长期难以摆脱的一个重要的、深层次的原因。因此，建立和健全林产品价格统计，建立合理的林产品价格体系，促进林产品的市场化发展，加快林业经济发展具有重要意义。另一方面，林产品价格制定及其波动离不开林业相关政策的宏观调控，同时也贯穿于林业政策形成的全过程。

第一节　林产品价格统计

一、林产品价格统计的任务

林产品价格统计的任务主要有四个方面：

(1)搜集、积累、整理林产品价格资料，计算林产品价格的平均水平，从而为分析林产品价格水平的合理性及其结构，为编制林产品价格指数提供依据。

(2)编制林产品价格指数，反映林产品价格变动的趋势，为分析林产品价格变动对部门经济乃至整个国民经济以及人民生活的影响，制定宏观价格政策和微观价格决策提供准确、及时、可靠的资料。

(3)计算各种主要林产品的差价和比价，反映主要林产品之间的价格关系，为分析主要林产品之间价格比例的合理性，检查与制定合理的差价与比价政策，正确地进行订价、审价和调价提供科学客观的依据。

(4)积累林产品价格的资料，总结林产品价格工作的经验，研究林产品价格发展的特点及其变化规律。

二、林产品价格的分类

中华人民共和国成立以来，我国林产品价格体系主要包括以下三类：

（一）按价格管理层次划分

（1）计划价格。即按照国家计划确定的价格水平。木材是关系国计民生的重要产品，1949 年以后，由于经济建设需要大量木材，为了保证国家建设需要，对木材实行严格的统一计划管理，由林业部代表国家进行统购统销，统一调拨。这种计划价格，又有指令性计划价格与指导性计划价格之分。指令性计划价格具有明显强制性、政策性，而指导性计划价格则允许在规定的范围内浮动，既有统一性，又有灵活性。随着经济体制改革的不断深化，尤其是社会主义市场经济体制的建立，这一计划价格的实施范围也变得越来越小，为非计划价格所替代。

（2）非计划价格。即在国家有关部门的管理下，由林产品购销双方根据市场状况而协定的价格。它是林业市场经济发展的产物，伴随着林业市场经济体系的不断发育完善，它将成为主要的林产品价格形式。

（二）按流通环节不同划分

（1）林产品收购价格。即林产品经营者（主要是代表国家、林业部门）向林产品生产者（主要是林农和林业部门内的生产单位）收购林产品的价格。它是确定林产品批发价格、零售价格、调拨价格的基础，并直接关系到国家、集体与林产品生产者之间的经济利益，必须按照其价格客观地确定。

（2）林产品调拨价格。即林业系统内各林产品经营单位之间调拨林产品的价格。应在购进基础上，再考虑流通费用和利润来确定其价格。其合理与否，将影响各经营单位之间的利益分配关系。

（3）林产品出厂价格。这是林产品生产企业所生产的各种林产品进入流通领域的最初价格，也就是批发、零售价格的确定基础。主要根据其生产成本和利税来确定其价格。

（4）林产品批发价格。是林产品经营单位之间或与林产品零售单位之间的交易价格。

（5）林产品零售价格。即林产品生产企业或经营单位销售林产品的最终价格，即出售给林产品消费者的价格。

（三）按产品品种划分

就林产品价格体系而言，按其产品种类不同，可分为活立木价格、原木价格、等外材价格、胶合板价格等等。

三、林产品价格的核算方法

就理论而言，林价的核算方法主要有以下三种：

（一）正算法

即所谓序列林价，主要根据产品的价值构成理论确定，主要包括营林成本、利润和税金等内容，较符合传统的经济理论，同时其测算结果对实践过程中的林价制定和调整具有一定的指导意义和参考价值。但由于长期缺乏营林成本核算资料，使其方法的推行失去核算基础，而且其测算方法及过程较为复杂，增加推行的难度。

其计算公式如下：

$$T = \frac{\sum_{i=1}^{m} F_i (1+L)^{n-i+1}(1+p)}{V_i(1-s)(1-c)}$$

式中：T_i——序列林价，元/m^3；

F_i——在单位面积上第 i 年投入的费用，元/hm^2；

V_i——第 i 年的单位面积林木蓄积量，m^3/hm^2；

L，p，c，s——分别为利率、利润率、税率和林木损失率,%；

i——年龄序列，$i=1$，2，…，n，年。

(二)倒算法

倒算法核算林价是以产品劳动价值论为出发点，根据林价与木材价格之间的内在本质联系，再考虑林业市场经济客观现实，利用木材销售价格倒扣采伐成本、利税进行测算。即林价等于木材初级市场价格减去采伐成本减去采伐利税。倒算法这种方法简便易行，资料搜集较易。多年来的实践证明，推广的可行性和可操作性较强，已为实际工作者普遍接受。具体公式如下：

1. 立木产品林价

$$T = J - K - C - P$$

式中：T—— 立木产品林价；

J——木材市场价格(单位你木材销售收入)；

K——木材采运成本(单位木材经营成本)；

C——税金(单位木材经营税金)；

P——利润(单位木材经营利润)。

由于式中 J、K、C、P 均为已知数，故 T 可求出。

木材经营成本包括木材采运成本、销售费用、管理费用和财务费用等；木材经营利润包括木材采运及经销中的平均利润；木材销售税金包括国家及地方税务部门规定的税金及费用。

又由于：C(税金)=木材产品销售收入与国家规定税率(c)之积，P(利润)=木材生产成本与利润率(P)之积，即：

$$C = Jc$$

$$P\ (\text{利润}) = (T+K)p$$

将 $C=Jc$、$P=(T+K)p$ 关系式代入倒算法林价基本式后得：

$$T = J - K - Jc - (T+K)p$$

$$T = J(1-c) - K(1+p) - Tp$$

$$T + Tp = J(1-c) - K(1+p)$$

$$T(1+p) = J(1-c) - K(1+p)$$

2. 单株立木林价公式

$$T_{\text{单株}} = [J(1-c) - K(1+p)]/(1+p)$$

该公式为单株立木林价公式，由于该公式是单株立木林价公式，要换算成以立方米为单位的单株单位蓄积的立木产品林价(用 T' 代表)，就得用单株立木蓄积量(用 V 代表)去除单株立木产品林价，即：

$$T' = T_{单株}/V$$

$$T_{单株} = T'V$$

将 $T' = T_{单株}/V$ 代入上面的单株立木林价公式后得：

$$T'V = [J(1-c) - K(1+p)] \times \frac{1}{(1+p)}$$

3. *以立方米为单位的立木产品林价公式*

$$T' = [J(1-c) - K(1+p)][1/(1+p)(1/V)]$$

等式两边除以 V，此公式是以立方米为单位的立木产品林价公式。

4. *林分单位蓄积林价*

$$T = \frac{\sum_{i=1}^{n} T_i N_i}{\sum_{i=1}^{n} V_i N_i}$$

式中：T ——林分市场林价；

T_i——单株林木各径级林价；

V_i——各径级单株林木材积；

N_i——各径级林木株数。

(三)采用国家有关部门规定的林价

结合目前我国林价实行的情况，分别根据以下三种情况具体确定：

(1)东北、内蒙古国有林区(包括吉林、黑龙江、内蒙古三省、自治区及林业部大兴安岭林管局)。立木资源产品林价，根据国家有关部门规定，按木材平均售价的26%来计算(如有新规定，改按新规定办)。

(2)南方集体林区和其他省、自治区。按照省、自治区有关部门规定，已实行林价制度的，要按照立木资源产品综合平均林价计算，也可按照立木综合平均林价占木材平均售价的比例(%)来计算。

(3)目前尚未实行林价制度的省、自治区。可按木材产品市场平均售价减去木材生产成本、税金、利润来确定立木资源产品林价。具体来说，可按前面的市场林价倒算法公式来计算。

四、林产品的价格水平统计

(一)活立木价格

即活立木产品价值的货币表现。长期以来，由于受天然林没有价值这一理论的影响，活立木的价值一直未得到充分肯定，因而活立木的价格也长期不能得到正确核算。作为营林业生产的产品提供给森林采伐业作为劳动对象，无须任何交换过程，也不存在任何价格形式，只是拨交给森工部门采伐。这一理论上的矛盾在相当长时间内一直未能得到正确解决。只是到了改革开放时期，尤其是1985年南方木材市场开放后，活立木价格即所谓林价，不仅在理论上得到确认，而且在实践上也开始执行。但这里所执行的林价，也仅是根据一定范围的调查研究基础上带有一定的主观色彩的拟定，缺乏较为系统科学的理论指导，近几年在北方国有林区所执行的林价，在某种程度上也存在这一缺陷。

活立木价格的价值构成应包括全部营林生产过程，即从采种育苗、造林抚育到护林防火等的全部生产费用及利润和税金，因此，从理论上讲，完整形态林价应包括以下几个构成要素：

(1)营林生产成本。包含营林生产过程中所支付的直接和间接费用，如种苗费、材料费、肥料费、工资及提取的职工福利基金、生产性消费、设备使用费、委托生产费、管理费、保险费用等。

(2)育林基金。即依据"森林法"征收的、专门用于造林育林的专项基金，直接从木材价格中扣除。

(3)更改资金。即用于补偿木材生产过程中各种设备损耗，而从木材价格中提取的新项资金。

(4)利润和利息。即营林生产应得利润和货币的时间价值和利息。

(5)山价。

(6)税金。

(二)木材价格

木材价格即木材价值的货币表现，根据产品劳动价值论和价格理论，木材价值包括生产费用、利税等要素，因此木材价格也相应包括这些要素，具体地说，木材收购价格是由其主要的生产成本因素林价及木材生产费用(包括工资及物料和管理费)、利润、税金所构成；木材批发价格，即在收购价格基础上再加上批发环节的流通费用和利润税金；木材零售价格，是由木材批发价格的基础上加上木材零售环节的费用和利税金额所构成。

由于传统计划管理体制理论的制约，木材长期作为国家一级物资实行严格的指令性计划管理，木材价格也作为国家指令性计划价格实行严格的控制，直到1985年开放南方木材市场后，才出现由购销双方协商定价的非计划木材价格。随着社会主义市场经济的不断深入发展，林业市场体系的不断发育完善，木材市场开放范围的不断拓展，根据国内外木材市场供求状况来确定的木材价格也将同其他林产品价格一样，形成为木材价格的主导形式。

(三)林产品的平均价格

林产品的平均价格用于反映各种不同林产品价格的一般水平。各种不同的林产品其价格水平不同，同一种林产品，由于规格、等级、质量、品种等不同，各自的价格水平也不同，因此，为了反映各林产品价格一般水平的不同，应计算林产品市场价格指标。

其计算公式为：

$$\text{某林产品市场价格} = \frac{\text{报告期某林产品销售总额}}{\text{报告期某林产品销售总量}}$$

从上式可以看出，平均价格的变动，除了不同品种、规格、等级等的价格水平影响外，林产品的销售结构数起着举足轻重的作用。因此，要进行分析平均价格的变化原因，还可结合林产品销售量的等级、品种、规格等结构的变动及其影响方向和影响程度进行。

【例】表6-1为某林业企业销售资料，根据该表分析该林业企业的销售情况。

表 6-1　某林业企业销售资料

树种	销售价格(元/m^3)		销售数量(万 m^3)		销售金额(万元)		以基期计算的报告销售额
	基期	报告期	基期	报告期	基期	报告期	
杉木	800	900	10	6	8 000	5 400	4 800
松木	500	560	8	10	4 000	5 600	5 000
杂木	400	440	7	9	2 800	3 960	3 600
合计			25	25	14 800	14~60	13 400

根据表 6-1 资料分析计算可知，杉、松、杂三种原木的销售价格报告期比基期分别提高 12.5%、12% 和 11%，但总的平均价格变动却为 101.08%，仅提高 1.08%，主要原因在于销售量结构发生变化。高价格的杉原木销售量比例由基期的 40% 下降为 24%。而中价位与低价位的松原木及杂原木的销售量比例则分别由基期的 32% 和 28% 上升为报告期的 40% 和 36%，各自提高 8%，从而使总的平均价格下降 9.46%。所以，虽然三种原木销售价格报告期比基期总的提高 11.64%，但总的平均价格却仍只提高 1.08%。

五、林产品的比价统计

(一) 林产品比价统计的内涵

林产品比价又称林产品价比，是指在同一时间、同一市场某些林产品与其他有联系的产品之间的价格对比关系。它反映了不同产品之间的价值量比例，为研究林产品与其他产品之间的比价的合理程度，制定和检查客观的比价政策，理顺价格关系提供依据。

林产品比价可以是林业部门内部各种林产品之间的比价，如林价等木材价格之间的比价，木材与人造板之间的比价等。也可以是各种林产品之间的比价，如林价等木材价格之间的比价，木材与人造板之间的比价等。也可以是各种林产品与其他部门产品之间的比价，如林价与粮价之间的比例，粮价与木材价格之间的比价，木材与钢铁之间的比价等等。

由于不同类产品的计算单位不同，因此反映它们之间的价格对比关系的计量单位大都为双重计量单位的复名数。

(二) 林产品比价统计的指标

林产品比价指标，一般有单项比价和综合比价两种。

1. 单项比价

单项比价是指一种林产品价格与另一种产品价格之间的比率，如：

$$\text{木材与钢材的比价} = \frac{\text{钢材的平均单价}}{\text{木材的平均单价}}$$

2. 综合比价

综合比价是指主要通过比价指数来反映林业部门与其他部门之间的价比关系及其变动趋势，即以林业部门的平均收购或销售价格指数与其他部门的平均收购或销售价格指数进行对比。

六、林产品差价的整体统计

林产品差价又称林产品价差，是指同一种林产品由于某种原因而形成的价格差异。同一种林产品在从生产到销售的过程中，由于产品质量、销售汇道、销售地区、销售季节等不同价格上存在差异。合理价格差异实际是社会必要劳动量的差异，是等价交换原则的具体表现。加强林产品差价统计，不仅能促进各林业生产经营单位不断提高产品质量，合理安排生产计划，而且可以为林业部门及时调整产品结构，科学进行生产布局，加强宏观调控与管理提供可靠的依据。

林产品差价有多种不同形式，如质量差价、季节差价、地区差价等，林产品差价指标通常有两种：

(1)林产品价差，即同一种林产品不同价格水平相减的结果，说明价格差额的大小。

用公式表示为：

林产品差价 = 林产品价格水平(平均单价) - 林产品基础价格水平

(2)林产品差价率，即同一种林产品两种价格水平的差额，与其中作为对比基础价格水平之比，用以反映林产品价格差异的相对水平，用以下公式表示为：

$$\text{林产品差价率} = \frac{\text{某种林产品差价}}{\text{该种林产品基础价格水平}} \times 100\%$$

进行林产品差价统计和分析，必须注意应根据不同研究目的、不同产品的作价方法和经济政策要求等方面科学确定对比的基础价格。

第二节 林产品价格指数的制定

林产品价格指数的制定，也称林业产品生产动态分析，是指通过编制林业价格指数来反映林业部门或企业在一个时期内的生产变动率，为生产经营管理提供重要的信息资料。指数编制的主要方法有综合指数法、价格指数缩减法和个体指数加权法。

一、综合指数法

综合指数是两个总量指标对比而形成的指数。当总量指标包含两个或两个以上的因素指标时，仅观察其中一个因素指标的变动程度，而将其他因素指标加以固定，这样的指数称为综合指数。例如，要考察某林业局两个时期(基期和报告期)各种林产品产量变动情况，不能通过计算两个时期产值比率(即综合指数)来综合反映各种产品产量的平均变动程度。两个时期产值的差反映由于产量变动引起的产值变动的绝对量。综合产量指数可表示为：

$$\overline{K_q} = \frac{\sum q_1 p_0}{\sum q_0 p_0}$$

式中：$\overline{K_q}$——综合产量指数；

q_1 q_0——分别为报告期、基期的产品产量；

P_0——基期产品价格。

综合指数按所观察的因素指标的性质不同，可分为数量指标综合指数和质量指标综合指数。数量指标综合指数用以反映数量指标的变动情况，如产品产量综合指数、商品销售量综合指数等。质量指标综合指数用以反映质量指标变动的情况，如商品价格指数、产品成本指数等。虽然两种指数的性质不同，但两种指数的编制方法基本相同。下面举例说明其编制原理及步骤。

【例】某林业局生产的产品品种、数量及价格资料如表 6-2 所示，根据该表计算拉氏综合指数和派氏综合指数。

表 6-2　某林业局产品产量和价格资料

品种	单位	产量		价格(万元)		产值(万元)			
		基期 q_0	报告期 q_1	基期 p_0	报告期 p_1	q_0p_0	q_1p_1	q_1p_0	q_0p_1
原木	万 m^3	10	12	350	400	3 500	4 800	4 200	4 000
纤维板	万 m^3	1.8	2.0	2 700	3 000	4 860	6 000	5 400	5 400
纸浆	t	50.0	60.0	0.16	0.20	8	12	9.6	10
合计						8 368	10 812	9 609.6	9 410

要反映该林业局产品产量的综合变动情况，就要编制产量综合指数。要编制综合指数，首先要解决同度量因素及选择所属时期等问题。

解答：

第一步：确定同度量因素

上述三种产品的使用价值和计量单位不同，不能直接相加。必须要借用同度量因素将使用价值还原为价值，即产量乘以价格等于产值。对于产量来讲，价格就是同度量因素，而对于价格来讲，产量就是同度量因素。可见，一个总量指标分解出来的数量指标和质量指标互为同度量因素。

第二步：选择同度量因素所属的时间

在确定了同度量因素以后，选择同度量因素所属的时间就是需要解决的首要问题。在我们的例子中，是用报告期的价格，还是用基期的价格作为产量的同度量因素呢？事实上根据综合指数计算原理，不论是将同度量因素固定在报告期还是基期，都能够对总量指标中的某一因素进行分析，研究其变动程度。根据同度量因素所属时间的不同，产生了不同的指数计算公式。将同度量因素固定在基期的指数计算公式，称为拉氏指数公式；将同度量因素固定在报告期的指数计算公式称为派氏指数公式。拉氏和派氏公式各有一定的经济意义，在社会经济统计和各专业统计中得到了广泛的应用。

将同度量因素固定在基期或报告期是最常的方式，但有时根据研究目的的要求，也可将同度量因素固定在其他时期。如编制产品成本计划完成指数时，一般以计划产量作为同度量因素。另外，为了满足指标体系的要求，一个总量指标中分解出来的数量指标指数和质量指标数的同度量因素所属的时期要相互交叉。一般原则是，编制数量指标指数时用质量指标作同度量因素，并将其固定在基期；编制质量指标指数时用数量指标作同度量因素，并将其固定在报告期。

第三步：综合指数的计算

(1)数量指标综合指数的计算公式有两种，分别如下：

①以基期的价格指标为同度量因素(拉氏数量指数)：

$$\overline{K_q} = \frac{\sum q_1 p_0}{\sum q_0 p_0}$$

将林业局的资料代入上式得：

$$\overline{K_q} = \frac{\sum q_1 p_0}{\sum q_0 p_0} = \frac{9\ 609.6}{8\ 368} = 1.148(\text{或 } 114.8\%)$$

$$\sum q_1 p_0 - \sum q_0 p_0 = 9\ 609.6 - 8\ 368 = 1\ 241.6(\text{万元})$$

计算结果表明三种产品的产量平均上升14.8%，由于产量增加使得产值增加1241.6万元。

②以报告期的价格指标为同度量因素(派氏数量指数)：

$$\overline{K_q} = \frac{\sum q_1 p_0}{\sum q_0 p_0}$$

将林业局的资料代入上式得：

$$\overline{K_q} = \frac{\sum q_1 p_1}{\sum q_0 p_1} = \frac{10\ 812}{9\ 410} = 1.149(\text{或 } 114.9\%)$$

$$\sum q_1 p_1 - \sum q_0 p_1 = 10\ 812 - 9\ 410 = 1\ 402(\text{万元})$$

计算结果表明，三种产品的产量平均上升14.9%，由于产量的上升使得产值增加1 402万元。

(2)质量指标综合指数的计算公式如下：

①以基期产量作为同度量因素(拉氏质量指数)：

$$\overline{K_p} = \frac{\sum p_1 q_0}{\sum p_0 q_0}$$

②将林业局的资料代入上式得：

$$\overline{K_p} = \frac{\sum p_1 q_0}{\sum p_0 q_0} = \frac{9\ 410}{8\ 368} = 1.125(\text{或 } 112.5\%)$$

$$\sum p_1 q_0 - \sum p_0 q_0 = 9\ 410 - 8\ 368 = 1\ 042(\text{万元})$$

计算结果表明，三种产品价格平均上升12.5%，由于价格上升使产值增加1 042万元。

③以报告期的产量作为同度量因素(派氏质量指数)：

$$\overline{K_p} = \frac{\sum p_1q_1}{\sum p_0q_1}$$

将林业局的资料代入上式得：

$$\overline{K_p} = \frac{\sum p_1q_1}{\sum p_0q_1} = \frac{10\ 812}{9\ 609.6} = 1.125(\text{或} 112.5\%)$$

$$\sum p_1q_1 - \sum p_0q_1 = 10\ 812 - 9\ 609.6 = 1\ 202.4(\text{万元})$$

计算结果表明，三种产品价格平均上升 12.5%。由于价格上升使产值增加 1 202.4 万元。

二、价格指数缩减法

价格指数缩减法是利用相关价格指数直接缩减现价增加值，计算不变价增加值。这个表述是与物量指数缩减法对应的。价格指数缩减法就是通过用适当的物价指数来减缩现期产值或增加值，从而达到分析生产量变动的目的。

计算公式为：某行业不变价增加值＝该行业现价增加值÷该行业价格指数。

在我们用拉氏指数公式计算工业生产指数时，有下面公式：

$$\overline{K_q} = \frac{\sum p_0q_1}{\sum p_0q_0}$$

公式中的分母是现实中的产出价值，通过统计资料的收集可以获得，但分子是一个非现实的量，是报告期产量与基期价格相乘的数值。报告期的产量数据可以取得，但与之相对应的基期价格数据并非全部易于获得。这时如果我们知道有关的产出价格指数 K_p 时，可以用 $\sum p_1q_1/K_p$ 来估算 $\sum p_0q_1$，其中 $\sum p_1q_1$ 是报告期的价值。如果所用的指数是派氏指数，即：

$$\overline{K_p} = \frac{\sum p_1q_1}{\sum p_0q_1}$$

而且让它们同所研究的生产范围相同，则估计值是正确的。但是如果我们能编制派氏价格指数，就能够计算出 $\sum p_0q_1$，那么也就没必要用减缩法了。实际上我们既难于取得编制派氏价格指数的全部资料，又难于拿到与我们所研究领域一致的派氏价格指数。这就要求了解 $\sum p_1q_1$ 和 $\sum p_0q_0$，并通过收集有关产值的统计资料，来编制适当的物价指数 K_p。下面举例说明减缩法的应用过程。

【例】某林业局 2004 年总产值 15 500 万元，2005 年总产值 21 500 万元。根据统计资料，我们只有两种主要产品产量和产值数据。而我们的目的是估算 2004—2005 年间该林业局生产量的变动。我们想计算下式的估计值：

$$\overline{K_q} = \frac{\sum p_0q_1}{\sum p_0q_0}$$

而 $\sum p_0q_0$ 的数据已有，需要解决的问题是 $\sum p_0q_1$ 。现有 2005 年产值资料，只要计算出一个物价指数，就可以减缩这些数值，即用 $\sum p_1q_1/K_p$ ，作为 $\sum p_0q_1$ 的估计值。

我们有两种主要产品的产量和产值数据，而没有价格数据，只能用数量去除产值，得到平均的单位价值。由于单位价值是一个综合平均价值，而且当各种产品相对重要性发生变化时，单位价值的变动将不能正确反映价格的变动。可是由于缺乏价格数据，不得不利用单位价值。根据派氏指数公式计算要求，我们将该林业局两种主要产品的有关数据汇总计算如表 6-3 所示。

表 6-3 原木、纤维板有关数据表

产品	2004 年			2005 年		按 2004 年单位价值计算的 2005 年产量价值（万元）
	数量（万 m^3）	价值（万元）	单位价值（元/m^3）	数量（万 m^3）	价值（万元）	
原木	15	4 500	300	18	7 200	5 400
纤维板	3	6 000	2 000	4	10 000	8 000
合计	—	—	—	—	17 200	13 400

根据上表数据，可以看到，2004 年的产值为 15 500 万元，表 6-3 中两项产品 2004 年的产值就为 10 500 万元，占 68%。根据表 6-3 中数据，计算出价格指数如下：

$$K_p = 17\ 200/13\ 400 = 1.284(\text{或 } 128.4\%)$$

计算出价格指数以后，就可以计算 $\sum p_0q_1$ 。

$$\sum p_0q_1 = \sum p_1q_1/K_p = 21\ 500/1.284 = 16\ 744.5(\text{万元})$$

则：$\overline{K_q} = \dfrac{\sum p_0q_1}{\sum p_0q_0} = \dfrac{16\ 744.5}{15\ 500} = 1.08(\text{或 } 108\%)$

计算结果表明：该林业局从 2003 年到 2004 年的产品产量增长 8%。

三、个体指数加权法

个体指数加权法是对产品产量个体指数加权平均来反映产品平均变动程度的方法。其计算公式为：

$$\overline{K_q} = \frac{\sum K_qW}{\sum W}$$

式中：$\overline{K_q}$——生产总指数；

K_q——产品产量个体指数，$K_q = q_1/q_0$；

W——权数。

在计算生产总指数时，权数的选择对计算结果具有重大影响。权数的作用是衡量各个指数在总指数形成过程中的重要性。因此，要选择能反映个体指数重要性的指标。同时，权数要能同度量，为此多采用价值量指标。

与综合指数相比，个体指数加权法可以使用代表性资料，权数灵活多样(可以用绝对数，也可以用相对数)。在权数无法确定时，还可以用主观假定的权数。因此，具有简便、快速、灵活和对资料要求条件不高等优点，得到了广泛的应用。当然它也有局限性，最主要的一点是当用个体指数加权来求得总指数时，如果是由非全面资料计算时，它只反映现象的变动方向与程度，不能直接反映现象的实际效果。

第三节　林产品的销售预测

一、市场销售预测的一般步骤

市场预测必须遵循一定的科学程序和步骤，这也是它与经验估计的最主要区别。一般来说，市场预测要经过以下步骤：

1. 确定预测目的

预测目的应根据企业经营决策要求确定，各林业企业经营决策要求有所不同，如有的是为了发现问题修订计划，有的是为了制定价格策略和销售策略等。不同的决策预测目的也就不同，同时预测的范围、预测时间、预测的对象不同，预测的目的也不同，因此必须明确预测目的，确定为什么预测，预测什么，而这才能保证整个预测过程的顺利进行。

2. 搜集并分析预测所需资料

明确了预测目的，即必须根据目的搜集必要的资料，这是预测的基础。预测资料主要来自两方面，一是企业内部自有的核算资料及掌握的市场基本情况和竞争者的情况；二是企业外部发布的统计资料和调研资料。搜集的资料既包括历史资料，也包括现实资料，既包括数字资料，也包括情况资料。资料搜集后，还必须从逻辑上和计算上对资料的全面性、准确性等进行审核，而后再运用统计分析等方法，对资料进行整理，为建立预测模型、选择预测方法提供依据。

3. 建立预测模型

定量预测是市场预测的基本的、重要的方法，而定量预测必须运用模型进行。预测的模型很多，有长期趋势模型、朴素预测模型、回归预测模型、投入产出预测模型、季节变动预测模型等等，因此，在搜集并整理资料的基础上，应根据资料选择确定适当的模型，这是市场预测的一个重要步骤。模型选择得当与否，直接关系到预测结果的准确性。

4. 选择预测方法

确定预测模型后就必须确定用什么方法来求解模型参数，一种预测方法可以应用于不同的模型，一个模型也可以用不同的方法来求解参数，应该根据所掌握资料的多少，资料的性能，林产品的生态周期中决策活动的信息需要，计算成本的高低，应用可能性等多种因素选择适当的方法。在具体应用时，应尽可能选择几种不同的预测方法对预测结果进行比较分析，从中选定最优的预测方法，保证最佳的预测结果。

5. 进行预测

在完成了上述几项工作后，即可进行预测。在预测时要特别注意资料的变化状况及其对预测模型的影响，一旦发现资料变动导致模型不适用时，应及时调整修正，这里作为预测者的主观判断也起很大作用。

6. 预测结果的评价与表述

预测毕竟是对林产品市场未来的供求状况进行的推断和估测，由于资料及预测模型、方法等因素的影响，往往会产生预测误差。如果预测误差太大，与实际结果相差甚远，预测也就失去其基本的意义和作用。因此，进行预测后，还须对预测误差进行分析检验，一方面通过利用预测模型所得出的理论值与过去实际值比较，从数量上具体计算误差大小；另一方面利用定性预测，德尔菲专家预测法等，进行验证和分析，不断调整和完善预测结果，缩小误差，市场预测过程本来就是分析—预测—再分析—再预测逐步深入的认识过程。

最后需将预测结果以书面的形式进行表述。既可从数量上具体表述预测结果(点预测或区间预测)，并给予一定的概率保证程度，也可用文字表述产品未来供求变化的趋势和方向，即从定性方面推测的结果状况。

二、林产品销售市场预测的方法

随着科技的发展，市场预测理论也在不断发展，应用领域不断拓展，市场预测方法也在朝着多样性、科学化方向发展，因此，林产品市场预测的方法也由过去单一、简单的方法向多方法结合方向转变。这里仅介绍几种常用的预测方法。

(一)定量预测方法

要取得理想的预测效果，就必须应用数学等方法进行定量预测。就是利用已经掌握的现象本身的历史、现实资料以及相关现象的影响等方面资料，运用数学模型、统计方法及有关现代计量经济方法，对现象未来时期的发展变化状况进行数量上的推测和预计，它是保证预测结果客观、科学的有效手段。

就林产品市场预测而言，由于预测内容的广泛性，既包括林产品市场供需预测、产品销售情况预测，也包括产品的生命周期预测等方面的预测，必须根据各种不同的预测对象、预测内容、所掌握的资料状况，选择不同的预测模型，确定不同的预测方法进行科学预测。有时，还应选择多种不同的预测方法进行预测结果的比较分析，以保证预测结果的准确性和可靠性。

定量预测的方法很多，既有较为简单朴素的模型预测方法，如固定平均数预测法、移动平均数预测法、指数平滑预测法等，也有包括各种模型，如直线趋势模型、指数曲线模型、二项抛物线模型、修正指数曲线模型、龚伯茨曲线模型、逻辑斯蒂曲线等的长期趋势模型预测方法，还有回归预测法、季节变动模型预测法、平衡联系预测法等等。各种不同的预测方法具有不同的适用条件，应根据不同资料所表现的现象特征或趋势规律，确定合适的预测模型，选用合适的预测方法，下面举例说明(如表6-4所示)。

【例】根据某地历年固定资产投资额与木材消耗量的统计数据，预测2007年的木材消耗量。

表 6-4　某地历年固定资产投资额与木材消耗量

年份	2000 年	2001 年	2002 年	2003 年	2004 年	2005 年	2006 年
木材消耗量(万 m^3)	21.7	22.5	24.4	25.1	25.9	26.7	27.3
固定资产投资额(万元)	24	26	29	30	33	35	36.5

根据表 6-4 资料，如要求利用固定资产投资额与木材消耗量之间的联系预测 2007 年该地的木材消耗量，则须首先根据固定资产投资额、历年资料选定合适的趋势模型，再选用适当的预测方法预测出 2007 年的固定资产投资额，然后根据固定资产投资额与木材消耗量之间存在的、固有的内在本质联系(固定资产投资额为自变量，木材消耗量为因变量)，建立回归方程，并求出两变量间的一般关系数值，再利用自变量的预测值来推测因变量的 2007 年的值。具体过程可分以下几个步骤进行：

第一步：根据历年固定资产投资额资料，确定预测模型，并预测 2007 年的固定资产投资额。

从表 6-5 资料可以看出，历年固定资产投资额的发展变化呈现出较为明显的直线趋势。

因此，可建立如下直线趋势模型：$y = a + bt$，并运用最小平方法求出模型参数 a 和 b，再据之预测出 2007 的固定资产投资额。

解答：

设固定资产投资额的直线趋势方程为：$y = a + bt$

运用最小平方法可得如下标准方程组：

$$\begin{cases} \sum y_i = na + b\sum x_i \\ \sum x_i y_i = a\sum x_i + b\sum x_i^2 \end{cases}$$

$$\begin{cases} b = \dfrac{\sum x_i y_i - n\,\overline{xy}}{\sum x_i^2 - n\,\bar{x}^2} \\ a = \bar{y} - b\bar{x} \end{cases}$$

表 6-5　计算表

年份	固定资产投资额(百万元)y	木材消耗量万 m^3 X	t	t^2	ty	y^2	x^2	xy
2000 年	24	21.7	−3	9	−72	576	470.89	520.8
2001 年	26	22.5	−2	4	−52	676	506.25	585.0
2002 年	29	24.4	−1	1	−29	841	595.36	707.6
2003 年	30	25.1	0	0	0	900	630.01	753.0
2004 年	33	25.9	1	1	33	1 089	670.81	854.7
2005 年	35	26.7	2	2	70	1 225	712.89	934.5
2006 年	36.5	27.3	3	9	109.5	1 332.25	745.29	996.45
合计	213.5	173.6	0	28	59.5	6 639.25	4 331.5	5 360.05

第二步：判断固定资产投资额与木材消耗量之间的相关关系密切程度。

回归预测，是通过回归关系的确定和回归议程的拟合来进行的，而这又必须建立在相关关系分析的基础上。因此，在建立回归议程之前，还须对两变量间的相关关系进行分析，从面通过相关系数，如计算从数量上判断变量间具体的相关密切程度。

从对固定资产投资与木材消耗量之间关系的定性分析可以看出，二者存在着不确定数量关系的相互依存关系，然而，相关密切程度，则须视相关系数的计算才能予以判断，将表中的资料代入相关系数计算公式可得：

$$r=\frac{n\sum xy-\sum x\sum y}{\sqrt{n\sum x^2-(\sum x)^2}\sqrt{n\sum y^2-(\sum y)^2}}$$

$$=\frac{7\times 5\ 352.05-213.5\times 173.6}{\sqrt{7\times 6\ 639.25-213.5^2}\sqrt{7\times 4\ 331.5-173.6^2}}$$

$$=\frac{400.75}{\sqrt{892.5\times 183.54}}=\frac{400.75}{404.74}\approx 0.99$$

由此说明固定资产投资额与木材消耗量之间存在高度相关关系。

第三步：建立线性回归趋势方程。

根据表6-5资料以及上述的计算结果，两变量之间不仅存在高度相关关系，而且还存在线性回归关系。据此，可以固定资产投资额为自变量，以木材消耗量为因变量，拟合如下线性回归方程：

$$y=a+bx$$

再利用最小二乘法，并将表6-5计算资料代入，则可得：

$$b=\frac{n\sum xy-\sum x\sum y}{\sum x^2-(\sum x)^2}=\frac{400.75}{892.5}=0.449$$

$$a=\bar{y}-b\bar{x}=\frac{\sum y}{n}-b\frac{\sum x}{n}=24.8-0.449\times 30.5\approx 11.11$$

故 $\bar{y}=a+bx=11.11+0.449x$

第四步：根据拟合的回归方程进行预测。

由于两变量各自历年发展变化表现为长期直线趋势，而且两个变量之间也存在着直线回归关系，因此可据之进行外推预测。

将第一步预测结果 $x_{2007}=39$(百万元)代入第三步求的线性回归方程，则得：

$$\bar{y}_{2007}=a+bx_{2007}=11.11+0.449\times 39=28.62(\text{万 m}^3)$$

所以，根据固定资产投资额2007年的发展状况预测及其与木材消耗量的关系，预测该地2007年木材消耗量将达到28.62万 m^3。

说明：

(1)为简便起见，上例中只采用最小二乘法一种方法求模型参数，实际预测时，可选用多种方法(如指数平滑法、三点法等)，进行比较，确定最优结果。

(2)实际预测时，还应对预测误差进行分析，并利用给定的概率保证程度，进行区间预测，也可选用其他方法控制预测结果的准确度和可靠度。

(3)上例仅作为介绍定量预测的一个简单例子，实际预测木材消耗量时，除了固定资产投资额这一因素外，还要考虑其他相关因素的影响。

(二)定性预测方法

尽管定量预测具有不可忽视的作用，然后其利用受到时间、地点、条件等方面的制约。更主要的是它无法考虑分析隐藏在数字背后的具体情况以及制约现象变化的各种相关因素，本身的变化及其影响的可能变动等多方面的综合判断，因而就需要运用定性预测方法，它能起到定量预测无法起到的作用。

定性预测就其方法而言，具体包括以下几种：

(1)销售人员意见汇集法。是根据最直接接触市场，了解市场供求状况的各企业林产品经销人员收集信息的基础上，提供综合性意见，然后由销售经理汇总，审核平衡，作出最后的预测。这种方法由于销售人员较熟悉市场，预测结果较接近实际，但往往缺乏对整个经济形势及其发展变化的趋势的全面考虑。同时也易受到主观因素的影响，如为减少下一时期的销售定额，有意低估未来的销售额等，这种方法一般较适用于对直接销售给用户的林产品进行预测。

(2)厂长、经理判断法。它是由企业领导人负责召集本企业内部的销售、计划、生产、财务及市场研究等部门高级管理人员，就有关市场问题进行集体讨论，广泛交换意见，作出集体推断，是经验与主观判断的有机结合。简便易行，即使不具备足够的数字资料也可预测，但局部受到主观意识及其分析判断能力的影响。通常要求与其他方法结合应用。

(3)经理、销售人员综合判断法。这是将经理与销售人员的推论结果综合起来进行预测的方法。通常是先由经理及销售人员分别提出推测结论，然后应用简单或加权算术平均等方法进行综合平均，得出预测结果。

(4)专家意见法。又称为德尔菲法，是一种有组织的专家集体判断的方法。它是由企业的预测、组织者根据预测目标在企业内外选定专家小组，并将调查表及有关资料寄给各位专家，由他们背对背作出判断，提出意见，组织者据此进行反馈、再收集、再反馈的过程，最后得出一致的专家意见作为最终预测。如何选择既有专门知识又有较广泛、一般知识的专家，是实施这一方法的重要一环。由于采用背对背调查方法，可不受权威人士的影响，各专家的的意见较为客观，但对各问题的分析讨论则无法深入透彻，影响各专家作出准确判断。

就预测方法而言，定性与定量预测方法各有利弊，各自有对方无法替代的作用。因此，在实际林产品预测过程中，往往需把定性与定量预测结合运用，取长补短，则效果更佳。

第四节　林业政策对林产品价格的影响

一、林产品价格政策

林业政策是国家为保护森林资源，发展林业生产而制定的行动规范和准则。其中的林产品价格政策，是国家为达到一定的宏观经济目的而提出的关于林产品价格(制定及其波动范围)管理的一整套作法，决定着价格水平、价格体系及价格结构的全部内容，国家通过林业政策调控林业生产经营。

林产品价格是影响林业企业经济效益的一项重要指标，在不断走向社会主义市场经济的今天，研究林业政策对林产品价格的影响，分析价格波动的原因，可以为科学制定林业政策及合理形成林产品价格提供依据。由于社会经济条件及其他情况的变化，同一国家的林业政策在不同时期和不同地区常有相应的调整。中华人民共和国成立以来，林产品的价格形成机制和保护政策贯穿于林业政策形成的全过程，进而影响着林产品价格的波动。

二、林产品价格形成政策的演变——以木材为例

中华人民共和国成立以来，我国的木材生产经营与全国经济发展相适应，其流通机制和经营方式主要经历了以下四个重要阶段。

1. 自由购销阶段(1949—1952 年)

1952 年以前，除国有林区的木材价格由各省(自治区、直辖市)自行制定执行外，集体林区的木材处于自由购销的阶段。这一阶段，无论国家、合作社或个体都可以经营木材，林区和城镇中允许设立机构经营木材，价格由买卖双方商量决定。这一时期全国木材价格基本稳定在一个较低的水平上，平均为 55.72 元/m^3。

中华人民共和国成立初期，国民经济正处于复苏期，国家还没来得及展开全面的木材购销活动。当时，由于我国还没展开大规模经济建设，木材需求量不大，国民经济的复苏恰好需要这种木材自由购销政策。

2. 统购统销阶段(1953—1984 年)

从 1953 年起，国家开始采取统购统销制度，从集体中收购木材，然后有计划的分配和销售，但此时我国木材价格依然处于偏低水平，1953 年全国林区平均木材价格仅为 58.89 元/m^3。在此后的近 30 年时间里，为适当提高价格水平，我国曾 3 次调整木材价格：1965 年，平均从 53.05 元/m^3增加到 55.53 元/m^3，提高 4.7%；1979—1980 年，首先把南方地区木材价格从 60.78 元/m^3增加到 80.40 元/m^3，提高 32.3%，随后又将北方地区价格从 56.20 元/m^3增加到 73.06 元/m^3，提高 30%，由此全国平均木材价格由 60.78 元/m^3增加到 76.48 元/m^3，提高 25.8%；1981 年，全国木材平均价格增加到 87.33 元/m^3，比 1980 年提高 14.2%。经过这 3 次调整提高，全国木材平均价格到 1984 年达到 87.30 元/m^3(南方平均 96.4 元/m^3，北方平均 80.58 元/m^3)，比 1952 年高出 31.58 元，提价幅度为 56.7%。

统购统销阶段，全国总体上实行统一的木材计划价格，为加速推进我国社会主义工业化建设的进程提供了一定的资金积累。然而，从表面看来，虽然木材价格水平偏低问题经过 3 次调整提高后有所缓解，但是调整后的木材价格仍然低于其内在价值，两者矛盾依然尖锐。偏低的木材价格使得木材生产企业损失惨重，据统计，全国木材生产企业如果把培育森林费用计入木材生产成本，全行业每年亏损 10 亿多元，这就迫使他们减少木材生产经营。日益减少的木材产量使其供不应求，为按需定产，政府只得集中采伐森林资源，过量采伐致使采育失衡，林木相当长的一段时间内更新跟不上采伐，由于木材生产任务过重，政府还要斥巨资进口木材。

3. “双轨制”阶段(1985—1997 年)

随着经济体制改革的深入，为了进一步搞活林区经济，1985 年 1 月 1 号，中央发出的

《关于进一步活跃农村经济的十项政策》中明确指出："集体林区取消木材统购，开放木材市场，允许林农和集体的木材自由上市，实行议购议销"。这时起，我国开始开放南方木材市场，上市的木材按质论价，议购议销，随行就市。然而，由于对价格与供需的关系认识不深、木材购销环节税费激增等原因，南方集体林区木材价格水平提高得太快。据中国木材流通信息协会报道，1985 年第一、二季度南方木材价格暴涨，松杂木平均价格提高 1 倍，杉木提高 1~2 倍，这一方面造成了南方木材相对供过于求、大量积压等情况，另一方面又刺激了北方计划外木材和进口材急剧增多。1986 年，《关于解决南方集体林区木材放开后的价格和木材调拨问题的报告》中规定："南方木材放开以后，各地对木材价格要进行必要的引导，不能无限制地涨价"，由此，南方木材价格的降低又使得供需关系逐步协调。1987 年，除国家指令性计划木材外，木材价格连连上升。上半年上升的幅度和速度是木材开放以来最迅猛的。据 4 个重点产材省统计，1987 年 9 月的销售价格与 1986 年销售价格相比，杉原木标准材上升 8.3%~46%，松原木标准材上升 12.0%~22%。收购价格杉原木标准材上升 19.0%~37%，松原木标准材上升 9.0%~ 33%。下半年由于国务院发布制止乱涨价的指示，木材价格上升有所缓解，但整个形势仍看涨。1993 年下半年以来，国家宏观调控措施相继出台，基建规模压缩，直接影响木材市场及价格，木材价格下降。1995 年《林业经济体制改革总体纲要》中规定："培育和发展木材、林产品市场，积极稳妥地推进木材流通体制改革"。自此，国家开始有组织、有计划地建立木材及林产品批发市场和交易中心，逐步取消木材流通的"双轨制"，逐步过渡到由林业部门统一管理收购。

这一阶段的主要特点是木材的议购统销并存，市场调节与国家计划分配并存，随行就市的市场价格与国家指令性、指导性价格并存。政府对木材价格的几次调整和林业政策的变化，发挥价值规律的调节作用，这对于理顺木材价格，控制木材消费，增加林农经济收入，改变林区贫困面貌起到了积极作用。但是，由于对木材的市场定位及性质在某种程度上重视不够，"双轨制"阶段的林业政策不但没有加快林木发展，反而使林木乱砍滥伐现象严重，造成了森林资源的非可持续发展。

"双轨制"制约了市场竞争，指令性计划分配制度的存在淡化了市场机制的作用，行政干预依然发挥着重要作用。

4. 宏观调控下的放开市场阶段(1998 年至今)

1997 年，国家决定从 1998 年起取消统配木材，对国家重点用材实行产销衔接计划。这是我国木材流通改革的重大突破，至此，由市场调节木材供需和价格的机制基本形成。

通过放开价格，我国木材经营活力大大增强，其流通格局也在悄然发生着巨大变化，随着市场的不断开放，林产品交易种类逐渐增多，交易区域日益扩大，竞争也日趋激烈。

1998 年年底，对外贸易经济合作部《关于取消木材实行核定公司经营进口管理的通知》中决定："取消木材进口实行核定公司经营的管理办法，凡具有外贸经营权的企业，均可在自负盈亏的基础上自主进口"，企业经营热情空前高涨。为使我国木材企业更好地判断国内外宏观市场趋势，中国木材电子交易市场自 2008 年开始与中国木材流通协会共同编制和发布"中国木材价格指数"。

本章小结

林产品价格制定与波动与林业相关政策密切相关。建立健全林产品价格统计口径，建立合理的林产品价格体系，可以促进林产品市场的健康有序发展。林产品价格体系涉及不同流通环节、不同产品品种、不同地区等多种情形。其核算方法有正算法(序列林价法)与倒算法区分。具体计算时，应该结合各种产品的特点选择合适的核算方法进行计算。林产品生产动态分析是通过林业价格指数来反映林业部门企业在一个时期内的生产变动率。林产品价格指数的编制方法有综合指数法、价格指数缩减法和个体指数加权法三种。其中综合指数法有数量指标综合指数(拉氏)和质量指标综合指数(派氏)两种方法。价格指数缩减法是利用相关价格指数直接缩减现价增加值，计算不变价格增加值，关键因素是行业价格指数 K_p 的统计。个体指数加权法则是对产品产量个体指数 K_q 加权平均来反映产品平均变动水平，计算时需注意能同度量的权数的选取。在林产品销售值统计时，经常用到销售值的预测，可以采用定量与定性相结合的方法。在实际工作中，回归趋势模型法是最常用，也是最简单的方法。

思考题

一、名词解释

序列林价法、倒算法 、林产品比价、林产品差价；综合指数法、价格缩减指数法、个体指数加权法。

二、判断题

1. 林业企业在报告期完成实际销售出去的产品数量就是林产品销售量。(　　)
2. 用订货者来料加工生产的产品也应统计在企业产品销售量中。(　　)
3. 产品尚未生产出来，虽已预收货款也不能作为产品销售进行统计。(　　)
4. 林产品销售额不包括企业本期已发出，但尚未收回货款的产品。(　　)
5. 林产品销售收入包括以前发运而在本期收到货款的产品。(　　)
6. 林业企业成品销售额是指林业企业在报告期内实际销售的全部成品的金额。(　　)
7. 在采取提货制销售产品的企业，已开出提货单但未提取的产品不应统计在企业库存产品数量中。(　　)
8. 林产品比价就是指各种林产品之间的价格对比关系。(　　)
9. 不同地区之间林产品价格差异称为林产品价差。(　　)
10. 林产品价差包括林业原材料产品和林业最终产品的价差。(　　)
11. 平均指数是综合指数的一种变形。(　　)
12. 商品价格指数、产品成本指数一般是属于数量指标综合指数。(　　)
13. 以报告期的价格指标为同度量因素的称为拉氏指数。(　　)
14. 运用价格指数缩减法进行物量核算时，价格指数缩减指数应使用帕氏价格指数公式计算。(　　)

三、单选题

1. 某林业局附属胶合板厂报告期内在本市胶合板销售额为 100 万元，在本省其他地区销售额 50 万元。报告期内本市胶合板销售额为 300 万元。全省的销售额为 500 万元。则该胶合板厂的胶合板在本省市场上的占有率为(　　)。

A. 30%　　B. 33.3%　　C. 20%　　D. 10%

2. 产品销售量或销售额统计的时间标准是(　　)。

A. 发货时间　　B. 收到货款时间　　C. 收货时间　　D. 盘货时间

3. 分析产品库存是否合理，是将期末时间库存量与(　　)。

A. 库存定额相比　B. 期初库存量相比　C. 历史先进水平相比　D. 平均库存相比

4. 林产品库存指数是(　　)。

A. 综合指数　B. 平均数指数　C. 算术平均数指数　D. 调和平均数指数

5. 可以在以下产品之间计算差价(　　)。

A. 更新换代的新老产品之间　B. 产品质量不同的同一产品之间

C. 工农产品之间　D. 以上三点均可

6. 以下可以计算比价的是(　　)。

A. 原木价格与据材价格　B. 林区木材与销区木材

C. 优等材与次加工材　D. 不同地区间的锯材

7. 某地区销售旺季中密度板平均售价 3 000 元/m^3，淡季平均售价为 2 500 元/m^3，则(　　)。

A. 差价为 500 元　B. 淡季与旺季的价差率为 20%

C. 淡季与旺季的价差率为 16.7%　D. 淡季与旺季的价差率为 83.3%

8. 林产品销售总额包括(　　)。

A. 前期发出并托运的产品，本期收到货款

B. 已收到货款，但产品还未发出

C. 已发出并托运完毕的林产品，但尚未收到货款

D. 已发出并托运出的林产品，由于质量问题返回并暂放成品库中

9. 某企业生产三种产品，2005 年与 2004 年相比，三种产品出厂价格平均提高了 5%，产品销售额增长了 20%，则产品销售增长了(　　)。

A. 114.29%　B. 14.29%　C. 126%　D. 26%

10. 工业产品质量总指数是产品质量个体指数的(　　)。

A. 简单平均数　B. 加权算术平均数　C. 几何平均数　D. 动态平均数

四、多选题

1. 产品库存量包括的项目有(　　)。

A. 存放在代销单位尚未出件的产品

B. 需要出库返修的产品，尚未办出库手续

C. 已完成生产但尚未较收入库的产品

D. 代保管的产品

2. 为正确计算林产品销售量，依据产品交货方式不同，我国规定如下核算时间(　　)。

A. 采用送货制的产品，若由本企业运输部门发送，则以产品出库单上标明的日期为准

B. 采用送货制的产品，若委托专业运输部门发送，则以产品出库单上标明的日期为准

C. 采用提货制的产品，统计时以提货单上的日期为准

D. 采用提货制的产品，统计时以产品出库单为准

3. 林产品销售收入包括(　　)。

A. 本期出售产品并取得销售货款

B. 产品仍在生产过程之中，提前收到货款

C. 产品已经发出并办妥手续但未收到货款

D. 采取提货制的产品已经收到货款并开出提货单，但产品仍在库中，买方尚未提走货物

4. 林产品库存量统计包括(　　)。

A. 已完成生产但尚未验收入库的林产品

B. 在采用送货制并委托运输部门负责运输时，已出库的林产品

C. 因需要修理，暂时出库返修(没办理出库手续)的林产品

D. 采用送货制的产品，已运往车站，尚未办理好托运手续的产品数量

5. 以下可以计算其比价的是(　　)。

A. 同一产品在不同地区间

B. 活立木与木材之间

C. 某产品在不同季节之间

D. 原材料产品与最终产品之间

五、计算题

1. 某林场报告期生产纤维板和锯材两种产品，纤维板产量为6 000m^3，锯材产量500m^3。报告期产品销售情况如下：

(1)纤维板2 000m^3采取送货制销售，产品由铁路部门发运，铁路部门已开出承运单，该批产品的货款已收取。

(2)纤维板1 500m^3采用提货制销售，已给用户开具发票和提货单，该批产品已收取了货款凭证。

(3)纤维板2 000m^3采用预收货款方式销售，产品已发出。

(4)报告期预收锯材货款1 000m^3，报告期生产的500m^3材已发给订货单位。又知：纤维板销售价格为1 000 元/m^3，锯材为700 元/m^3。

请计算该林场报告期产品销售量和销售额。

2. 某家具生产厂报告期成品库储存的产品2 000件，另有500件存放在代销单位，已生产的产品有1 500件尚未验收入库，采用送货制销售1 200件，已运往车站，尚未办妥运输手续，采用提货制销售2 500件，已开出提货单．尚末提取。另有代保管产品800件。

请计算家具库存量。

3. 某刨花板厂报告期刨花板销售情况如下：

刨花板等级	销售(m^3)	销售额(万元)
一等品	5 000	700
二等品	3 000	330
合格品	1 000	80
次品	500	25
合计	9 500	1 135

请计算刨花板各质量等级的差价。

4. 某中密度板厂三季度中密度板销售额为1 260万元，二季度1 600万元，三季度销售7 000m^3，二季度销售8 000m^3，销售单价三季度为1 800 元/m^3，二季度为2 000 元/m^3。要求进行产品销售额变化的因素分析。

5. 计算题

某林管局所属三个森林采伐企业的木材成本资料如下：

企业名	木材每立方米成本(元)		木材产量(m^3)	
	基期	报告期	基期	报告期
甲	20	18	40 000	60 000
乙	25	26	35 000	35 000
丙	30	30	3 000	25 000

请计算：

(1)既反映各企业成本水平变动又反映产量结构变动的管理局平均成本指数。

(2)表明各企业本身成本变动的管理局平均成本指数。

推荐阅读书目

陈文汇．林业统计、监测与评价指标体系和方法研究．中国林业出版社，2013.

张车伟，赵文．中国劳动报酬份额问题．中国社会科学出版社，2016.

丁梓楠．基于不同产业劳动报酬差异的研究．经济管理出版社，2010.

相关链接

1. 中国林业数据库．http：//www. forestry. gov. cn/data. html

2. 2016 年各地区林业系统企事业单位从业人员年末人数．http：//data. chinabaogao. com/nonglin-muyu/2018/02233209452018. html，2018. 2

第七章　林业从业人员统计

内容提要

本章围绕林业从业人员的统计进行介绍，包括林业从业人员的人数、劳动、劳动报酬以及劳动保护四个方面，对林业从业人员状况的全面统计，对于加快林业建设，推动林业可持续发展有着重要意义。通过本章的学习要求能够明确林业发展新形势下，进行林业从业人员统计的意义，掌握针对各类林业从业人员的统计方法，并能够在不同的组织类型中，选用合理的统计指标对本组织内的从业人员进行统计。

当前中国林业已进入全面发展的新时期，林业人力资源是实现林业跨越式发展和生态文明战略目标的关键因素，因此进一步研究中国林业系统从业人员状况，建立适应时代发展的林业从业人员相关统计指标体系和调查方法，对加快林业建设和推动实现林业可持续发展具有重要的现实意义。

第一节　林业从业人员人数统计

一、林业从业人员的统计范围

林业系统从业人员是指在林业系统内的国有经济、集体经济以及其他各种经济单位内从事一定的社会劳动并取得劳动报酬或经营收入的各类人员。

(1)从从业人员的工作性质看，既包括林业生产人员，也包括非林业生产人员。林业系统为了保证生产的正常进行和职工、家属的需要，除了设置从事林业生产所必须的生产部门外，还附设了一定数量的非林业生产机构，如职工医院、学校、幼儿园、商店等，在这些机构中的从业人员，同样归属林业企业统一领导和管理，因此，在统计林业从业人员时，不仅要包括从事林业生产的各类人员，还要包括在上述机构中工作的非林业生产的各类人员。

(2)从从业人员的使用期限看，既包括长期工，也包括临时工。长期工指用工期限在一年以上(含一年)的从业人员，包括原固定职工、合同制职工、长期临时工以及国有单位使用的城镇集体所有制单位的人员和其他使用期限在一年以上的原计划外用工。临时工指用工期限不超过一年的从业人员。包括签订一年以内劳动合同或使用期限不超过一年的临时性、季节性用工。林业生产具有很强的季节性，企业往往有些临时性或季节性的生产任务，通过雇佣临时工，可以有效弥补劳动力的临时短缺，因此，长期工和临时工都要作为林业从业人员进行统计。

(3)从支付劳动报酬的经费来源看，既包括由工资科目开支工资的人员，也包括由其他经费(如福利基金、工会经费、营业外支出等)支付工资的人员。因为他们都是林业系统实际使用的人员，不论其报酬的经费来源和支付形式，都应作为林业从业人员进行统计。

(4)从劳动计划管理看，既包括计划内从业人员，也包括计划外从业人员。在实际中由于一些原因，林业系统在劳动计划以外，会通过各种形式吸收部分人员，直接组织安排生产或工作，并支付劳动报酬，这部分计划外用工也应作为林业从业人员进行统计。此外，对于借调人员，外出培训、深造或援外人员，应本着"谁发工资谁统计"的原则，即对于那些不在本企业内工作，但由本企业支付工资的人员，仍按本企业从业人员进行统计。在本企业工作或学习，但不由本企业支付工资的人员，则不予统计。

二、林业从业人员人数指标及计算方法

对林业从业人员人数进行统计时，通常计算期末人数与平均人数两个指标。

(1)期末人数。指报告期最后一天实际拥有的人数，常用的如月末、季末和年末人数。期末人数反映的是报告期最后一天这个时点上的从业人员实有量，通过此指标，相关企业可以更加科学地编制劳动计划、考核定员执行情况和研究劳动力配备、发放福利待遇等。

(2)平均人数。指报告期内每天平均拥有的人数，通过此指标可以反映出报告期内的从业人员平均占有水平，同时也是计算从业人员劳动生产率和平均工资的依据。其计算公式如下：

$$报告期平均人数 = \frac{报告期每日人数之和}{报告期日历日数}$$

统计中根据实际需要通常按月、季、年计算平均人数。其计算公式分别为：

$$月平均人数 = \frac{报告月每日实有人数之和}{报告月日历日数}$$

$$季平均人数 = \frac{季内各月平均人数之和}{3}$$

$$年平均人数 = \frac{年内各季平均人数之和}{4}$$

如果报告期内企业人数增减变动不大，月平均人数也可采用如下公式：

$$月平均人数 = \frac{月初人数(即上月末人数)+月末人数}{2}$$

计算平均人数指标时，应注意如下几点：①每日实有人数是指企业每日所拥有的人数，无论是否出勤均应计算在内。②公休日、节假日人数按前一天实有人数计算。③无论报告期内开工时间长短，均应以报告期日历天数计算平均人数，而不能按实际开工期计算，目的是为保证资料能逐级汇总和比较。

【例】某竹制品加工厂有甲、乙两个分厂，甲、乙两厂每日拥有职工数分别为100名和200名，当年四月生产15天甲厂因停产，职工全部转到乙厂工作，则该月甲、乙两厂的平均人数计算如下：

$$甲厂四月份平均人数 = \frac{100 \times 15}{30} = 50\ 人$$

$$乙厂四月份平均人数 = \frac{200 \times 15 + (200 + 100) \times 15}{30} = 250\ 人$$

将甲、乙两厂的平均人数汇总，得出两厂的合计人数为300人，与两厂的实际人数相符。如果按开工日数计算平均人数，则：

$$甲厂四月份平均人数 = \frac{100 \times 15}{15} = 100\ 人$$

按此算法两企业进行汇总后四月份的平均人数是350人，与实际不符，所以按开工日计算平均人数是错误的。

三、林业从业人员构成统计

在对林业从业人员进行统计时，除了要考察职工数量之外，还要研究其构成情况，即在不同的范围内按一定标志对林业从业人员进行分组，计算各类人员占总人数的比例。林业从业人员在企业、事业单位和各个部门、各地区之间的合理分布以及林业系统内部各类不同从业人员之间适宜的比例关系，能够保证人力资源的充分、有效、合理地利用及劳动生产率的不断提高。因此，对林业从业人员的构成进行统计分析具有重要的意义。

(一)林业从业人员按国民经济行业分组

按照国民经济行业分组，是根据林业系统的企事业单位的主要经济职能来划分的。划分国民经济部门的基本单位，以经济上独立的单位为准。独立核算的企业，不论是单一性生产或联合性生产的企业，均以整个企业作为一个基层单位进行统计，其附属工厂、车间、林场的从业人员统计在该企业的从业人员人数之内，并依企业主要经济职能划分到相应部门。

林业系统从业人员按国有经济单位分类划分如下：

1. 农林牧渔业

(1)国有林场

(2)国有苗圃

(3)林业工作站

(4)木材检查站

(5)种苗站

(6)病虫害防治站

(7)治沙站

(8)其他

2. 采矿业

3. 制造业

(1)木材加工及木、竹、藤、棕、苇制品业；

(2)木、竹、藤家具制造业；

(3)木、竹、苇浆造纸业；

(4)林产化学产品制造;
(5)专用设备、仪器仪表制造业;
(6)工艺品制造业;
(7)木质工艺品和木质文教体育用品制造业;
(8)非木质林产品加工业;
(9)其他。

4. 电力、燃气及水的生产和供应业

5. 建筑业

6. 交通运输、仓储及邮政业

7. 信息传输、计算机服务和软件业

8. 批发和零售业

9. 住宿餐饮业

10. 金融业

11. 房地产业

12. 租赁和商务服务

13. 科学研究、技术服务和地质勘察业

(1)科技交流和推广服务
(2)规划设计管理

14. 水利、环境和公共设施管理业

(1)自然保护区管理
(2)野生动植物保护

15. 居民服务和其他服务业

16. 教育

17. 卫生、社会保障和社会福利业

18. 文化、体育和娱乐业

19. 公共管理和社会组织

20. 国际组织

21. 其他

(二)林业从业人员的构成

由于统计研究的目的和要求不同,林业从业人员的分类方法也不尽相同。根据国家统计制度规定,林业从业人员的分类,主要有以下几种:

1. 按从业人员的工作岗位分

此种分类方法是依据从业人员从事的不同工作岗位,是研究林业从业人员构成的重要方法,通过此方法可以更清晰地掌握不同岗位的人员数量构成。现行统计制度将企业职工划分为六类。

(1)工人。指直接从事物质生产和辅助生产的全部工人,包括基本生产单位、辅助生产单位和附属生产单位的工人。

(2)学徒。指在熟练工人指导下,在生产劳动中学习生产技术、享受学徒待遇的人员。

(3)工程技术人员。指担负工程技术工作，并且有工程技术工作能力的人员，包括①取得工程技术职务资格，已被聘或任命工程技术职务，并担任工程技术工作的人员；②无工程技术职务，但取得工程技术职务资格或从大学、中专理工科系毕业，并担任工程技术工作的人员；③未取得工程技术职务资格或无学历，但实际担任工程技术工作的人员；④已取得工程技术职务资格或从大学、中专理工科系毕业，在企业中担任工程技术管理工作的人员。不包括已取得工程技术职称或大学、中专理工科系毕业，未担负任何工程技术工作的人员。

(4)管理人员。指在企业的厂长、经理以及在各职能机构、基本生产车间和辅助车间(或附属辅助生产单位)中从事行政、生产、经济管理和政治工作的人员，包括长期(6个月以上)脱离生产岗位从事管理工作的工人。

(5)服务人员。指服务于职工生活或间接服务于生产的人员，包括食堂、幼儿园、文化教育、卫生保健、警卫消防、林区公检法工作人员，住宅管理与维修人员，勤杂人员(车间勤杂人员属于辅助工人)。此外还包括与企业生产经营无直接关系、由企业举办的社会性服务机构的人员，包括企业办中、小学人员，企业办大学人员，企业办医院人员，企业办商店人员等。

(6)其他人员。指由企业支付工资、但所从事工作与企业生产基本无关的人员。包括农副业生产人员、长期(连续6个月以上)学习人员、长期病假人员、出国援外人员、派出外单位工作人员等。

通过从业人员的岗位分类研究企业内从业人员的构成，可以反映出各岗位人员的比例同生产的实际需要之间的适应程度，为岗位管理提供依据。

2. 按用工形式分

按用工形式分为固定工、合同工和临时工。

(1)固定工。指经国家劳动部门或认识部门正式分配、安排和批准招收的没有使用期限的人员。

(2)合同工。指根据国家规定通过签订劳动合同录用的使用期在一年以上的人员，以及在实行全员劳动合同制的单位中，使用期在一年以上的全部人员。

(3)临时工。指用工期限不超过一年的职工。包括根据国家有关规定招用的、签订一年或一年以上的劳动合同或使用期不超过一年的临时性季节性用工。

此种分类方法可以反映出企业中各种用工形式的从业人员的比例，从而可以科学地分析出企业从业人员整体的稳定性或变动因素，观察固定职工的数量及其对企业基本生产岗位的保证程度。

(三)林业企业工人的分类

在林业企业所有从业人员中工人占有很大的比例，他们是直接从事林业生产活动的人员，因此有必要对林业企业的工人进行具体分类。现行统计制度将林业企业的生产工人分为如下几类：

(1)营林生产工人。指从事营林生产活动的全部工人，包括林木种子采集、育苗、造林、抚育和护林等工人。

(2)木材采运工人。指从事木材采运生产(包括伐区、运材、贮木场各阶段)的全部基本生产工人、辅助生产工人(包括生产机械设备维修)和生产准备作业等工人。

(3)木材加工工人。指从事制材、胶合板、纤维板、刨花板、削片、木器家具等生产的基本生产工人和辅助生产工人。

(4)林产化学工人。指从事栲胶、松香、酒精、活性炭、纸浆等生产的基本生产工人和辅助生产工人。

(5)机械制造及修理工人。指从事森工机械、营林机械制造及修理的工人，以及从事木材采运、木材加工、林产化工等生产设备大、中、小修的工人。

(6)电力生产工人。指发电厂、变电所、配电站及输电线路维修工人等。

(7)基本建设工人。指建筑安装、勘察设计及基本建设筹建单位的工人。

(8)其他生产工人。指林业企业所属的砖瓦厂、砂石场、制药厂、粮油加工厂、食品厂等的生产工人。

除上述分类方式外，还可以按照年龄、性别等进行分类，以满足不同的研究目的。

四、林业从业人员素质统计

从业人员素质是指从业人员的身体素质、科学文化素质、思想道德素质等。其中，身体素质是体现在劳动力自身的健康状况，科学文化素质包括从业人员掌握的科技知识、生产技能、管理方法及其创新能力，思想道德素质是体现在从业人员行为上的思想道德水平。提高林业从业人员的素质是实现我国林业现代化的重要因素，也是推进我国林业可持续发展的关键环节。通过对林业从业人员素质的统计，可以研究劳动力素质的差异及其影响，为提高林业从业人员素质提供科学的依据。

(一)衡量林业从业人员素质的统计指标

衡量从业人员素质，可以从微观和宏观两个角度进行，如果对从业人员个体素质进行分析，则属于从业人员素质的微观分析；如果研究一个地区或行业的从业人员素质，就属于宏观分析。从宏观上分析从业人员的素质，应选择从业人员的预期寿命、文化教育构成、科学研究水平、技术创新能力等指标，这几个指标可以从不同方面反映一个地区或行业的从业人员素质及其影响。其中，从业人员的预期寿命，可以反映从业人员的健康状况；文化教育素质、技术素质、技术创新能力三个指标，主要反映从业人员文化科学素质状况。从业人员的预期寿命，一般通过从业人员健康状况的统计和人口普查获取相关数据，所以针对林业从业人员素质的统计，主要针对从业人员的文化教育素质、技术素质以及技术创新能力三个指标进行。

1. 文化教育素质

指从业人员中具有一定文化水平、接受一定教育的人口状况。从业人员的文化程度是反映其文化素质高低的重要标准，因此可按从业人员的文化程度进行分类：①研究生毕业；②大学本科毕业；③高职或大专毕业；④中职或高中毕业；⑤初中毕业；⑥小学毕业；⑦文盲和半文盲。

2. 技术素质

在林业系统掌握生产和管理技术的人员主要是生产工人、工程技术人员和管理人员，三者之间技术性质差异较大，因此研究从业人员的技术素质时可划分为三种类型进行统计。

(1)生产工人的技术素质。生产工人的技术等级是生产工人技术素质高低的重要标志。因此研究生产工人的技术素质状况，可根据生产工人的技术等级对其进行分类。

(2)企业工程技术人员的技术素质。可以根据其所具有的初、中、高级职称分类。

(3)企业管理人员的管理素质。可以依其所获学历分类，也可根据管理人员的技术职称分类。

在上述分类的基础上，计算各类人员的数量及占全部人员的比例，进而可以对从业人员的技术素质进行评价。

3. 技术创新能力

技术创新是指把科学技术潜在的生产能力转换为直接的生产能力，也可以说是从研究开始直到新产品投入大批量生产的整个过程。技术创新的成果形式多种多样，可能是一种新技术，也可能是一种新工艺，还可以是一种新产品，等等。在现实的科技管理中，发明专利实际上被视为技术创新的主要成果。因此，可以把一定数量人口获得的专利申请授权件数作为衡量技术创新能力的一个重要标准。

(二)衡量职工素质的分析指标

根据上述分类，可以计算相应的反映从业人员素质的分析指标。

(1)从业人员平均文化程度，综合地反映企业职工平均受教育的程度。其计算公式如下：

$$\text{从业人员平均文化程度} = \frac{\sum(\text{在校学习年限} \times \text{人数})}{\text{全部人数}}$$

在校学习年限，一般规定为：小学 6 年，初中 9 年，高中或中职 12 年，大专或高职 15 年，大学本科 16 年，硕士研究生 19 年，博士研究生 22 年。

(2)从业人员平均技术等级指标，可以反映企业从业人员技术素质的一般水平。其计算公式如下：

$$\text{从业人员平均技术等级} = \frac{\sum(\text{技术等级} \times \text{从业人员人数})}{\text{全部从业人员数}}$$

(三)衡量职工培训的统计指标

从业人员素质的高低，一方面取决于学校教育，另一方面多种形式的继续教育和岗位培训也是提高职工素质的主要手段。为准确把握从业人员各方面素质不断提高的状况，可以通过计算以下指标来进行。

(1)培训从业人员总数，指报告期内已参加各类学校或培训班学习的人数和政治参加学习的人数总和。它反映报告期内已参加或正在参加各类学校学习的人员数占全部人员的比例。其计算公式如下：

$$\text{培训从业人员总人数比例指标} = \frac{\text{培训人员总人数}}{\text{报告期末人员总人数}} \times 100\%$$

(2)全员培训率，指参加过脱产或业余学习并取得毕业(结业)证书的人员数占全部人员的比例。其计算公式如下：

$$全员培训率 = \frac{已参加过脱产或业余学习的累计人员数}{全部人员平均人数} \times 100\%$$

五、林业从业人员变动统计

林业企业在发展过程中，对从业人员的数量需求是不断变化的，生产规模扩大会带来对人力需求的增加，而机械、自动化及互联网的应用，又会导致人力需求的减少；同时企业原有人员的调转、离职、退休、死亡等，也会带来人员数量上的变化。这种变化对林业生产发展、劳动生产率及企业管理成本等都会产生直接的影响。因此有必要对林业从业人员的变动情况进行统计，为改进和加强从业人员管理、调整人力资源政策、促进从业人员合理流动提供依据。

统计林业从业人员数量变动的基本方法，是编制固定职工和合同制职工的人数平衡表（表 7-1）和计算从业人员人数变动指标。

（一）固定职工和合同制职工平衡表

对于林业部门或企业来说，一定时期内从业人员的变动总存在如下的平衡关系：

期初人数 + 本期增加人数 = 本期减少人数 + 期末人数

根据上述平衡关系和人数增减的具体项目，可编制出林业职工平衡表（表 7-1），通过此表可以清楚地看出林业从业人员增减变动的详细情况，以及增加人员的来源和减少人员的去向。

表 7-1　固定职工和合同制职工平衡表

合计	合计
一、期初人数	三、本年减少和调出人数
二、本期新增和调入人数	1. 减少人数
1. 新增人数	（1）退休
（1）从农村招收人员	（2）离休
（2）从城镇招收人员	（3）退职
（3）录用复员军人	（4）停薪留职
（4）录用转业军人	（5）参军
（5）录用大学毕业生	（6）转入城镇集体所有制单位
（6）录用高职毕业生	（7）除名
（7）录用中职毕业生	（8）开除
（8）停薪留职人员复职	（9）辞退
（9）临时工转为合同工	（10）辞职
（10）计划外用工转为合同工	（11）合同制职工终止合同和解除合同
（11）由城镇集体所有制单位转入	（12）死亡
（12）其他	（13）其他
2. 由外省、自治区、直辖市调入	2. 调至外省、自治区、直辖市
	四、期末人数

（二）林业从业人员人数变动指标

为了反映林业从业人员数量变动和趋势，可以采用时间数列法，即将从业人员人数逐年按顺序编成时间序列。但为了说明某一时期从业人员数量变动程度，就需要计算从业人员人数动态指标和变动程度指标。

（1）林业从业人员人数动态指标。该指标表明在一定范围内不同时期林业从业人员人数发展变化的速度。其计算公式为：

$$林业从业人员人数动态指标=\frac{报告期从业人员人数}{基期从业人员人数}\times 100\%$$

将上述指标同产量、固定资产、产值等动态指标进行对比分析，可以发现它们之间的相互关系及其他有关的重要经济内容。

（2）从业人员数量变动程度指标。它表明报告期林业从业人员净增或净减的程度，其计算公式为：

$$林业从业人员人数变动程度指标=\frac{期末人数-期初人数}{期初人数}\times 100\%$$

如果期内增加与减少的人数相等，则期内职工总数是不变的，即期末人数与期初人数相同，但这并不能说明期内没有发生人员的增加或减少，所以上述林业从业人员人数变动程度指标只能反映出人员变动的结果，不能体现出变动的过程。所以有必要分别计算从业人员人数增加和减少程度指标，以此体现出企业现有人员的变动情况。其计算公式如下：

$$林业从业人员人数增加程度指标=\frac{期内增加人数}{期末人数}\times 100\%$$

$$林业从业人员人数减少程度指标=\frac{期内减少人数}{期初人数}\times 100\%$$

在实际统计时需注意，如果仅是为反映企业职工增减变动情况，则采用“时点人数”；如果把它们与产量、产值、固定资产和劳动生产率的变动进行对比分析，则需采用“平均人数”进行计算。

第二节　林业从业人员劳动统计

一、从业人员劳动时间利用统计

从业人员的劳动过程表现为劳动时间的消耗过程，所以劳动时间可以作为衡量劳动量的尺度。提高劳动时间的利用程度，是劳动效率提高的体现，对于经济效益的提高有着重要意义。加强从业人员劳动时间利用的统计分析是企业经营管理的重要内容，它可以为企业制定劳动定额定员提供依据，实现人力资源管理的科学化；可以指导企业进行劳动考核，为核发工资、奖金提供依据；可以促进企业降低劳动消耗，提高劳动生产率和降级效益。

（一）劳动时间的核算与构成

林业生产中劳动时间的核算主要采用用工时和工日两种计量单位。工时是指一个工人工作一小时的劳动时间，工日是指一个工人工作一天（一轮班）的劳动时间，包括参加生产的劳动时间，非生产时间和非全日缺勤时间。工时相对工日，更能准确反映生产工人实际参加劳动的时间。

林业生产中，营林工人和采运工人，多为野外作业，一般采用工日作为计量单位考核劳动时间的利用情况。木材加工、林产化学、林机修造等工人，一般采用工时为计量单位，这样更能准确反映出劳动时间的利用情况。

生产工人劳动时间构成分为：

1. 日历工日数、日历工时数

分别指以工日和工时表示的报告期可供用的劳动时间最大自然界限，即工人在全部日历时间内都进行工作所能达到的最大劳动量。日历工日数，等于报告期每天(包括公休日)实有人数之和，或等于报告期的平均人数乘以日历天数。日历工时数，则等于日历工日数乘以标准工作长度，即乘以每个工作日制度规定的工作时数。可用公式表示如下：

$$日历工日数 = \sum 报告期每日实有工人数$$

$$日历工日数 = 报告期平均工人数 \times 日历天数$$

$$日历工时数 = 日历工日数 \times 标准工作日长度$$

2. 公休工日数、公休工时数

指按国家劳动制度规定，职工应享受休息的节假日的工日(工时)之和。其中工人实际休息的工日(工时)总数，称实际公休工日(工时)，公休日加满一轮班为加班，不满一轮班为加点。

3. 制度工日数、制度工时数

指报告期按国家劳动制度规定职工应工作的时间，是制度规定的最大可能利用的劳动时间，又称最大可能工作日。它是考核劳动时间利用情况的标准。

$$制度工日数 = 报告期平均工人数 \times 报告期制度工作日数$$

或

$$制度工日数 = \sum 报告期制度工作日每日实有人数$$

或

$$制度工日数 = 日历工日数 - 公休工日数$$

$$制度工时数 = 制度工作工日数 \times 标准工作日长度$$

或

$$制度工时数 = 日历工时数 - 公休工时数$$

制度工日(工时)数包括出勤工日(工时)数和缺勤工日(工时)数两部分。

4. 出勤工日数、出勤工时数

出勤工日数指工人在制度工作日中实际出勤的工日数，即每日出勤人数之和，出勤工日数是企业实际可能利用的劳动时间。需要注意的是，一个工人只要在轮班内出勤，无论是否工作或工作时间长短，均算作一个出勤工日。出勤工时是按工人实际出勤的小时数统计，也可用出勤工日数乘以标准工作长度，再减去缺勤工时数得到。

$$出勤工日数 = 制度工日数 - 缺勤工日数$$

或

$$出勤工日数 = \sum 报告期制度工作日每日出勤人数$$

$$出勤工时数 = \sum 报告期制度工作日每班每人实际出勤小时数$$

或

$$出勤工时数 = 出勤工日数 \times 标准工作日长度 - 缺勤工时数$$

5. 缺勤工日数、缺勤工时数

缺勤工日数指工人因故(病假、事假、产假、工伤假、旷工等)而未能出勤参加工作的工日数；缺勤工时是按工人实际缺勤工时统计，包括全日缺勤和非全日缺勤工时。

$$缺勤工日数 = 制度工日数 - 出勤工日数$$

或

$$缺勤工日数 = \sum 报告期每日全天缺勤人数$$

$$缺勤工时数 = 制度工时数 - 出勤工时数$$

6. 停工工日数、停工工时数

指工人出勤后，由于停电、停水、原材料供应不足等原因导致未能工作的工日数或工时数。

停工后安排从事非本职工作的生产时间，称为停工被利用时间，如从事非生产活动则不能称作被利用。

由于事先预知的原因(如计划停水、电)企业将公休日与工作日对调，则工人在公休日工作不算加班，在工作日休息不算停工。

7. 非生产工日数、非生产工时数

指工人由于执行国家或社会义务(如参加防汛等)，经企业安排从事其他社会活动而未从事企业生产的工日数或工时数。非生产工日不做缺勤工日，但也不是实际工作工日。需要注意的是为避免重复，把停工时被利用从事非生产性的工作时间包括在停工时间中，而不包括在非生产时间内。

8. 制度内实际工作工日数、制度内实际工作工时数

指工人在制度规定的工作时间内实际参加生产活动的工日数(工时数)，它等于实际工作工日数(工时数)减去加班工日数(加班加点工时数)。

$$\begin{aligned}制度内实际工作工日数 = {} & 制度工作工日数 - 全日缺勤工日数 - \\ & 全日停工工日数 - 全日非生产工日数\end{aligned}$$

$$\begin{aligned}制度内实际工作工时数 = {} & 制度内实际工作工日数 \times 标准工作日长度 - 非全日缺勤工时数 \\ & - 非全日停工工时数 - 非全日非生产工时数\end{aligned}$$

9. 实际工作工日数，实际工作工时数

实际工作工日数是报告期内生产工人实际参加生产的工日总数，它包括制度内工作工日数和加班工日数，也就是报告期内每天实际参加生产工作的人数之和。实际工作工时数是报告期内实际工作的小时总数，包括制度内实际工作工时数和加班加点工时数，不包括工作日内没有进行工作的工时数，如非全日的停工、缺勤、非生产、迟到、早退等时间。

$$\begin{aligned}实际工作工日数 = {} & 出勤工日数 - 非生产工日数 - 停工工日数 \\ & + 全日停工中被利用的工日数 + 加班工日数\end{aligned}$$

$$\begin{aligned}实际工作工时数 = {} & 实际工作工日数 \times 标准工作日长度 - \\ & 非全日缺勤工时数 - 非全日停工工时数 - 非全日非生产工时数\end{aligned}$$

+非全日停工中被利用工时数+加点工时数

加点工时数是指工人在工作班外加班的视角，它不能换算成加班工日。

上述时间构成具有如表 7-2 所示关系：

表 7-2　劳动时间指标构成图

<table>
<tr><td colspan="6">日历工日数</td></tr>
<tr><td colspan="2">制度公休工日数</td><td colspan="4">制度工日数</td></tr>
<tr><td>实际公休工日</td><td>公休加班工日</td><td colspan="3">出勤工日数</td><td>缺勤工日数</td></tr>
<tr><td></td><td>加班日数</td><td>制度内实际工作日数</td><td>停工工日数</td><td>非生产工日数</td><td></td></tr>
<tr><td></td><td colspan="2">实际工作日数</td><td></td><td></td><td></td></tr>
</table>

【例】某竹制品加工厂 2017 年 5 月平均人数为 100 人，该月份节日 1 天，公休日 8 天，每天工作日长度为 8 小时，该月考勤记录和工时利用记录汇总资料如下：

(1)全日缺勤 125 工日；非全日缺勤 300 工时；

(2)全日停工 50 工日；其中被利用 30 工日；

(3)非全日停工 500 工时；其中被利用 200 工时；

(4)全日非生产 55 工日；非全日非生产 80 工时；

(5)公休日加班 60 工日；加点工时 100 工时。

根据以上资料列表计算如表 7-3 所示。

表 7-3　劳动时间构成表

<table>
<tr><td colspan="8">日历工日数 100×30=3 000</td></tr>
<tr><td>制度公休工日数
100×9=900</td><td colspan="7">制度工日数 100×(30－9)=2 100</td></tr>
<tr><td>加班工日数 60</td><td colspan="6">出勤工日数 2 100－125=1975</td><td>缺勤工日数 125</td></tr>
<tr><td>加班工日数 60</td><td colspan="4">制度内实际工作日数 1 975－20－55=1 900</td><td>停工工日数
50－30=20</td><td>全日非生产工日数 55</td><td></td></tr>
<tr><td colspan="5">实际工作日数 1 900+60=1960</td><td></td><td></td><td></td></tr>
<tr><td>加班工时
60×8=480</td><td>制度内实际工作工时
1 900×8－300－80－300=14 520</td><td>非全日停工工时
500－200=300</td><td>非全日非生产工时
80</td><td>非全日缺勤工时
300</td><td></td><td></td><td></td></tr>
<tr><td colspan="2">实际工作工时数 15 000+480+100=15 580</td><td></td><td></td><td></td><td></td><td></td><td></td></tr>
<tr><td></td><td>加点工时数 100</td><td></td><td></td><td></td><td></td><td></td><td></td></tr>
</table>

(二)劳动时间的利用程度指标

劳动时间能够得到充分利用，决定了林业企业生产计划的完成以及劳动生产率的提高。一般采用出勤率、出勤时间利用率以及制度时间利用率来衡量劳动时间的利用程度。

1. 出勤率

出勤是劳动时间利用的前提，出勤率是用来反映工人在制度规定的工作时间内出勤的程度。其计算公式如下：

$$工日(时)出勤率=\frac{出勤工日(工时)数}{制度工作工日(工时)数}\times 100\%$$

工日出勤率与工时出勤率两者计算的结果是不同的。因为出勤工日数中包括非全日缺勤时间，所以工日出勤率只反映全日缺勤工日对制度工作时间利用的影响，而工时出勤率还反映非全日缺勤工时数对制度工作时间利用的影响。

2. 出勤时间利用率

出勤率反映了制度工作时间的利用程度，但不能反映出出勤时间的利用程度，即出勤率不能反映出工人出勤后，因为一些原因产生的停工或进行非生产活动对工作时间利用的影响情况。故还需计算出勤时间利用率。出勤时间利用率也可分别采用“工日”和“工时”为单位进行计算，但同出勤率一样，计算结果也是存在差异的。因为出勤工日利用率只反映全日停工、全日非生产工日对出勤时间利用的影响；而出勤工时利用率不仅反映全日停工、全日非生产工日对出勤时间利用的影响，还可以反映非全日停工和非全日非生产对出勤时间利用率的影响。其计算公式如下：

$$出勤工日利用率=\frac{制度内实际工作工日数}{出勤工日数}\times 100\%$$

$$出勤工时利用率=\frac{制度内实际工作工时数}{出勤工时数}\times 100\%$$

3. 制度时间率用率

出勤率反映了缺勤对劳动时间利用的影响，而出勤时间利用率反映了停工和非生产对出勤时间利用的影响，二者都未能全面反映缺勤、停工、非生产时间对劳动时间利用的综合影响，因此还需计算制度时间利用率。制度时间利用率是制度内实际工作时间与制度时间对比，综合反映生产工人劳动时间的实际利用程度。其计算公式如下：

$$制度工日利用率=\frac{制度内实际工作工日数}{制度工作工日数}\times 100\%$$

$$制度工时利用率=\frac{制度内实际工作工时数}{制度工作工日数}\times 100\%$$

制度工日利用率只反映全日缺勤、全日停工和全日非生产时间对制度工作时间利用的影响程度。制度工时利用率在此基础上还反映了非全日缺勤、非全停工和非全日生产的影响程度。

以上劳动时间利用率的关系为：

$$制度时间利用率=出勤率\times 出勤时间利用率$$

(三)劳动时间利用分析

通过劳动时间的核算和劳动时间利用指标可以说明劳动时间的利用程度，但针对未能充分利用的劳动时间还应进一步分析其原因，提出改进措施，依此提高企业的劳动生产率。为此需要编制劳动时间平衡表，计算各项时间比例，进行劳动时间的利用统计分析。

劳动时间平衡表由劳动资源和劳动消耗两部分组成。劳动资源指制度内工作时间，即法定的最大可能利用的劳动时间。劳动消耗指制度工作时间的消耗，除列出制度内实际工作工时外，还要对未能使用的时间进行分类，按其发生的原因逐项列出，并计算各项时间占制度工时的比例。另外，也可附上加班加点时间以备用。

根据前例，编制该竹制品加工厂 5 月份劳动时间平衡表如表 7-4 所示。

表 7-4　某厂 5 月份劳动时间平衡表

劳动时间资源		劳动时间消耗		
项目	工时数	项目	工时数	占制度工时比例(%)
1. 日历工时数	24 000	1. 制度内实际工时	14 520	86.43
2. 公休工时数	7 200	2. 缺勤工时	1 300	7.74
3. 制度工时数	16 800	其中：(1)病假	329	1.96
		(2)事假	72	0.43
		(3)产假	240	1.43
		(4)工伤假	425	2.53
		(5)迟到早退	34	0.2
		(6)旷工	200	1.19
		3. 停工工时	460	2.74
		(1)原料不足	120	0.71
		(2)动力不足	210	1.25
		(3)设备事故	90	0.54
		(4)待工具图纸	—	—
		(5)待任务	—	—
		(6)其他	40	0.24
		4. 非生产工时	520	3.10
		合计	16 800	100.00
		加班加点工时数	580	
		其中：公休加班工时数	480	
		加点工时数	100	

利用上述劳动时间平衡表可以进行如下分析：

(1)劳动时间未能充分利用的原因。从上述平衡表中可知制度工时利用率只有 86.43%，还有 13.57% 的制度工时未被利用。其原因是缺勤比较严重，缺勤工时占制度工时的 7.74%。而其中又以工伤假最大，占 2.53%；此外非生产工时占比为 3.1%，也是导致制度工时没被充分利用的原因之一。因此，企业今后一方面应加强职工安全生产教育，另一方面也要做好生产计划，减少非生产工时的数量。

另外企业也要特别注意对停工工时的分析，因为停工工时是企业本可以利用但却未被利用的劳动时间。在上例中，停工未被利用工时占制度工时的2.74%，主要原因在于动力不足，占1.25%，所以企业应加强同供电部门的协调以及供电线路的检修。

(2)分析劳动时间未能充分利用而造成的损失。对未被利用的工时，可以计算以下两个指标，说明其损失量。

$$劳动力损失 = \frac{报告期未被利用的工时数}{报告期每个工人制度工时数}$$

$$= \frac{1\ 300 + 460 + 520}{1 \times 21 \times 8} = 13.57$$

依据前例计算，结果表明相当于损失了将近14个劳动力。此外还可以计算产量(值)损失，计算公式如下：

$$产量(值)损失 = 未被利用的工时 \times 平均工时产量(值)$$

(3)分析加班加点的时间。加班加点时间是制度劳动时间资源即法定劳动时间以外的劳动时间消耗，无论是从维护劳动者权益角度还是从节省企业开支出发，加班加点时间应严格控制。特别是对于制度工时未被充分利用，另一方面却又存在加班加点现象尤其要引起重视，加强控制与管理。针对加班加点，可以计算加班加点比例指标和加班加点强度指标，其计算公式如下：

$$加班加点比例指标 = \frac{加班加点工时数}{制度内实际工时数 + 加班加点工时数} \times 100\%$$

$$= \frac{580}{14\ 520 + 580} \times 100\% = 3.84\%$$

$$加班加点强度指标 = \frac{加班加点工时数}{制度内实际工时数} \times 100\%$$

$$= \frac{580}{14\ 520} \times 100\% = 3.99\%$$

上述比例指标说明加班加点工时数占制度内实际工作工时数的比例，强度指标表明每个职工制度内平均每小时还要附加3.99%的额外劳动，反映了工人劳动强度的增加程度。

二、劳动生产率统计

林业从业人员的劳动生产率，是林业从业人员在一定资源状况及技术水平的条件下，在一定时间内生产产品(或作业量)的效率。它是林业生产中从业者的生产成果和相应的劳动耗用量的比率。

林业劳动生产率是反映林业生产力发展水平的重要标准，是评价林业企业和部门经济效益的主要综合指标之一。正确统计劳动生产率可以为企业改善经营管理、合理安排劳动力、提高劳动生产率、降低成本、提高经济效益提供依据。

(一)林业劳动生产率指标的基本计算方法

林业劳动生产率指标的基本计算方法有两种：

1. 用单位劳动消耗量所生产的产品数量表示，即劳动生产率正指标。

$$劳动生产率 = \frac{产品产量}{劳动消耗量}，即 q = \frac{Q}{T}$$

上式说明单位劳动消耗量所生产的产品数量越多，则劳动生产率水平越高。

2. 用生产单位产品的劳动消耗量来表示，即劳动生产率逆指标。

$$劳动生产率 = \frac{劳动消耗量}{产品产量}，即 t = \frac{T}{Q}$$

上式说明生产单位产品的劳动消耗量越少，则劳动生产率水平就越高。

劳动生产率的正指标与逆指标，只是表现形式不同，其实质内容是相同的，它们两者互为倒数，即：

$$\frac{产品产量}{劳动消耗量}(正指标) = \frac{1}{\frac{劳动消耗量}{产品产量}}(逆指标)，即：\frac{Q}{T} = \frac{1}{T/Q}$$

劳动生产率正逆指标可以从不同角度反映劳动生产率水平。正指标广泛用来说明各企业、各产业以及全社会的劳动生产率水平；逆指标一般多用于企业内部，主要用来表现企业的劳动效率，为制定劳动定额和安排作业计划等提供依据。

计算林业劳动生产率指标时必须遵循以下原则：①产品产量与劳动消耗量在时间上必须一致；②产品产量与劳动消耗量在范围上必须一致；③产品产量与劳动消耗量之间保持直接的依存关系，即产品数量和劳动消耗量在时间和空间上口径要保持一致，以正确反映劳动生产率水平。

(二)林业劳动生产率水平的计算

根据需要，产品产量与劳动消耗量可以采用不同的指标计算。

1. 按产量指标计算的劳动生产率

(1)按产品实物指标计算的劳动生产率。按产品实物量(或标准实物量)计算的劳动生产率指标，通常称为劳动生产率实物指标。

$$劳动生产率 = \frac{产品实物量}{劳动消耗量}$$

该指标反映劳动者在单位时间内生产某种产品的效率，它是最主要的劳动生产率指标之一。它具有形象直观的特点，可以对生产同类产品的不同企业、不同地区甚至不同国家间进行比较，它是评价企业生产经营管理工作的重要技术经济指标。林业统计中要求上报实物劳动生产率的产品有：木材、锯材、胶合板、木质纤维板、刨花板、栲胶、紫胶等。

作为实物量指标还有另外一种形式，即按标准产品实物指标计算的劳动生产率。它把各种产品按照一定的折算系统折合为某一标准产品的数量，然后汇总计算。其计算公式为：

$$劳动生产率 = \frac{按标准产品计算的实物产量}{劳动消耗量} = \frac{\sum(某种产品产量 \times 折算系数)}{劳动消耗量}$$

$$折算系数 = \frac{某种产品规格}{标准产品规格}$$

(2)按价值指标计算的劳动生产率。按产品价值量(总产值或净产值)计算的劳动生产率指标，即为劳动生产率价值指标。计算公式如下：

$$劳动生产率 = \frac{总产值}{劳动消耗量}$$

利用价值指标计算的劳动生产率，可以综合反映生产各种不同产品的劳动生产率水平及其变动情况。所以该指标具有广泛的综合性，实用价值很大。但总产值是按“工厂法”计算的，其中包含转移价值，存在重复计算。转移价值高，则劳动生产率就高，所以利用总产值来计算劳动生产率，因为存在转移价值的重复计算，故不能正确反映生产成果，所以也会影响到劳动生产率指标上。

除总产值外，也可以用净产值来计算劳动生产率。净产值是报告期内生产活动新创造的价值，净产值不包括产品中的转移价值，能够比较确切地反映劳动者实际完成工作量的大小，其计算公式如下：

$$劳动生产率 = \frac{净产值}{劳动消耗量}$$

需要注意的是，净产值劳动生产率在不同国家、地区间的计算和比较，要以相同的价格体系(并非指货币体系)为基础。

总产值劳动生产率和净产值劳动生产率直接存在密切的联系，其关系如下：

$$\frac{净产值}{劳动消耗量} = \frac{总产值}{劳动消耗量} \times \frac{净产值}{总产值}$$

$$净产值劳动生产率 = 总产值劳动生产率 \times 净值率$$

随着现行统计制度方法逐步向国际接轨，净产值指标已不再使用，总产值指标用的也越来越少，更多的是用增加值，所以就有了增加值劳动生产率。其计算公式如下：

$$劳动生产率 = \frac{增加值}{劳动消耗量}$$

增加值是通过企业的生产活动增加到产品中的价值，或者说是企业在报告期内以货币表现的生产活动的最终成果($c_1 + v + m$)。增加值不像总产值包括中间投入的重复计算，也不像净产值只反映人的创造因素，它包含着必要的物质基础即劳动资料 c_1 的价值。所以增加值反映社会的生产成果比总产值更全面更确切。用它计算劳动生产率，要优于总产值和净产值劳动生产率。所以是目前世界各国普遍采用的劳动生产率价值指标。

除上述指标外，还有按产品劳动力(即定额工时)计算的劳动生产率，不同产品(含不同规格)的产量无法比较，需要把工时定额折算成实际完成的定额工时汇总，再与相应产品实耗工时比较，得到劳动生产率工作量指标。其计算公式如下：

$$劳动生产率 = \frac{实际完成的定额工时}{生产实耗工时}$$

由于不同企业其管理水平和技术水平各不同，所以产品的定额工时并不相同，所以该指标在企业间不具有可比性，所以一般只在企业内部用于安排生产计划和修改产品定额。

2. *按不同人员范围计算的劳动生产率*

按不同人员范围，主要有基本工人、生产工人和全员劳动生产率指标。

(1)基本生产工人劳动生产率。基本生产工人是企业直接从事产品生产的工人，它是决定企业劳动生产率高低的主要因素。其计算公式为：

$$基本生产工人劳动生产率 = \frac{产品产量(或产值)}{基本生产工人平均人数}$$

(2)生产工人劳动生产率。生产工人指的是企业全部生产工人，包括基本生产工人和辅助生产工人，用来表示平均每个工人的生产效率，其计算公式为：

$$生产工人劳动生产率 = \frac{产品产量(或产值)}{生产工人平均人数}$$

该指标中，工人劳动生产率的高低，除了受基本生产工人的劳动生产率水平的影响外，基本生产工人在全部生产工人中的比例也是一个重要的影响因素。即：

$$生产工人劳动生产率 = \frac{产品产量(或产值)}{基本生产工人平均人数} \times \frac{基本生产工人平均人数}{生产工人平均人数}$$

(3)全员劳动生产率。全员劳动生产率是指以企业全部职工为人员范围计算的劳动生产率，它是综合考察企业生产工作效率的指标。

$$全员劳动生产率 = \frac{产品产量(或产值)}{全部职工平均人数}$$

全员劳动生产率是综合考察企业生产工作效率的指标，将其与同产业、企业间全员劳动生产率比较，可以从总体上反映出企业的差异，与基本生产工人劳动生产率和生产工人劳动生产率指标比较，可以有效地反映各类人员比例、劳动组织、劳动管理水平等对企业生产效率的影响。

上述三个劳动生产率指标存在如下关系：

$$\begin{aligned}全员劳动生产率 &= 生产工人劳动生产率 \times 生产工人占全员比例 \\ &= 基本工人劳动生产率 \times 基本工人占生产工人比例 \times \\ &\quad 生产工人占全员比例\end{aligned}$$

3. *按不同时间单位计算的劳动生产率*

根据需要的不同，计算劳动生产率的视角单位，可以采用时、日、月、季和年等。

$$小时劳动生产率 = \frac{产品产量}{耗用工时}$$

$$日劳动生产率 = \frac{产品产量}{耗用工日}$$

$$月(季、年)劳动生产率 = \frac{全月(季、年)产品量}{月(季、年)平均人数}$$

它们之间的关系为：

$$\begin{aligned}月劳动生产率 &= \frac{产品产量}{实际作业工时} \times \frac{实际作业工时}{月生产工人平均人数} \\ &= 日劳动生产率 \times 月实际工作日天数 \\ &= 时劳动生产率 \times 实际工作日平均长度(小时) \times \\ &\quad 月实际工作日平均天数\end{aligned}$$

(三)劳动生产率变动统计

1. *劳动生产率指数*

针对劳动生产率，除了要测定其已经达到的水平外，还要研究其变动的趋势、幅度等，这就需要计算劳动生产率指数。劳动生产率指数是两个不同时期劳动生产率水平的对比值(也可以同计划对比)，有正指标和逆指标两种形式。计算公式如下：

$$劳动生产率正指标指数(q_2) = \frac{报告期产量(Q_1)}{报告期劳动量(T_1)} \div \frac{基期产量(Q_0)}{基期劳动量(T_0)} = \frac{q_1}{q_0}$$

若 $q_2 > 1$，则表明报告期劳动生产率比基期有所提高，提高的幅度为 $(q_2 - 1) \times 100\%$；若 $q_2 = 1$，则表明报告期劳动生产率与基期相同没有变化；若 $q_2 < 1$，表明与基期相比，报告期劳动生产率有所下降，下降幅度为 $(1 - q_2) \times 100\%$。

$$劳动生产率逆指标指数(t_2) = \frac{报告期劳动量(T_1)}{报告期产量(Q_1)} \div \frac{基期劳动量(T_0)}{基期产量(Q_0)} = \frac{t_1}{t_0}$$

$$或:劳动生产率逆指标指数(t_2) = \frac{基期劳动量(T_0)}{基期产量(Q_0)} \div \frac{报告期劳动量(T_1)}{报告期产量(Q_1)} = \frac{t_0}{t_1}$$

若 $t_2 < 1$，则表明报告期劳动生产率比基期有所提高，提高的幅度为 $(1/t_2 - 1) \times 100\%$；若 $t_2 = 1$，则表明报告期劳动生产率与基期相同没有变化；若 $t_2 > 1$，表明与基期相比，报告期劳动生产率有所下降，下降幅度为 $(t_2 - 1) \times 100\%$。

在实际统计中，通常采用正指标计算劳动生产率指数。

2. *劳动生产率指数的三种形式*

劳动生产率指数是两个不同时期劳动生产率总水平之比，除了观察其变化总趋势外，还要分别观察和研究组成总体的各单位劳动生产率水平，及其人员构成变化情况对于指数的影响程度。这就要分别采用劳动生产率指数的三种形式，即：可变组成指数、固定组成指数和结构影响指数。

可变组成指数是说明劳动生产率这个总平均指标在两个时期对比关系的指数，它既反映了各组劳动生产率水平的变动，也表明了各组职工人数占总体人员比例(即结构变动)的影响。其计算公式为：

$$劳动生产率总平均指数(可变组成指数)\ K_{可变} = \frac{\bar{q}_1}{\bar{q}_0} = \frac{\sum q_1 T_1}{\sum T_1} \div \frac{\sum q_0 T_0}{\sum T_0}$$

式中，$\bar{q}_1$、$\bar{q}_0$ 分别表示报告期和基期的劳动生产率总的平均水平；q_1、q_0 分别表示报告期和基期各组劳动生产率水平；T_1、T_0 分别为报告期和基期各组职工人数；$T_1/\sum T_1$、$T_0/\sum T_0$ 分别表示报告期和基期各组人员比例，即人员结构。

固定组成指数，是将总体各组的人员结构固定在报告期，以消除人员结构变动的影响，只反映各组劳动生产率水平变动程度的指数。其计算公式为：

$$劳动生产率固定组成指数K_{固定} = \frac{\sum q_1 T_1}{\sum T_1} \div \frac{\sum q_0 T_1}{\sum T_1}$$

该指数分子为报告期总的劳动生产率水平，分母为在假定各组人员结构与报告期相同情况下的基期劳动生产率总水平。所以它们的差别，是由于两个时期各组劳动生产率水平变动所造成的。

结构影响指数，是用以分析总体结构变动对劳动生产率总水平变动影响的指数。它将各组职工的劳动生产率水平这个因素固定在基期水平上，计算公式为：

$$\text{劳动生产率结构影响指数}K_{\text{结构}} = \frac{\sum q_0 T_1}{\sum T_1} \div \frac{\sum q_0 T_0}{\sum T_0}$$

该指数分子是假定各组劳动生产率水平维持在基期水平不变情况下的报告期劳动生产率总水平，分母是基期实际劳动生产率总水平。两者对比结果，表明两个时期中各组成职工人数构成变动对劳动生产率总水平变动的影响程度。

上述三个指数之间存在如下关系：

$$K_{\text{可变}} = K_{\text{固定}} \times K_{\text{结构}}$$

$$\frac{\sum q_1 T_1}{\sum T_1} \div \frac{\sum q_0 T_0}{\sum T_0} = \left(\frac{\sum q_1 T_1}{\sum T_1} \div \frac{\sum q_0 T_1}{\sum T_1}\right) \times \left(\frac{\sum q_0 T_1}{\sum T_1} \div \frac{\sum q_0 T_0}{\sum T_0}\right)$$

从绝对数看它们之间的关系：

$$\left(\frac{\sum q_1 T_1}{\sum T_1} - \frac{\sum q_0 T_0}{\sum T_0}\right) = \left(\frac{\sum q_1 T_1}{\sum T_1} - \frac{\sum q_0 T_1}{\sum T_1}\right) + \left(\frac{\sum q_0 T_1}{\sum T_1} - \frac{\sum q_0 T_0}{\sum T_0}\right)$$

3. 影响劳动生产率的因素分析

(1)企业人员构成变动对劳动生产率的影响分析

在全员劳动生产率中，只有生产工人是产品的直接生产者，增加生产工人的比例是提高全员劳动生产率的重要因素。

全员劳动生产率指数 = 生产工人劳动生产率指数 × 生产工人占全部职工比例指数

即：

$$\frac{q_1 T_1}{q_0 T_0} = \frac{q_1 T_1}{q_0 T_1} \times \frac{q_0 T_1}{q_0 T_0}$$

其中，q_1 、q_0 分别代表报告期和基期生产工人劳动生产率；T_1 、T_0 分别代表报告期和基期生产工人占全部职工比例。

(2)生产工人劳动时间的利用对劳动生产率的影响分析

以月劳动生产率分析：

月劳动生产率指数 = 时劳动生产率指数 × 实际工作日长度指数 × 实际工作月长度指数

$$\frac{q_1}{q_0} = \frac{a_1 b_1 c_1}{a_0 b_0 c_0} = \frac{a_1 b_1 c_1}{a_0 b_1 c_1} \times \frac{a_0 b_1 c_1}{a_0 b_0 c_1} \times \frac{a_0 b_0 c_1}{a_0 b_0 c_0}$$

式中，a_1 、a_0 分别代表报告期与基期时劳动生产率；b_1 、b_0 分别代表报告期与基期实际工作日长度；c_1 、c_0 分别代表报告期与基期实际工作月长度。

(3)技术装备情况对劳动生产率的影响分析

技术装备程度指标有两种表现形式，即：

$$\text{平均每一劳动者装备固定资产(元)} = \frac{\text{报告期固定资产平均原值}}{\text{报告期平均人数}}$$

$$\text{平均每一劳动者动力装备程度} = \frac{\text{报告期用于工业生产的总动力}}{\text{报告期平均人数}}$$

技术装备程度的提高，为提高劳动生产率创造了条件，而提高劳动生产率，还必须提高固定资产的利用程度，即：

$$固定资产利用率 = \frac{产量(或总产值)}{固定资产平均原值}$$

则有：

$$劳动生产率 = 劳动技术装备程度指标 \times 固定资产利用率$$

劳动生产率指数体系为：

$$劳动生产率指数 = 劳动技术装备程度指数 \times 固定资产利用率指数$$

三、林业从业人员劳动定额完成情况统计

劳动定额是企业在一定的生产技术组织条件下，为生产单位合格品或完成一定工作任务所规定的劳动消耗量标准，或者规定在单位劳动时间内生产合格品的数量标准。它分工时定额和产量定额。工时定额是以工时为单位，规定劳动者生产单位合格品所需要的劳动时间，产量定额是以产品实物量为单位，规定劳动者在单位时间内生产合格品的数量。

生产定额完成情况指标有两种计算方法：

$$产量定额完成程度指标 = \frac{单位时间内实际完成的合格品数量}{产量定额} \times 100\%$$

$$工时定额完成程度指标 = \frac{单位产品的工时定额}{单位产品的实耗工时} \times 100\%$$

以上两种方法计算结果是一致的，但产量定额完成程度指标只能反映单一产品劳动定额完成情况，工时定额完成程度指标还可以用来反映多种产品劳动定额完成情况。以定额工时综合反映总的劳动成果的公式为：

$$劳动定额完成程度指标 = \frac{完成定额工时总数}{实耗工时总数} \times 100\%$$

$$= \frac{\sum Q_1 T_n}{\sum Q_1 T_1} \times 100\%$$

其中，Q_1 代表某种产品的实际产量；T_n、T_1 分别代表某种产品的定额工时和实耗工时。式中分子分母之差，即（$\sum Q_1 T_n - \sum Q_1 T_1$），说明劳动定额完成程度的大小所产生的实际效果，即生产工人劳动工时的节约或超支。

该指标既可以作为计算个别劳动者完成多种定额的程度指标，也可以作为计算一个企业、车间、工段和班组生产工人集体完成劳动定额的程度指标。

劳动定额完成程度指标可以作为考核生产工人的劳绩、评工定级、发放奖金的依据，也可用于检验现行劳动定额的合理性和平衡性，为修订劳动定额提供依据，同时也可以为平衡劳动能力，企业科学编制计划，合理使用和调配劳动力提供依据。

第三节　林业从业人员劳动报酬统计

从业人员劳动报酬是指各单位在一定时期内直接支付给本单位全部从业人员的劳动报酬的总额。我国从业人员的劳动报酬包括从本单位获取的职工工资以及工资外的劳动收入。现阶段，从业人员的劳动报酬通常是采取工资的形式进行分配，所以劳动报酬统计也

是工资统计。

一、工资总额统计

（一）工资总额统计的原则

工资总额是指本单位在报告期内（季度或年度）直接支付给本单位全部从业人员的劳动报酬总额，包括在岗职工工资总额、劳务派遣人员工资总额和其他从业人员工资总额。工资总额反映了一定时期职工从单位得到的全部工资，它是计算国内生产总值的基础性指标，也是研究分配政策、居民个人收入、居民购买力的主要依据。正确核算工资总额，必须遵循以下几项原则。

（1）工资总额是税前工资，包括单位从个人工资中直接为其代扣或代缴的房费、水费、电费、住房公积金和社会保险金个人缴纳部分等。

（2）工资总额不论是计入成本的还是不计入成本的，不论是以货币形式支付的还是以实物形式支付的，均应列入工资总额的计算范围。

（3）工资总额规定按报告期实发数统计，对于拖欠职工工资的单位，其补发的工资额应按实发时间统计，即在实际发放的时间内将实际补发数额统计在工资总额中，不能在拖欠期内将拖欠的数额统计在工资总额中。

（二）工资总额的构成统计

工资总额的构成统计，是根据统计研究的目的，按一定的标志将工资进行分组统计，计算各组工资总额的比例，用以反映一定时期工资总额的基本内容分配形式的主要特征。

工资总额主要由以下几部分构成：

（1）基本工资。也可称为标准工资、合同工资、谈判工资。指本单位在报告期内支付给本单位在岗职工的按照法定工作时间提供正常工作的劳动报酬。单位给个人确定的底薪可作为基本工资，包括工龄工资。基本工资不含定时、定额发放的各种奖金、各种津贴和补贴、加班工资，也不包括补发的上一季度或上一年度基本工资。计时工资与计件工资构成基本工资。计时工资是按计时工资标准和工作时间支付给个人的劳动报酬。包括对已做工作按时工资标准支付的工资、新参加工作职工的见习工资和因病、工伤、产假、计划生育假、婚丧假、事假、探亲假、定期休假、停工学习、执行国家或社会义务等原因按计时工资标准或计时工资标准的一定比例支付的工资以及实行岗位技能工资制的单位支付给职工的技能工资和岗位（职务）工资等。其中列入机关事业单位的计时工资包括：机关工作人员的职务工资、级别工资、基础工资；工人的岗位工资、技术等级（职务）工资。

计件工资是指对已做工作按计件单价支付的劳动报酬，包括实行超额累进计件、直接无限计件、限额计件、超定额计件等工资制，按劳动部门或主管部门批准的定额和计件单价支付给个人的工资、按工作任务包干方法支付给个人的工资以及按营业额提成或利润提成办法支付给个人的工资。

（2）绩效工资。也可成为效益工资、业绩工资。指根据本单位利润增长和工作业绩定期支付给本单位在岗职工的奖金；支付给本单位从业人员的超额劳动报酬和增收节支的劳动报酬。具体包括：值加班工资、绩效奖金（如年度、季度、月度等）、全勤奖、生产奖、节约奖、劳动竞赛奖和其他名目的奖金；以及某工作事项完成后的提成工资、年底双薪等。但不包括入股分红、股权激励兑现的钱和各种资本性收益。

(3)工资性津贴和补贴。指本单位制定的员工相关工资政策中，为补偿本单位在岗职工特殊或额外的劳动消耗和因其他特殊原因支付的津贴，以及为保证其工资水平不受物价影响而支付的物价补贴。具体包括：补偿特殊或额外劳动消耗的津贴及岗位性津贴、保健性津贴、技术性津贴、地区津贴和其他津贴。如：过节费、通讯补贴、交通补贴、不休假补贴、无食堂补贴、单位发的可自行支配的住房补贴以及为员工缴纳的各种商业性保险等。上述各种项目既包括货币性质的，也包括实物性质的以及各种形式的充值卡、购物卡(券)等。

(4)加班加点工资。指对职工在节假日以及在正常工作日以外的加班加点劳动支付的报酬。

(5)指上述基本工资、绩效工资、工资性津贴和补贴三类工资均不能包括的发给在岗职工的工资。如：附加工资、保留工资以及调整工资补发的上年工资等。

二、平均工资及其变动分析

工资总额的大小受所在地区工资水平、职工人数及其构成变化等多种因素影响，因此在进行职工工资水平及其变动分析，地区间、企业间以及各类人员间的工资对比研究时，不能用工资总额为依据，必须进行平均工资统计。

(一)平均工资统计

平均工资指企业、事业、机关单位的职工在一定时期内平均每人所得的货币工资额。它表明一定时期职工工资收入的高低程度，是反映职工工资水平的主要指标。计算公式为：

$$职工平均工资=\frac{报告期实际支付的全部职工工资总额}{报告期全部职工平均人数}$$

计算该指标时，可按全部职工和各类人员分别计算，但必须要遵循平均指标一般计算原则，即工资总额与平均人数的计算口径必须一致，即两者在范围上、时间上要保持一致，才能正确反映其工资水平。

职工平均实际工资，指扣除物价变动因素后的职工平均工资，即职工通过货币工资能够实际购买到的消费品及服务的数量。计算公式为：

$$职工平均实际工资=\frac{报告期职工平均工资}{报告期城镇居民消费价格指数}$$

(二)平均工资的变动分析

(1)平均工资的动态分析，主要用以说明不同时期职工工资水平变动情况及其原因，它属于平均指标指数体系的因素分析，一方面受各类职工工资水平变动的影响，另一方面还受工资水平不同的各类职工人数占全部职工人数比例变动的影响。平均工资的动态分析，就是用平均指标指数的因素分析方法，说明这两个因素对平均工资的影响方向和程度，并对全部职工平均工资变动的原因给予科学的解释。

(2)平均工资与劳动生产率关系的分析。平均工资增长速度应与劳动生产率增长速度保持一定的比例关系，这种比例关系是通过平均工资指数与劳动生产率指数进行对比分析的。其计算公式为：

$$平均工资指数 \div 劳动生产率指数 = \frac{\bar{x}_1}{\bar{x}_0} \div \frac{q_1}{q_0}$$

其中，$\bar{x}_1$、$\bar{x}_0$ 分别是报告期和基期的平均工资，q_1、q_0 分别是报告期和基期的劳动生产率。若比值大于1，说明工资增长速度超过劳动生产率增长；反之则低于劳动生产率增长；若比值等于1，则说明工资增长与劳动生产率增长同步。

上式可变为：

$$\frac{\bar{x}_1}{\bar{x}_0} \div \frac{q_1}{q_0} = \frac{\bar{x}_1}{q_1} \div \frac{\bar{x}_0}{q_0}$$

由此可得出不同时期的平均工资占劳动生产率比例的变动程度。

从全社会看，工资增长必须低于劳动生产率的增长，劳动生产率决定的不同产业不同企业工资水平及其增长的差异，正是社会劳动力资源有效配置的机制，从国家宏观调控的角度看，制定相应的工资法规，可以有效地调节社会劳动力资源。

(三)实际工资变动分析

实际工资的变动用实际工资指数表示，它表示货币工资实际所能购买的生活品及服务数量的变动程度。其计算公式为：

$$实际工资指数 = \frac{货币工资指数}{生活消费价格指数}$$

三、工资外劳动收入统计

职工工资外收入指职工在工资总额以外因劳动从本单位内以及单位外得到的各种现金和实物，具体包括以下构成：

(1)保险福利费用。指各单位在工资总额以外实际支付给本单位全部职工个人的保险和福利费用。包括五险一金(包括养老保险、医疗保险、失业保险、工伤保险和生育保险，及住房公积金)、丧葬抚恤救济费、生活困难补助费、各种非工资性补贴(如计划生育补贴、冬季取暖补贴、防暑降温费等)等。

(2)劳动保护方面的费用。指职工从单位得到的由劳动保护费开支的保健食品待遇、解毒剂、清凉饮料以及夏季冷饮费等。

(3)按规定未列入工资总额的各种劳动报酬。包括创造发明奖、国家星火奖、自然科学奖、科学技术进步奖、合理化建议和技术改进奖，稿费、翻译费、讲课费、课题费，第二职业收入、兼职收入，以及各单位利用业余时间组织职工进行生产、咨询服务、科研、设计和其他活动，从得到的收入中支付给职工的现金和实物，单位之间业务往来收取的回扣、好处费、手续费收入中给职工个人的提成等。

(4)实物折款。指职工个人从单位内外得到的，按规定未列入工资总额和保险福利费用的各种实物折款。

(5)其他劳动收入。指在上述各项以外，职工得到的其他现金收入，包括实行租赁经营单位承租人的风险性补偿收入，职工的误餐补贴，职工从出差补助和调动工作的旅费和安家费中净结余的现金等。

第四节 林业从业人员劳动保护统计

林业从业人员在劳动生产过程中，往往会有许多损害人身健康、危及其人身安全的不利因素，对于这些不利因素，必须要采取有效措施，改善生产工作条件，创造良好的工作环境，保证从业人员的劳动安全和健康，提高其生产工作积极性。

一、劳动保护措施统计

广义地讲劳动保护措施是指在劳动过程中，为了保护劳动者的安全、健康和顺利地进行生产而采取的一切措施。

（一）劳动保护措施项目统计

劳动保护措施项目是指在劳动过程中，为改善生产工作条件、防止工伤事故和职业病发生而采取的具体措施项目。

根据国家规定的《安全技术措施计划的项目总名称表》来制定劳动保护措施项目名称表，然后进行劳动保护措施项目实施情况的统计，包括施工项目和完成项目，再对措施项目实施计划进行检查。

（二）劳动保护措施费用统计

劳动保护措施费用是为了保障劳动者在生产工作过程中的安全和健康而支付的全部费用，具体包括：①安全技术措施和工业卫生技术措施改造；②个人劳动保护品费用；③保健食品费用。按规定劳动保护措施费用是由固定资产更新资金这一专用基金支付的，实行专款专用。

（三）劳动安全工作人员配备统计

劳动安全工作人员配备统计主要是对劳动安全工作人员的现状和构成进行统计，相关工作人员的配备对于劳动安全的保障是非常必要的。

（四）对劳动妇女和未成年人的特殊保护统计

主要是根据妇女在劳动中的生理特殊，采取必要的措施，保护妇女在劳动中的安全和健康，同时保护未成年人的身心健康。

二、劳动安全统计

计算劳动安全统计是反映生产中安全状况，计算生产事故次数和遭受伤害的劳动者人数，分析事故的严重程度及造成的经济损失和其他的后果，揭示安全工作中存在的问题，以便采取必要措施，减少或杜绝事故的发生。

劳动安全统计中，主要是对伤亡事故的统计。

（一）伤亡事故

伤亡事故是指职工在劳动过程中发生的人身伤害、急性中毒事故，即职工在本岗位劳动，或虽然不在劳动工作岗位，但由于企业的设备和实施不安全、劳动条件和作业环境不浪、管理不善以及企业领导指派到企业外从事本企业活动，所发生的人身伤害（轻伤、重伤、死亡)和急性中毒事故。急性中毒事故是指生产性毒物一次或短期内通过人的呼吸道、皮肤或消化道大量进入体内，使人体在短时间内发生病变，导致职工立即中断工作，并须立即进行急救或死亡的事故。伤亡事故统计即统计在报告期内发生的各类伤亡事故的总次数。

(二)伤亡事故统计指标

1. 总量指标

(1)重大死亡事故。指一次事故中死亡 3 人以上(含 3 人)的事故。

(2)死亡事故。指一次事故中死亡 1~2 人的事故。

(3)重伤事故。指一次事故发生重伤(包括伴有轻伤)、无死亡的事故。

(4)轻伤事故。指一次只有轻伤的事故。

(5)伤亡人数。指报告期内因发生伤亡事故使职工和非本企业人员受到伤害的总人数。

(6)死亡人数。指报告期内因发生伤亡事故而死亡的职工和非本企业人员总数。

(7)重伤人数。指报告期内因发生伤亡事故而受重伤的职工和非本企业人员总数。重伤是指造成职工肢体残缺或视觉、听觉等器官受到严重损伤，一般能引起人体长期存在功能障碍，或劳动能力有重大损伤的伤害。

(8)轻伤人数。指报告期内因发生伤亡事故而受轻伤的职工和非本企业人员的总数。轻伤是指职工负伤后休一个工作日以上，够不成重伤伤害的。

2. 程度指标

(1)平均每千职工发生事故的次数

$$每千职工工伤事故次数 = \frac{报告期工伤事故总次数}{报告期职工平均人数(千人)}$$

(2)平均每千职工中受伤的人数

$$每千职工受伤人数 = \frac{报告期受伤人数}{报告期职工平均人数(千人)}$$

(3)千人负伤率。表明工伤事故发生的强度

$$千人负伤率 = \frac{报告期负伤人数}{报告期职工平均人数(千人)} \times 100\%$$

(4)平均每千职工发生重大伤亡事故次数

$$每千职工重大伤亡事故次数 = \frac{报告期重大伤亡事故次数}{报告期职工平均人数(千人)}$$

(5)千人重伤(死亡)率

$$千人重伤(死亡)率 = \frac{报告期重伤(死亡数)}{报告期职工平均人数(千人)} \times 100\%$$

(6)平均每人次事故受伤(或重大工时事故受重伤或伤亡)人数

$$= \frac{报告期工伤事故受伤(或重大工伤事故受重伤或死亡)人数}{报告期工伤事故(或重大工伤事故)次数}$$

$$(7)平均每千职工因工伤歇工工日数 = \frac{报告期因工伤歇工工日数}{报告期职工平均人数(千人)}$$

$$(8)负伤严重率 = \frac{报告期负伤人员歇工总共日(工日)}{报告期工伤负伤人数(人)}$$

三、职业病统计

职业病是指从业人员在生产工作过程中，由于受到工作环境中的作用存在的一些职业危害因素(物理、化学、生物等因素)的作用而引起的疾病，统称为职业病。

(一)职业病数量统计指标

(1)职业病人数。包括报告期内所有新、老职业病患者。它反映职业病的患病规模。

(2)职业病“病例”数。“病例”是指一个人患一次(或一种)职业病，其计算是以发病次数为依据的，不同于职业病病人数的概念。

(二)职业病普查的统计指标

$$受检率=\frac{实际接受检查的人数}{应接受检查的人数}\times 100\%$$

(三)职业病统计分析指标

$$职业病发病率=\frac{某种职业病新发现病例数}{从事某种作业的职工人数(千人)}\times 100\%$$

$$某种职业病患病率=\frac{某种职业病实有病例数}{从事某种作业的职工人数(千人)}\times 100\%$$

发病工龄是指劳动者从事某种作业起，到被确诊为患职业病时止的工龄。

$$职业病死亡率=\frac{某种职业病死亡人数}{某种职业病患者总人数(千人)}\times 100\%$$

$$职业病痊愈率=\frac{报告期某种职业病痊愈人数}{报告期某种职业病患病人数(千人)}\times 100\%$$

本章小结

本章主要介绍了林业从业人员的统计范围、林业从业人员统计指标及相关的计算方法，包括林业从业人员构成、素质、变动等常用统计指标。在林业从业人员劳动统计中，主要从从业人员劳动时间利用、劳动生产率、劳动定额完成情况三方面进行了介绍。针对林业从业人员劳动报酬统计，主要是从工资总额和平均工资及其变动两个方面进行统计的。最后是林业从业人员的劳动保护统计，这是为保证从业人员的劳动安全和健康，提高其生产工作积极性而采取的必要措施，本章主要从劳动保护措施、劳动安全以及职业病统计三个方面进行了介绍。

思考题

一、判断题

1. 林业企业的从业人员，并不都是直接的林业生产人员。(　　)

2. 由本企业发放工资，但常年在其他企业工作的人员，在人员统计时应统计在本企业工作人数之内。(　　)

3. 制度工时利用率只反映非全日缺勤、非全日停工和非全日生产工时的影响，而不反映全日缺勤、全日停工和全日非生产时间的影响。(　　)

4. 在统计月平均人数时，开工不满全月的企业，其分母应为报告期的实际开工日数。(　　)

5. 劳动生产率的正指标与逆指标只是表现形式不同，其经济意义完全相同。(　　)

6. 计算生产工人木材生产实物劳动生产率，应保持指标的分母与分子口径一致，分母应当是生产木

材的工人。(　　)

7. 由于林业生产周期长、地域广阔、受自然地理因素影响较大，一般计算的增加值劳动生产率，不与其他行业进行对比。(　　)

8. 林业企业的平均工资下降，则职工的收入水平必然下降。(　　)

9. 职工人数变动程度指标为零，说明报告期内职工人数没有变动。(　　)

10. 非生产工时数，指职工未到厂工作的时间数量。(　　)

二、单选题

1. 计算时间利用指标时，可采用“工日”和“工时”两种不同的单位，其计算结果一般有如下关系(　　)。

A. 按工时计算的结果等于按工日计算的结果

B. 按工时计算的结果大于按工日计算的结果

C. 按工时计算的结果小于按工日计算的结果

D. 两者之间无必然关系

2. 林业企业平均人数的计算是(　　)。

A. 报告期内开工日每天拥有人数之和与报告期日历日数之比

B. 报告期内开工日每天拥有人数之和，与开工日数之比

C. 报告期内每天实有劳动力人数之和与报告期日历日数之比

D. 报告期内每天实有劳动力人数之和与报告期日内开工日数之比

3. 劳动生产率正指标不能用来说明(　　)。

A. 企业间的劳动生产率水平　　B. 产业间的劳动生产率水平

C. 全社会的劳动生产率水平　　D. 企业内部的劳动生产率

4. 工资总额中不应包括(　　)。

A. 固定工工资　　B. 合同工工资

C. 临时工工资　　D. 退休人员工资

5. 在统计企业职工工资总额时，哪一点不应考虑(　　)。

A. 应按职工范围统计　　B. 应按劳动报酬性质统计

C. 应按实发原则统计　　D. 应考虑其经费来源

6. 实际工作时数包括(　　)。

A. 非全日停工时间　　B. 非全日缺勤时间

C. 非全日非生产时间　　D. 加班时间

7. 职工工资总额中的奖金不包括(　　)。

A. 生产奖　　B. 安全奖　　C. 加班工资　　D. 质量奖

三、多选题

1. 劳动者个人所得包括(　　)。

A. 支付给本企业职工的工资

B. 支付给本企业职工的个人收入

C. 职工福利费

D. 企业缴纳的合同制职工的退休养老金

E. 集体企业提交的合作事业基金

2. 为了提高林业管理局的劳动生产率水平，应该(　　)。

A. 提高管理局内各范围的劳动生产率水平

B. 增加管理局内劳动生产率水平高的单位的职工工资

C. 增加管理局内劳动生产率高的单位的工人比例

D. 增加管理局的工人人数

3. 能够反映职工素质的指标为(　　)。

A. 职工平均文化程度　　B. 工人平均技术等级

C. 技术人员平均职称等级　　D. 工人的平均年龄

D. 患有职业病的人数比例

4. 在统计企业劳动力时，不包括(　　)。

A. 在企业领取原材料在家中进行生产的家庭工

B. 停薪留职人员

C. 本企业支付工资的借调出人员

D. 本企业支付工资的长期外援人员

5. 实际工作日数不包括(　　)。

A. 停工工日数　　B. 非生产工日数

C. 缺勤工日数　　D. 加班工日数

四、计算题

1. 某竹材加工厂2月20日开工，2月各日工人数为：20日30人，21~23日140人，24日星期天，25~28日145人。3月150人，4月152人，5月136人，6月138人，7月151人，8月160人，9月155人，10月150人，11月165人，12月185人。

请计算2月1、2、3、4季度及全年平均人数。

2. 某森工采伐企业的工业总产值三季度为830.9万元，四季度为796.8万元，木材产量一季度为120 964m^3，二季度为114 477m^3，三、四季度的职工人数与工资总额如下：

项目	职工人数(人)		工资总额(万元)	
	三季度	四季度	三季度	四季度
全部职工	8 574	7 143		2 121.7
工人：				
合计	5 519	4 777	1 710.9	1 490.4
其中：				
木材采运工人	4 422	3 100	1 547.7	1 092.7
学徒	122	121	18.2	18.3
管理人员：				
合计	890	710	284.8	228.5
其中：				
专职工程技术人员	250	180		
服务人员	1 475	1 206	368.8	302.9
其他人员	568	329	140.3	81.6

根据上述资料，计算四季度的下列各种增减变动的指标：

(1)工人人数和职工总数的相对增加或相对减少；

(2)非直接生产人员比例的增减变化；

(3)全部职工和工人工资总额的增减程度，并分析工资总额增减的原因；

(4)工人和全部职工总额的相对增加或相对减少。

3. 某林业局6月份职工平均工资资料如下表所示：

单位：元

项目	基期	报告期
]月平均工资	3 750	4 290
其中：计时工资	2 625	2 673
计件工资	154. 5	229. 5
各种奖金	423. 9	650. 4
各种津贴	398. 1	591. 6
加班加点工资	85. 5	85. 5
其他	63	60

要求：(1)计算该林业局基期和报告期平均工资构成；

(2)对该林业局工资变动情况作简要分析。

4. 某木材采运企业某年木材生产、采脂制材产量和工人数资料如下：

项目	产量		平均人数
	单位	数量	
一、采伐阶段	m^3	71 901	111. 4
一场	m^3	21 237	35. 3
二场	m^3	23 051	47. 6
三场	m^3	27 613	28. 5
二、集材阶段	m^3	77 520	116. 9
一场	m^3	22 767	35. 8
二场	m^3	28 831	46. 9
三场	m^3	25 922	34. 2
三、运材阶段	m^3	74 525	33. 3
一场	m^3	22 767	9
二场	m^3	26 865	10. 7
三场	m^3	24 893	13. 6
四、储木场	m^3		
装车	m^3	27 903	18. 6
卸车	m^3	28 243	4. 2
归堆	m^3	28 242	19. 8
五、采脂	m^3	38 680	10. 2
六、制材	m^3	2 141	8. 6

计算：(1)采、集、运、储木场各段工人实物劳动生产率。

(2)整个木材生产、采脂、制材工人实物生产率。

推荐阅读书目

陈文汇．林业统计、监测与评价指标体系和方法研究．中国林业出版社，2013.

张车伟，赵文．中国劳动报酬份额问题．中国社会科学出版社，2016.

丁梓楠．基于不同产业劳动报酬差异的研究．经济管理出版社，2010.

相关链接

1. 中国林业数据库．http：//www. forestry. gov. cn/data. html

2. 2016年各地区林业系统企事业单位从业人员年末人数，http：//data. chinabaogao. com/nonglin-muyu/2018/02233209452018. html，2018. 2

第八章　林业固定资产统计

内容提要

本章围绕林业固定资产进行介绍，包括林业固定资产的概念及统计指标，几类重要的固定资产如房屋、生产设备、林区道路以及林业生产性生物资产统计等方面。通过本章的学习，要明确林业固定资产统计的意义，掌握林业固定资产的范围以及各自的统计指标，了解随着林业不断发展，固定资产统计出现的一些新变化，并能够运用到实际统计工作中去。

固定资产是货币资金的实物形态，是保证林业系统各单位完成各项林业生产、经营、管理工作所必须的物质条件，也是林业总资产的重要组成部分。做好林业固定资产的统计，可以全面掌握各类固定资产的拥有情况，同时可以为固定资产投资提供科学的依据。

第一节　林业固定资产的概念及统计指标

一、林业固定资产的概念及特点

（一）林业固定资产

固定资产是指使用年限在一年以上，单位价值在规定的标准以上，并在使用过程中保持原来物质形态的资产。按照新的会计制度规定，企业使用期限在一年以上的房屋、建筑物、及其设备、器具、工具等资产应作为固定资产；不属于审查经营的物品，单位价值在2 000元以上，并且使用期限超过两年的也应作为固定资产。

固定资产作为劳动资料或劳动手段，有些是直接参加生产过程的，起着把劳动者的劳动传导到劳动对象上去的作用，如运输工具等；有些则作为进行生产的必要条件而存在，如房屋、建筑物、道路、桥梁等。

（二）林业固定资产的特点

(1)使用期限超过一年。固定资产与劳动资产不同，它能多次参加生产过程而不改变其实物形态，其价值则随着固定资产的磨损，逐渐地、部分地以这种形式计入产品成本，随着产品价值的实现而转化为货币资金，并脱离其实物形态。随着企业再生产过程的不断进行，留存在实物形态上的价值不断减少，而转化为货币形式的价值部分不断增加，直到固定资产报废时，再重新购置，在实物形态上进行更新。由于固定资产的价值较高，它的价值又是分次转移的，所以，应估计固定资产的使用寿命，并据以确定分次转移的价值。

(2)企业、事业、行政单位的固定资产，是以经营使用为目的的，而不是为了出售。

二、林业固定资产的分类

林业固定资产种类繁多，大体上可分为以下几类：

(1)房屋类。各类房屋包括生产经营用房、科学实验用房、办公用房、文化体育用房、教育用房、医院、卫生院用房、宿舍用房及其他用房。

(2)建筑物类。包括各类道路、桥梁、管道、水坝、水库、仓库、台站、堤坝、坑、井、沟、洞、塔、池、槽、设备基础及其他建筑物和构筑物。

(3)机器设备类。包括通用设备和专用设备。

(4)仪器仪表类。包括通用仪器仪表和专用仪表。

(5)用具类。包括各种工具、器具、办公用具、管理用具和家具。

(6)其他。如以各种役畜和产品畜、经济林木等为代表的生产性生物资产。

固定资产按经济用途和使用情况综合分为以下七大类：①生产经营用固定资产；②非生产经营与固定资产；③租出固定资产；④不需用固定资产；⑤未使用固定资产；⑥土地；⑦融资租入固定资产。

三、林业固定资产相关统计指标

(一)林业固定资产原值

1. 林业固定资产原值定义

指林业企业在建造、购置、安装、改造、扩建、技术改造固定资产时实际支出的全部货币总额。正确计算固定资产原值是客观反映林业企业财产的必要条件，也是正确计提折旧的重要前提。

2. 林业固定资产原值的计算

无论是生产经营性固定资产还是非生产经营性固定资产，其资产的类型不同，资产取得的方式不同。计算固定资产原值的方法和内容也不同。

基本建设项目的交付使用，其固定资产的原值就是建设单位交付使用财产清册中所确定的价值。包括固定资产尚未交付使用或者已投入使用但尚未办理竣工决算之前发生的固定资产的借款利息和有关费用，以及外币借款的汇兑差额。

厂房、建筑物等固定资产的整体购置，其固定资产的原值就是固定资产的购买价，包括购置固定资产时所支付的一些必须支出的费用以及厂房、建筑物的局部改造所实际发生的成本支出。在原有基础上进行改建、扩建的固定资产，其固定资产的原值就是原固定资产的实际价值减去改建、扩建过程中发生的变价收入，加上改建、扩建时的实际成本支出。

机器、设备等类型的固定资产购置，其固定资产的原价就是机器、设备的购价，加上机器、设备正式使用运行前的成本支出，包括运输费用、安装费用等。

接受捐赠的固定资产，其固定资产的原价是同类资产的市场价格，或者有关凭据确定的固定资产的价值，加上接受固定资产受捐赠时发生的各项费用。从外单位有偿调入的固定资产，其固定资产的原值是调入时的价格，加上调入固定资产时所支付的包装费用、运输费用和安装费用。固定资产重新估价后所确定的重置完全价值也属固定资产原值。

(二)林业固定资产折旧

林业固定资产折旧是指在固定资产使用寿命内，按照确定的方法对应计折旧额进行系统分摊。使用寿命是指固定资产的预计寿命，或者该固定资产所能生产产品或提供劳务的数量。

1. 计提折旧的固定资产的范围

(1)房屋建筑物；

(2)在用的机器设备、食品仪表、运输车辆、工具器具；

(3)季节性停用及修理停用的设备；

(4)以经营租赁方式租出的固定资产和以融资租赁式租入的固定资产；

(5)生产性生物资产。

2. 不计提折旧的固定资产

(1)已提足折旧仍继续使用的固定资产；

(2)以前年度已经估价单独入账的土地；

(3)提前报废的固定资产；

(4)以经营租赁方式租入的固定资产和以融资租赁方式租出的固定资产。

3. 林业固定资产折旧方法

林业企业计提固定资产折旧的方法有多种，基本上可以分为两类，即直线折旧法(包括年限平均法和工作量法)和加速折旧法(包括年数总和法和双倍余额递减法)，林业企业应当根据固定资产所含经济利益预期实现方式选择不同的方法。企业折旧方法不同，计提折旧额相差很大。企业应当按月计提固定资产折旧，当月增加的固定资产，当月不计提折旧，从下月起计提折旧；当月减少的固定资产，当月仍计提折旧，从下月起停止计提折旧。提足折旧后，不管能否继续使用，均不再提取折旧；提前报废的固定资产，也不再补提折旧。

(1)直线折旧法

①年限平均法是指将固定资产的应计折旧额均衡地分摊到固定资产预定使用寿命内的一种方法。采用这种方法计算的每期折旧额相等。计算公式如下：

$$年折旧率 = \frac{1 - 预计净残值率}{预计使用寿命(年)} \times 100\%$$

$$月折旧率 = \frac{年折旧率}{12}$$

$$月折旧额 = 固定资产原价 \times 月折旧率$$

②工作量法是根据实际工作量计算每期应提折旧额的一种方法。计算公式如下：

$$单位工作量折旧额 = \frac{固定资产原价 \times (1 - 预计净残值率)}{预计总工作量}$$

$$某项固定资产月折旧额 = 该项固定资产当月工作量 \times 单位工作量折旧额$$

(2)加速折旧法

①年数总和法。年数总和法也称合计年限法，是指将固定资产的原价减去预计净残值后的净额，乘以一个以各年年初固定资产尚可使用年限做分子，以预计使用年限逐年数字之和做分母的逐年递减的分数计算每年折旧额的一种方法。其中固定资产净残值是指假定固定资产预计使用寿命已满并处于使用寿命终了时的预期状态，企业目前从该项资产处置中获得的扣除预计处置费用以后的金额。计算公式如下：

$$年折旧率 = \frac{尚可使用年限}{预计使用年限的年数总和} \times 100\%$$

$$预计使用年限的年数总和 = \frac{n(n+1)}{2}$$

$$月折旧率 = \frac{年折旧率}{12}$$

$$月折旧额 = (固定资产原价 - 预计净残值) \times 月折旧率$$

②双倍余额递减法。指不考虑固定资产预计净残值的情况下，根据每期期初固定资产原价减去累计折旧后的余额(即固定资产净值)和双倍的直线折旧率计算固定资产折旧的一种方法。计算公式如下：

$$年折旧率 = \frac{2}{预计使用寿命(年)} \times 100\%$$

$$月折旧率 = \frac{年折旧率}{12}$$

$$月折旧额 = 固定资产净值 \times 月折旧率$$

由于每年年初固定资产净值没扣除预计净残值，因此，在应用这种方法计算折旧额时必须注意不能使固定资产的净值降低到其预计净残值以下，即采用双倍余额递减法计提折旧的固定资产，通常在其折旧年限到期前两年内，将固定资产净值扣除预计净残值后的余额平均分摊。

4. 林业固定资产折旧最低年限

除国务院财政、税务主管部门另有规定外，林业固定资产计算折旧的最低年限如下：

(1)房屋、建筑物，为20年；

(2)机器、机械和其他生产设备，为10年；

(3)与生产经营活动有关的器具、工具、家具等，为5年；

(4)飞机、火车、轮船以外的运输工具，为4年；

(5)电子设备，为3年。

(三)林业固定资产净值

固定资产净值也称为折余价值，是指固定资产原始价值或重置完全价值减去已提折旧后的净额。它可以反映企业实际占用固定资产的金额和固定资产的新旧程度。

(1)固定资产净值率。指企业固定资产净值与固定资产原值的比率，是反映固定资产的新旧程度的一种指标。其计算公式如下：

$$固定资产净值率 = \frac{固定资产净值}{固定资产原值} \times 100\%$$

该指标值越大，表明林业企业的经营条件相对较好；反之，则表明该企业固定资产较旧，经营条件相对较差，须投资进行维护和更新。

(2)固定资产净值期末数。指期末固定资产原值减去历年所提折旧后的净额。

(3)固定资产净值平均余额。指企业全部固定资产净值报告期平均余额。计算方法如下：

固定资产净值月平均余额 = 月初、月末固定资产净值之和 ÷ 2

固定资产净值季平均余额 = 季内各月固定资产净值平均余额之和 ÷ 3

固定资产净值年平均余额 = 1~12 月各月初、月末固定资产净值之和 ÷ 24

(四)林业固定资产合计

指林业企业固定资产净值、固定资产清理、在建工程、待处理固定资产净损失所占用的资金。

第二节　林业房屋统计

房屋是林业固定资产的重要组成部分，可以为林业工作、生产等提供办公场所、生产地点，并且可以用来存储各种林业物资。因此对于房屋的统计，可以清楚地把握林业单位内各类办公场所、厂房、仓库等的规模、数量和价值等，以便可以为更好地对各类房屋进行综合利用提供依据。

一、房屋的建筑面积统计

(一)房屋及建筑面积

房屋一般是指上有屋顶，周围有墙，能防风避雨，御寒保温，供人们在其中工作、生活、学习、娱乐和储存物资，并具有固定基础，层高一般在 2.2m 以上的永久性场所。但根据某些地区的生活习惯，可供人们常年居住的窑洞、主楼也应包括在内。

房屋建筑面积是房屋建筑物勒脚以上外墙外围的水平截面面积，包括房屋建筑物的有效面积和结构面积。房屋建筑面积统计指标是从实物形态上反映建设规模和建设成果的重要指标之一，也是检查工程形象进度、计算工程造价、分析投资效果、研究施工任务与施工力量和建筑材料之间平衡情况的重要依据。

新建房屋计算全部建筑面积；旧房加层或改造，只计算新增加的建筑面积；旧房拆除重建，计算全部建筑面积，不扣除原有面积；临时性房屋不计算建筑面积。房屋建筑面积以“m^2”作为基本计算单位。

(二)房屋的建筑面积构成

房屋建筑面积由房屋的有效面积和结构面积组成。

(1)有效面积。是指房屋建筑面积扣除房屋结构(外墙、隔墙、柱等)所占面积后的全部面积，包括房屋的使用面积和辅助面积。其中：使用面积是指房屋的有效面积扣除辅助面积(如过道、垃圾道、电梯井等)以后，可供使用的按内墙线计算的房屋面积。

居住面积是指住宅使用面积中专供居住用的房屋面积，不包括客厅、厨房、浴室、卫生间、储藏室以及各室之间走道等辅助设施的面积。它是按居住用房的内墙线计算的。上述各种面积之间的关系，可以通过计算平面系统、有效系数和居住系数来加以反映。

$$\text{平面系数}=\frac{\text{居住面积}}{\text{建筑面积}}\times 100\%$$

$$\text{有效系数}=\frac{\text{有效面积}}{\text{建筑面积}}\times 100\%$$

$$\text{居住系数}=\frac{\text{居住面积}}{\text{有效面积}}\times 100\%$$

$$\text{平面系数}=\text{有效系数}\times\text{居住系数}$$

(2)结构面积。指房屋建筑中结构占用的面积，包括墙、隔断、柱子、楼梯等占用面积。

二、房屋价值统计

(一)竣工房屋价值

竣工房屋价值是指在报告期内竣工房屋本身的建造价值。它是反映房屋建筑工程造价的重要指标，是计算竣工房屋新增固定资产的基础。

竣工房屋价值按房屋设计和预算规定的内容计算。包括竣工房屋本身的基础、结构、屋面、装修以及水、电、暖、卫等附属工程的建造价值，也包括作为房屋建筑组成部分而列入房屋建筑工程预算内的设备(如电梯、通风设备等)的购置和安装费用。不包括厂房内的工艺设备、工艺管线的购置和安装，工艺设备基础的建造，室外的水、暖、电、卫工程，道路工程，挡土墙等环境工程的费用，办公及生活用的家具的购置等费用，购置土地的费用，迁移补偿费和平整场地的费用。

竣工房屋价值不仅包括该竣工房屋在报告期内完成的价值，也包括跨年施工的房屋在本期以前完成的价值。未竣工而转让给其他单位的房屋建筑工程，出让单位不计算竣工价值，待接受单位继续施工并符合竣工条件后，由接受单位计算其竣工价值，包括出让单位出让前所完成的价值。

竣工房屋价值一般按结算价格计算。年末已竣工但来不及结算的，可按预算价格计算。但建设单位供料的量差，应视同修改预算价格，并作为计算竣工房屋价值的依据。实行投资包干的房屋建筑，其竣工价值可按包干投资计算，但要扣除不属于房屋建造的投资。

(二)竣工房屋单位面积造价

竣工房屋单位面积平均造价是指竣工房屋平均每平方米建筑面积的建造价值。其计算公式为：

$$\text{房屋单位面积平均造价}=\frac{\text{报告期竣工房屋的建造价值}}{\text{报告期竣工房屋的建造面积}}$$

竣工房屋的单位面积造价，是反映房屋建筑物的实际造价和固定资产投资效果的重要指标。

(三)房屋用途

房屋用途应按设计所规定的用途进行划分。一般分为以下几种：

(1)厂房。指直接用于生产或为生产配套的各种房屋，包括主要车间、辅助用房及附属设施用房(如设在车间内的更衣室、浴室等)。凡工业、农业、交通运输业、商业、建筑业以及科研、学校等单位中的厂房都应包括在内。

(2)仓库。指工业、交通运输、商业、供销、外贸、物资及其他企业、事业单位建造的成品库、半成品库、原材料、货物仓库、物资储备库以及冷藏库、储油库等。

(3)商业营业用房。是指商业、粮食、供销、饮食业等部门对外营业的商店、门市部、粮店、书店、供销店、饮食店、菜店、加油站等房屋。

(4)服务业用房。指为人民生活服务的浴室、理发、照相、旅馆(宾馆、招待所)以及各种日用品修理行业等用房。

(5)办公室。是指企业、事业、机关、团体、学校、医院等单位的办公用房。

(6)住宅。指供居住的房屋，包括职工家属宿舍和集体宿舍(包括职工单身宿舍和学生宿舍)等。住宅建筑面积中不包括作为人防用、不住人的地下室面积。

(7)教育用房。指各类学校(包括党校、技校、干校、幼儿园等)的教室、图书馆、实验室、体育馆、展览室等有关教学用房。不包括学校办公楼、教职工宿舍、学生宿舍、食堂、于是等非教学用房。

(8)文化体育用房。指俱乐部、影剧院、文化馆、体育馆、展览馆、宗教寺院等各种文化体育用房。

(9)医疗用房。指各类医疗机构(包括防疫站、防治所)的病房、门诊部、保健站、卫生所、化验室、药房、病案室、太平间等，不包括医护人员的职工宿舍、食堂及单独的办公用房。

(10)科学实验研究用房。指独立的科学实验研究机构或企业、事业单位进行科学实验研究工作所用的房屋，包括天文台、电子计算中心、地震观测站等。

(11)其他房屋。指不属于以上各项用途的房屋建筑物，如各有关部门的业务用房、人防用地下室、幼儿园、职工食堂、学生食堂、厕所等。

第三节 林业生产设备统计

生产设备是林业生产的物质技术基础，也是林业固定资产中最重要的组成部分，通过使用现代化的生产设备，可以大幅增加产品产量，减轻人力的劳动强度，提高劳动生产率，降低成本，推进林业经济的持续高速发展。

一、林业生产设备数量统计

(一)林业生产设备的概念

林业生产设备是指直接作用于劳动对象或参加产品生产工艺过程，改变其物质形态或化学成分及存在位置，形成具备一定使用价值的产品的固定资产。根据上述概念，可以得出，作为生产设备必须具备下列两个条件：

(1)生产设备必须是直接作用于劳动对象的劳动资料。为生产过程提供动能的动力设备，为生产过程提供条件的厂房、道路、仓库等，由于不是直接作用于劳动对象的劳动资料，因而都不属于工业生产设备。

(2)生产设备必须是劳动资料中的固定资产。属于低值易耗品的简单生产工具、模具、刀具及其他手工工具等，虽然也直接作用于劳动对象，但不属于固定资产的劳动资料，因而不能作为工业生产设备。

例如，木材加工中的各种锯机(带锯机、圆锯机等)改变了原木的几何形状；林产化学工业中的部分设备改变了原料的化学成分；木材采运中的集材拖拉机、运材汽车，水运中的拖船等改变了木材的存在位置，它们都是直接作用于劳动对象的固定资产，因此都是生产设备。

(二)林业生产设备分类

林业生产设备种类繁多，规格复杂，为了能够便于对林业生产设备进行统计和管理，以研究设备利用情况、制定生产计划，自己计算产品的生产能力，必须对生产设备进行分类，并统计其数量。根据企业管理需要，一般分为如下几类：

1. 按物质生产部门分类

不同的生产设备可以生产不同的产品，按照物质生产部门的不同，可将林业系统的生产设备分为工业生产设备、营林生产设备、施工生产设备和农业生产设备等。按森林工业部门内部构成不同，又可将林业生产设备分为木材采运设备、木材加工设备、林产化学加工设备、机械修造设备、电力工业设备等。

2. 按设备的经济用途分类

林业生产设备按经济用途一般可以分为通用设备和专业设备两大类。

通用设备是指各个工业行业的企业都能使用的生产设备，例如：金属切削机床和锻压设备。金属切削机床如车床、钻床、刨床、铣床等。锻压设备如机械压力机、液压机、自动锻压机、锻锤等。这类设备既是机械工业企业制造各种设备的工作母机，也是其他工业企业从事维修和改造各种设备的重要劳动手段。林业部门中除林业机械制造厂、修理厂拥有通用设备外，木材采运企业为了修理本企业的设备，一般也都附设有机修厂或车间，拥有一定数量的金属切削机床及锻压设备。木材采用企业这些设备的数量，反映企业内的维修能力。

专业设备是指从事某一特定的工业生产活动的专用设备。如：挖坑机、植树机等是营林专业设备；推土机、压路机、铲运机等是施工专业设备；播种机、联合收割机等是农业专业设备。专业设备的数量、能力的大小、技术水平等，是确定部门生产能力的重要依据。

3. 按在产品生产过程中的作用分类

一般可分为基本生产设备和辅助生产设备。基本生产设备是指直接参与产品制造过程的设备，如：大带锯、小带锯等是锯木制材工业的基本生产设备；栲胶设备、松香设备等是林产化学工业的基本生产设备等。基本生产设备是生产工业产品的主要设备，是进行设备能力平衡的中心环节。

辅助生产设备是指不直接参与产品的制造过程，但为了保证这个过程正常进行而提供必要条件的生产设备。如木材采运工业中，主要是为了设备检修用的金属切削机床等。

4. 按作用于劳动对象的特点分类

一般可分为机械设备、热力化学设备和运输设备三大类。

机械设备是指对原材料进行机械加工的设备，它只改变劳动对象的物理形态，而不改变其化学成分，如林机厂使用的各种机械设备。

热力化学设备是对原材料进行热处理或化学处理的设备，它不但改变劳动对象的物理形态，而且改变其化学成分和性质，如栲胶设备、松香设备等。

运输设备是对劳动对象进行空间上的搬运，它既不改变劳动对象的物理形态，又不改变其化学成分和性质，只是改变其空间位置，如集材汽车、拖拉机等。

除上述分类方法外，还可以根据生产能力大小，将设备分为大、中、小型设备；在观察设备精度时，将设备分为普通设备和高精度设备；在研究设备自动化程度时，将设备分为自动化设备、半自动化设备和数控设备；在观察设备来源及自给程度时，将设备分为引进(进口)设备和国产设备等。

(三)林业生产设备数量统计

1. 生产设备数量的统计范围与计量单位

生产设备数量是计算产品生产能力的基本因素之一。为了准确统计生产设备数量，必须首先明确生产设备的统计范围与计量单位。

生产设备数量应该包括：自由的和租入、借入的设备，已安装、未安装以及在安装中的设备，使用的、备用的、检修的及待修的，停用的、封存的及存放于仓库尚未配属使用的设备。不应包括已经批准报废、订购尚未运到的以及租出、调出、借出的设备。

统计生产设备数量的计量单位，有“数量”“能力”和“价值量”三种。

“数量”是指用实物单位计量，一般用“台”“部”“套”“辆”表示，如拖拉机按“台”计量。有些设备还可以用复合单位表示，某些生产设备仅用“数量”还不能明确反映其数量和规模，还要采用“能力”指标。如木质纤维板、刨花板、胶合板设备用“套/ m^3 ”表示，松香设备、栲胶设备、紫胶设备用 t/ m^3 表示。价值量是以金额作为计算单位，分为工业设备的原值和净值两种。

2. 生产设备数量统计

反映生产设备数量的指标，基本上有两个，即设备的时点指标与设备的平均指标。

设备的时点指标，是指报告期内某一时点上的设备数量。按现行统计制度规定，一般是统计报告期末的设备数量。例如，统计年报要求统计的是年末(12 月 31 日)实有设备台数。

设备的平均指标，是指报告期内平均每一时点上的设备数量。其计算公式为：

$$设备期内平均指标 = \frac{报告期内每日设备数量之和}{报告期内日历日数}$$

或

$$设备期内平均指标 = 期初设备数量 + \frac{报告期内增加设备台日数}{报告期内日历日数} - \frac{报告期内减少设备台日数}{报告期内日历日数}$$

在统计工作实践中，计算生产设备平均指标时，一般计算月、季、年的平均指标。在特定情况下，也计算年初至报告月为止的“累计平均指标”。季、年或年初至报告月位置的平均指标一般在“月平均指标”的基础上按下式计算：

$$季(年)平均指标 = \frac{报告期各月平均数量之和}{3(或12)}$$

$$年平均指标 = \frac{报告期各季平均数量之和}{4}$$

$$年初至报告月止累计平均指标 = \frac{报告期各月平均数量之和}{报告期月份数}$$

生产设备是一个时点性指标，统计设备的期末数量，主要是反映期末实际拥有的设备数量，为编制下期生产计划提供依据。统计设备的平均指标，主要是为了分析生产情况及设备利用情况提供依据。

二、林业生产设备利用情况统计

林业生产设备在很大程度上决定这产品的数量与质量。所以及时反映林业生产设备的利用情况，充分发挥设备的作用，不断挖掘设备的潜力，是林业生产设备统计的一个重要方面。研究林业生产设备的利用情况，一般是从数量、时间、能力和综合利用等几个方面进行。

(一)林业生产设备数量利用指标

研究林业生产设备数量利用情况，必须搞清现有生产设备的技术状态。在一个时期内所拥有的全部设备中，一类是已安装的设备，另一类是未安装和正在安装的设备。在已安装的设备中，有一部分是技术状态良好的完好设备，另一部分是技术上有缺陷的非完好设备。在完好设备中，一部分是报告期使用过的设备，另一部分是未使用的设备。各类设备的关系如图 8-1 所示。

<table>
<tr><td colspan="4">实有设备</td></tr>
<tr><td colspan="3">已安装设备</td><td>未安装设备</td></tr>
<tr><td colspan="2">完好设备</td><td>非完好设备</td><td></td></tr>
<tr><td>实际使用设备</td><td>未使用设备</td><td></td><td></td></tr>
</table>

图 8-1 各类设备的关系图

根据图 8-1，可计算下述各类设备利用率指标。

(1)实有设备安装率：反映实有设备中已安装设备所占的比例。其计算公式为：

$$实有设备安装率 = \frac{已安装设备数}{实有设备数} \times 100\%$$

(2)安装设备完好率：反映已安装设备中完好设备所占的比例。其计算公式为：

$$安装设备完好率 = \frac{完好设备数}{已安装设备数} \times 100\%$$

(3)完好设备使用率：反映完好设备中实际使用设备所占的比例。其计算公式为：

$$安装设备使用率 = \frac{实际使用设备数}{完好设备数} \times 100\%$$

(4)实有设备使用率：反映实有设备中实际使用设备所占的比例。该指标从数量上反映了全部拥有设备的利用程度。其计算公式为：

$$实有设备使用率 = \frac{实际使用设备数}{实有设备数} \times 100\%$$

上述各指标之间存在如下关系：

$$实有设备使用率 = 实有设备安装率 \times 安装设备完好率 \times 完好设备使用率$$

上述各类指标中，实有设备是指实际拥有可供调配的全部设备，包括自有、租用和借用的，已安装及未安装的设备，不包括已经上级机关批准报废以及租借给外单位和订购尚未运抵本单位的设备。

已安装设备是指已经安装完毕，经过验收正式投入生产的设备，包括正常开动、备用、封存保管、因故障不能开动而等待修理或正在修理改装中的设备，以及可以移动使用(不需安装)的设备。

实际使用设备是指在报告期内已使用的设备。实际统计时，凡报告期使用的所有设备，不管使用时间长短，都算作实际使用设备。

以上各类指标，可按某一时点(如月末、年末)的设备数量计算，反映该时点生产设备的利用程度；也可按报告期(如某月、某年)设备的平均数计算，反映报告期内生产设备的平均利用程度。

(二)林业生产设备时间利用指标

生产设备数量利用指标，是从数量上考察设备的利用情况，但它只能比较粗略地反映设备的利用程度，并不能反映出设备在时间方面的利用情况。因此，需要从时间上考察各类设备的利用状况。

生产设备在报告期制度规定的最大可能利用的时间内，实际作业时间越长，说明生产设备时间利用得越好。因此将生产设备的实际作业时间与可能利用时间相对比，就可以计算出生产设备的时间利用指标。其基本公式为：

$$生产设备时间利用率 = \frac{实际作业时间}{最大可能利用时间} \times 100\%$$

设备时间的构成如图 8-2 所示，各种生产设备作业特点不同，计算设备时间利用指标的方法也随之而异。

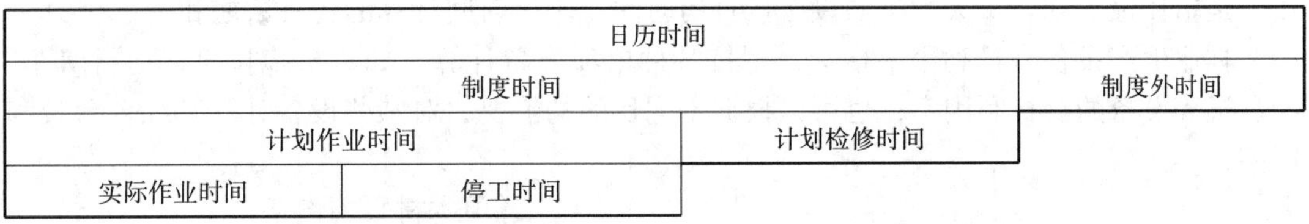

<table>
<tr><td colspan="4">日历时间</td></tr>
<tr><td colspan="3">制度时间</td><td>制度外时间</td></tr>
<tr><td colspan="2">计划作业时间</td><td>计划检修时间</td><td></td></tr>
<tr><td>实际作业时间</td><td>停工时间</td><td></td><td></td></tr>
</table>

图 8-2　设备时间构成图

1. 连续作业的设备时间利用指标

热力及化学设备，一般都是连续作业，设备一经开动，除了有计划停止进行检修外，其他时间都在持续不断地作业。因此这类设备的最大可能利用时间就是日历时间，包括设备实际作业时间，设备的停工、修理等时间。设备实际作业时间占日历时间的比例，就是该类设备时间利用指标，称为“日历作业率”。其计算公式如下：

$$生产设备日历作业率=\frac{实际作业时间}{日历时间}\times 100\%$$

生产设备的日历作业率的子项和母项，一般都是“昼夜(d)”或“小时(h)”为单位计算。

2. 不连续作业的设备时间利用指标

机械设备一般都是不连续作业的设备，因此这类设备的最大可能利用时间就是制度时间或计划作业时间。设备实际作业时间占制度时间或计划作业时间的比例，就是该类设备的时间利用指标。设备时间利用单位一般用“台时”或“台日”表示。

(1)制度台时利用率。设备的制度台时利用率，是按实际作业台时数与制度工作台时数对比计算的，以说明设备的制度工作台时实际利用的程度。其计算公式为：

$$制度台时利用率=\frac{实际作业台时数}{制度工作台时数}\times 100\%$$

(2)计划台时利用率。设备的计划台时利用率，是按实际作业台时数与报告期计划作业台时数对比计算的，以反映报告期计划作业台时的利用程度。其计算公式为：

$$计划台时利用率=\frac{实际作业台时数}{计划作业台时数}\times 100\%$$

制度工作台时利用率与计划台时利用率的区别是：前者的制度工作台时数是用已安装设备和制度时间计算的，后面的计划作业台时数是用计划作业设备和计划作业时间计算的。

上面是反映生产设备时间利用的一般性指标。林业生产中的木材采运设备，由于生产特点及条件的影响和限制，台时记录，不易准确，所以主要计算设备的日历台日利用率和制度台日利用率，其计算公式为：

$$设备日历台日利用率=\frac{实际作业台日数}{日历台日数}\times 100\%$$

$$设备制度台日利用率=\frac{实际作业台日数}{制度工作台日数}\times 100\%$$

其中：实际作业台日数是指报告期每天实际作业的台数之和。按规定凡是设备出勤了，不论设备工作时间长短，均按一个实际工作台日计算。日历台日数、制度工作台日数，是指在报告期内每天配备的设备按日历时间、制度时间计算的台日数之和。

林业生产设备台日利用率指标，可按某种单项设备计算，如集材拖拉机、运材汽车、绞盘机等设备的台日利用率；也可以根据不同目的的需要，对某些设备计算其综合台日利用率。

$$木材采运设备综合日历(制度)台日利用率=\frac{\begin{array}{c}各项木材采用设备\\实际作业台日数之和\end{array}}{\begin{array}{c}各项木材采运设备\\日历(制度)台日数之和\end{array}}\times 100\%$$

在目标条件的地方，为了较细致地反映木材采运生产设备的时间利用情况，也可以用“台班”和“台时”进行计算。

(三)林业生产设备能力利用指标

设备在数量上、时间上即使被充分利用了，也不能完全说明设备的利用程度，还必须考察设备能力利用程度，计算设备能力利用指标。

设备能力是指单项设备的能力，也就是每台设备在单位时间内(年、月、日、时)最大可能产量。考察设备能力利用情况，通常采用设备效率与设备能力利用率等指标。

1. 设备效率

设备效率通常是指每台设备在单位时间内的实际产量(或工作量)，所以也称为设备实际能力。林业的主要生产设备通常计算台年或台月效率。例如，每台油锯年(或月、班)采伐量，每台拖拉机年(或月、班)集材量，每台运材车年(或月、班)运材量，每台绞盘机年(或月、班)装、卸、归工作量等。其计算公式的基本形式为：

$$设备效率 = \frac{产量(或工作量)}{设备的平均数量}$$

设备效率有时也用台时产量表示，即：

$$设备效率 = \frac{产量}{设备实际作业时间(台时)}$$

应该指出，设备效率属平均指标，它所反映的只是设备能力实际达到的一般水平。设备效率高，说明其能力发挥得好，反之，则相反。

2. 设备能力利用率

设备能力利用率，是指设备实际能力与设备理论能力的比率。其计算公式为：

$$设备能力利用率 = \frac{设备实际能力}{设备理论能力} \times 100\%$$

式中的设备实际能力就是上面所讲的设备效率，设备理论能力一般是按设计能力或查定能力计算。

在实际工作中，由于生产设备复杂多样，生产能力的表示方法也多种多样。因此，各类生产设备能力利用程度指标名称、计算方法也不相同。

(四)林业生产设备综合利用指标

生产设备的时间利用指标和能力利用指标，分别从设备的外延方面和内涵方面反映了设备的利用情况。生产设备综合利用指标，是同时考虑设备时间和能力两个因素综合利用的情况。它是报告期设备实际产量(或工作量)与设备可能产量(或工作量)的比率，它等于设备能力利用率与时间利用率的乘积。其计算公式如下：

$$\begin{aligned}设备综合利用指标 &= \frac{报告期设备实际产量(或工作量)}{报告期设备可能产量(或工作量)} \times 100\% \\ &= \frac{设备实际能力 \times 设备实际作业时间}{设备理论能力 \times 设备可能利用时间} \times 100\% \\ &= 设备能力利用率 \times 设备时间利用率\end{aligned}$$

实际计算时，报告期通常以年来表示。这样，设备的综合利用指标实际上与后述的“产品生产能力利用率”有些相似。

在计算上述设备的各项利用指标的基础上，还应结合具体情况进一步分析，研究设备的数量、时间、能力等方面未被充分利用的原因，不断改善设备的利用情况。

三、林业生产设备检修及事故统计

为了保证林业生产的正常进行，必须正确处理生产设备的使用和维修的矛盾。既要充分地利用设备，又要很好地维护和保养设备。要加强计划检修，使设备经常处于完好状况，以防止事故发生，减少设备磨损，保持设备性能，延迟设备寿命；保证产品质量，降低原材料和动力消耗，提高产量。

(一)林业生产设备新旧程度统计

林业生产设备新旧程度是指对已经安装的工业设备，按使用年限进行分类，以反映林业生产设备的新旧程度，为林业企业进行设备资产再生产活动提供依据。在实际工作中，由于林业生产设备的使用年限资料不易取得，因而往往用出厂年限来代替。林业生产设备的出厂年限是指设备铭牌上标明的出厂年份到报告期为止的年限。在林业生产设备的使用年限和出厂年限都难以取得资料的情况下，也可用林业生产设备的净值与原值的比率，大体反映其新旧程度。林业生产设备的平均使用年限和陈旧系数的计算公式分别为：

$$\text{生产设备平均使用年限}=\frac{\sum(\text{生产设备出厂年限}\times\text{生产设备数量或原值})}{\sum \text{工业设备数量或原值}}$$

$$\text{林业生产设备陈旧系数}=\frac{\text{报告期末林业生产设备净值}}{\text{报告期末林业生产设备原值}}$$

(二)设备完好状况统计

掌握设备的完好程度，是正确制订设备检修计划，采取保养措施，做好维修工作的前提。设备的完好程度用设备完好率表示。其计算公式如下：

$$\text{设备完好率}=\frac{\text{完好设备台数}}{\text{设备总台数}}\times 100\%$$

完好设备的标准是：

(1)设备性能良好。如动力设备的动力能够达到原设计标准(或相应部门规定的标准)；机械设备精度能满足生产工艺要求，运作无超温超压现象。

(2)设备运作正常，零部件齐全，没有较大的缺陷，磨损腐蚀程度不超过规定的技术标准，主要的计量仪器、仪表和润滑系统正常。

(3)原材料、燃料动力等消耗正常，基本没有漏油、漏水、漏气、漏电现象。

凡是符合以上三个条件的设备就是完好设备，反之，不能同时符合以上三个条件的设备，不是完好设备，即为失修设备。仍在继续进行作业的失修设备称为带病运转设备；停止运转、等待修理的失修设备称为停机待修设备。

计算设备完好台数时，正在检修的设备应按检修前的技术状态计算。检修完的设备，按检修后的技术状态计算。为了全面、真实地反映设备的完好状态，在计算完好台数时，不应用抽查或折合的方法推算，必须反映每台设备的实际情况。

设备总台数应当包括在用、停用、封存和正在检修的所有设备，但不包括尚未投入生产暂由基本建设部门或物资供应部门代管的设备。

设备完好率一般按期末主要设备计算，也可以分别计算各类设备的完好率。

设备的运转时间或走行公里是否到技术规定的限度，是确定设备是否需要进行检修的根据，因此，企业需要建立设备台账，按台按辆掌握设备的运转小时数(或走行公里数)，以便按规定的检修期限，制订检修计划，对设备进行检修。

（三）设备检修计划执行情况的检查

为了保证生产政策进行，必须按检修计划对设备进行检修。完成设备检修计划，才能使设备经常保持技术状态良好，能正常运转。因此，必须对设备检修计划执行情况进行检查。设备检修计划完成情况的计算方法如下：

$$\text{设备检修计划完成程度} = \frac{\text{实际完成的检修台数}}{\text{计划检修台数}} \times 100\%$$

计算设备检修计划完成程度时，应按大修和中修分别计算。除按全部应进行检修的设备计算外，还应按不同的用途、不同类别的设备，特别是关键设备，分别进行检修。

上述公式所反映的是设备检修数量计划的完成程度。如对设备检修进行全面检查，还需要从检修能力是否被充分利用及检修质量好坏方面进行检查。

检修能力是否被充分利用，可以用计算检修设备的台日和台时利用率指标来考察，也可以计算受检设备平均占用的检修时间来衡量检修进度的快慢。受检设备平均占用时间的计算公式如下：

$$\text{受检设备平均占用时间（日或小时）} = \frac{\text{大（中）修实际台日（或台时）}}{\text{大（中）修完成台次数}}$$

在计算受检设备平均占用时间时，不仅大、中修要分别计算，而且由于不同类别的设备检修所需时间不同，因此，要分别计算不同类别受检设备的平均占用时间。

检查设备检修质量时，一般是检查被检修设备的返修率和设备检修平均等级指标。其计算公式如下：

$$\text{返修率} = \frac{\text{返修台数}}{\text{受检台数}} \times 100\%$$

$$\text{设备检修质量平均等级} = \frac{\sum(\text{各质量等级} \times \text{修理完毕的各等级设备台数})}{\text{已修理完毕的设备总台数}}$$

要检查设备检修平均等级，必须对设备检修规定出质量等级，以及各质量等级相应的技术标准。

（四）设备事故、故障统计

设备发生事故、故障不仅影响生产计划的完成，同时还使国家财产遭受损失，工人受到伤害。因此，必须经常检查安全生产情况，以便及时采取措施，减少和防止设备事故的发生。

设备事故，按设备损坏程度和对生产的影响，经常分为一般事故和重大事故两种。区分一般事故和重大事故的标准，一般按造成停工的时间或修理费用的数额来确定。凡不够一般事故标准的机械设备停开故障，称为设备故障。

反映设备事故、故障的指标，主要有设备故障频率和设备事故率。设备故障率反映设备故障发生的频繁程度，用设备故障次数与实际开动的设备台时对比，以每千台时设备在报告期发生的故障次数表示。设备事故率反映设备发生事故的相对程度，用设备事故停开台日与制度开动台日对比以百分数表示。其计算公式分别如下：

$$\text{设备故障频率} = \frac{\text{设备故障次数}}{\text{设备实际开动千台时}} \times 100\%$$

$$设备事故率 = \frac{设备事故停开台日(或台时)}{设备制度开动台日(或台时)} \times 100\%$$

设备事故统计，既要考核事故与故障的多少，也要分析事故与故障的原因，观察前者可以了解设备事故、故障的总规模，分析后者用以采取预防措施。

设备事故、故障统计除反映故障频率和事故率外，还应分析计算由于故障或事故造成的损失。计算因事故、故障造成的损失一半用减产数量和损失金额反映：

设备事故(或故障)造成减产数量 = 设备事故(或故障)停开时间 × 单位时间内的产量定额

设备事故造成的损失总金额 = 设备事故造成的检查数量 × 单位产品价格 + 设备事故的修理费用总额

四、森林工业产品生产能力统计

森林工业产品生产能力，是指森工企业生产某种产品的全部设备的综合平衡能力，即生产某种产品的全部设备(包括主要生产设备、辅助生产设备、起重运输设备、动力设备及有关的厂房和生产建筑物等)在原材料、燃料供应充分、劳动力配备合理、设备运转正常的条件下，可能达到的最大年产量。森林工业产品生产能力一般是用产品实物量表示，也有的用单位时间处理原料数量表示。如制材生产能力，也可按消耗原木量表示。

森林工业产品生产能力统计，是为了正确反映各森工企业主要产品生产能力水平，研究产品生产能力的变动情况和利用程度，为编制生产计划、合理进行生产布局、挖掘生产潜力、科学组织生产，调整各部门、各地区主要产品的比例关系提供依据。

(一)计算产品生产能力的一般方法

1. 产品生产能力的计算原则

计算产品生产能力，必须遵循以下原则：

(1)计算产品生产能力，必须要以设计能力为依据。即计算产品生产能力时，应根据设计任务书和技术设计文件中所规定的最大可能年产量的设计能力作为产品的生产能力。

在没有设计能力，或原设计能力发生变化已不能反映实际能力时，应按重新价差制定，并经主管部门批准的查定能力为依据。

在没有设计能力和查定能力时，可参照实际达到的能力来计算产品生产能力。

(2)计算产品生产能力，必须按全部设备进行综合平衡。现代的生产技术条件，产品的生产一般都是由若干设备共同生产出来的。所以计算产品生产能力，必须在对生产某种产品的全部设备能力综合平衡的基础上进行。

一般说来，生产某种产品的全部设备可分为主体设备和配备设备。当设备完全配套时，产品的生产能力就等于主体设备的能力。如果有关设备不配套，能力不平衡时，产品的生产能力既不能按主体设备能力计算，也不能简单地仅就薄弱环节的设备能力计算。而应该以薄弱环节为基础，充分考虑调整设备，改进工艺流程或采用先进技术组织措施等提高薄弱环节能力的可能性，再按提高后的能力来确定产品生产能力，这样才保证统计的产品生产能力的合理性、先进性。

森林工业除木材采运生产外，木材加工、林产化工等生产能力，均按此原则进行计算。

(3)计算产品生产能力，不应考虑原材料、燃料的供应和劳动力配备等因素的影响。研究产品生产能力的目的，在于表明在现有设备平衡配套、一切生产条件都具备的情况下，生产某种产品的最大可能年产量。因此，原材料、燃料的供应，劳动力配备等因素，并不影响产品生产能力的大小，只会影响产品生产能力的利用程度。故计算产品生产能力时不予考虑。

(4)计算联合性企业产品生产能力时，各种不同性质的产品应分别计算。联合性企业生产多种产品，它们虽然在生产工艺上有衔接联系，但各自具有技术上的完整性和产品上的独立性。因此，各种产品的生产能力不应经过综合平衡和混合汇总，而应分别加以计算。森林工业企业的原木、锯材、胶合板、松香等产品的生产能力，就是分别计算的。

2. 产品生产能力的计算方法

产品的生产能力，是由设备数量、设备的有效工作时间和设备能力三个基本因素决定的。即：

某种产品生产能力 = 可能使用设备数量 × 设备有效工作时间 × 单项设备生产能力

设备数量是指已经安装好可能使用的最大设备数量，不包括不配套、未安装及备用的设备。设备有效工作时间，是指设备在全年内最大可能运转的时间。不包括设备因维护和检修所需的时间。单项设备生产能力，是指某一项设备单位时间内可能达到的最大产量。

单项设备生产能力可根据设备的具体情况，选用设计能力、查定能力或实际能力。

3. 产品生产能力的基本指标

为了反映产品生产能力的现有水平及变动情况，分析产品生产能力的利用程度，一般需要计算下面几个基本指标。

(1)年初生产能力。年初生产能力是指报告年年初全部设备的最大年产量。一般情况下，年初生产能力等于上年末的生产能力。若企业产品生产方向或产品构成发生重大变化，应按变动后的情况重新查定年初的生产能力，以保证与本年末的生产能力相对比。

(2)本年新增生产能力。本年新增生产能力包括本年基本建设竣工投产的能力，对原有设备采取技术措施(挖潜、革新、改造等)而增加的能力，其他单位调入、借入设备而增加的能力。

(3)本年减少生产能力。本年减少的生产能力，是指设备报废、拆除或调出、借出而减少的能力，以及资源或地质情况发生变化而减少的能力。

(4)年末生产能力。年末生产能力，是指报告年年末时的产品生产能力。其计算公式为：

年末生产能力 = 年初生产能力 + 本年新增生产能力 - 本年减少生产能力

(5)年平均生产能力。年平均生产能力，是研究当年生产能力利用程度的重要依据。由于年内新增生产能力投入生产时间有先有后，而年初和年末生产能力都是反映某一时点上的生产能力，因此，无论是年初能力或年末能力均不能确切地用来说明当年生产能力的利用程度，所以需要计算年平均生产能力。其计算公式为：

年均生产能力 = 年初生产能力 + 年均新增生产能力 - 年均减少生产能力

式中：

$$年均新增生产能力=\frac{\sum(新增设备的年生产能力\times自投入生产到年底的日历日数或月数)}{全年日历日数(365)或月数(12)}$$

$$年均减少生产能力=\frac{\sum(减少设备的年生产能力\times自减少之日到年底的日历日数或月数)}{全年日历日数(365)或月数(12)}$$

当一年内设备能力变动不大时，也可用年初、年末能力的平均数计算。

(6)产品生产能力利用率。在计算全年平均生产能力的基础上，将某产品的全年实际完成的产量与相应的年均生产能力相对比，表明产品生产能力的利用程度。其计算公式为：

$$产品生产能力利用率=\frac{某产品全年实际产量}{该产品年均生产能力}\times100\%$$

产品生产能力利用率，可以揭示企业设备潜力大小，对挖掘潜力、增加生产具有重要意义，但会受企业产品生产能力未能充分利用的各种因素的影响。因此，要采取有力措施，提高产品生产能力利用率。

(二)森林工业产品生产能力的计算

森林工业产品生产能力，主要包括木材采运、木材加工、林产化工等产品的生产能力。

1. 木材采运生产能力的计算

木材采运生产能力，是指在保证资源合理利用、可持续发展的前提下，利用现有的森林资源、设备和线路，在日常情况下可能达到的最大年产量。计算木材采运生产能力，要按照现有林场线路可吸引的森林资源合理年产量、集运材设备和运材干线运出能力三个环节的能力进行综合平衡，加以确定。

(1)森林资源合理年产量。是指现有林场线路可吸引的全部森林资源的合理年产量。合理年产量的确定，必须遵循“长期经营、永续利用”“消耗量低于生长量”的原则，及所确定的森林采伐限额。凡有规划设计的，以设计文件为准进行计算，没有规划设计的，可按实际调查资料确定。

(2)集、运材设备能力。是指集、运材的全部设备在生产工艺先进，劳动组织合理的条件下，一年可能完成的最大生产量。

集、运材设备能力计算，主要包括拖拉机、绞盘机、架空索道、森铁机车、运材汽车和其他定型集、运材设备。人力、畜力和新工具等集、运材，不作为集、运材设备能力计算，应将其集、运材工作量单独统计，另行注明，作为确定产品生产能力的参考。

计算集、运材设备能力，实际中有两种计算方法：一是以集、运材设备数量乘以每种设备的台年作业量定额；二是以集、运材设备数量乘以全年有效工作时间和单项设备单位时间的工作量水平。

(3)运材线路运出能力。运材线路的运出能力分为支线能力和干线能力两种。作为确定采运生产能力的运材线路运出能力，主要是指运材干线的运出能力，即贮木场通往林场的线路，包括森林铁路、运材公路、河川流送以及其他运材道路。

运材线路运出能力的计算，分两种情况；凡有设计规划的，按设计文件的规定计算；没有涉及规划的，可按生产部门核定的能力计算。

以上三方面的能力计算之后，还需要进行综合平衡，科学的确定木材采运生产能力。

2. 木材加工、林产化工产品生产能力的计算

木材加工、林产化工产品生产能力，应按产品的设计能力统计。如原设计能力有较大变动，可按设备数量、时间和能力三个基本因素进行计算。

(1)锯材生产能力。凡具备成套锯材机组(一般大带锯机1台，小带锯机2~3台，圆锯机、截锯机、修边机等若干台)的企业或车间，根据锯材机组计算生产能力。其计算公式为：

锯材生产能力(m^3/年)=锯材机组(组)×平均先进月产量(m^3/组)×12

凡无成套锯材机组的企业或车间，其锯材生产能力按锯材主机计算。其计算公式为：

锯材生产能力(m^3/年)=锯材主机(台)×平均先进月产量(m^3/台)×12

平均先进月产量：首先计算报告年度平均月产量，然后将超过平均月产量的各月份的产量再进行平均，即求得平均先进月产量(下同)。

锯材主机：指原木进锯第一道工序的设备。

(2)胶合板、纤维板、刨花板生产能力。胶合板、纤维板、刨花板生产能力，按主要生产设备——热压机或冷压机的能力计算。其计算公式为：

胶合板、纤维板、刨花板生产能力(m^3/年或t/年)=热压机或冷压机(台)×平均先进月产量(m^3/台或t/台)×12

(3)栲胶生产能力。栲胶生产能力只计算“洋法”生产能力，不包括土法生产能力。栲胶生产能力，应按浸提、蒸发和干燥三个主要工序的设备能力平衡计算。其计算公式为：

各工序设备能力(t/年)=各设备平均先进月每小时产量(t/h)×全年规定工作时间(h)

(4)松香生产能力。松香生产能力包括洋法和土法生产两部分。其计算公式为：

松香生产能力(t/年)=蒸馏设备(台)×平均先进月产量(t/台)×全年规定开工时间(月)

五、林业机械化统计

林业是国民经济重要的物质生产部门，将现代化技术用于林业，使其生产过程机械化、自动化，是我国当前林业发展的一个重要方面。

林业生产过程实现机械化、自动化，可以大大减轻劳动强度，节约劳动力，提高劳动生产率，降低成本，促进林业生产的迅速发展。

(一)机械化程度指标

反映林业机械化(包括自动化、半自动化)水平的程度指标，有以下两种：

1. 生产机械化程度指标

生产机械化程度指标，是从完成的产品产量或工作量出发来研究生产过程机械化程度的指标。它是按机械完成的产品产量(或工作量)占全部产量(或工作量)的比例来表示，计算公式如下：

$$\text{生产机械化程度}=\frac{Q_x}{Q}\times 100\%$$

式中：Q_x——机械化完成的产品产量或工作量；

Q——全部产品产量或工作量。

生产机械化程度指标，是从生产成果的角度上说明生产过程机械化程度，它是按级别作业(或工序)计算的，只说明同类作业(或工序)或同种产品生产的机械化程度指标。

例如：木材采运生产过程中的采、集、运、装、卸、归的机械化程度指标。

$$采伐机械化程度=\frac{机械采伐量}{采伐总量}\times 100\%$$

$$集材机械化程度=\frac{机械集材量}{集材总量}\times 100\%$$

$$运材机械化程度=\frac{机械运材量}{运材总量}\times 100\%$$

$$装车机械化程度=\frac{机械装车量}{装车总量}\times 100\%$$

$$卸车机械化程度=\frac{机械卸车量}{卸车总量}\times 100\%$$

$$归楞机械化程度=\frac{机械归楞量}{归楞总量}\times 100\%$$

2. 劳动机械化程度指标

劳动机械化程度指标，是从劳动消耗量出发来研究生产过程机械化程度的一个指标，它是用机械作业的工人或工作时间占全部工人或工作时间的比例来表示的，计算公式如下：

$$劳动机械化程度=\frac{T_x}{T}\times 100\%$$

式中：T_x——机械作业的工人或工作时间；

T——全部工人或工作时间。

劳动机械化程度指标，主要是从技术装备的角度上说明生产过程机械化程度，它可以就某一作业(或工序)来计算，也可以就整个企业或部门计算，使用范围较生产机械化程度指标广。

上述两种机械化程度指标出发点不同，计算内容与反映问题的角度也不相同，所以对同一工作计算的结果也往往不同，生产机械化程度指标常常大于劳动机械化程度指标。

3. 综合机械化程度指标

综合机械化程度指标主要是指生产机械化的综合指标，实际工作中，不仅需要研究个别作业或工作的机械程度，还要概括说明几种生产作业或工作的机械化程度。因此需要计算综合机械化程度指标。

计算生产机械化综合指标时，因为不同作业或工作的产品产量或工作不能直接相加汇总而进行比较，所以必须通过劳动消耗量作为同度量因素进行汇总计算。劳动消耗量可以按单位产量或工作量的机械化工作的劳动消耗水平计算，也可以按手工作业的劳动消耗水平计算，还可以按平均劳动消耗水平计算。通常是用单位产量或工作量的平均劳动消耗量计算。计算公式如下：

$$生产机械化综合指标=\frac{\sum Q_x\bar{t}}{\sum Qt}$$

式中：t ——单位产量或工作量的平均劳动消耗量。

(二)自动化程度指标

自动化是机械化的高级形式，随着现代信息技术的发展，自动化得到迅猛发展。为了表明生产过程的自动化程度，可以计算以下指标：

$$生产自动化程度=\frac{自动化设备生产的产品量}{全部产品量}\times 100\%$$

$$设备自动化程度=\frac{自动化设备的数量}{全部设备的数量}\times 100\%$$

上面两个指标只能适用于同类设备生产一种产品的生产过程。生产自动化程度指标从生产成果的角度反映生产过程的自动化水平的高低。设备自动化程度指标是从生产技术条件方面来反映生产过程的自动化水平的。按设备数量计算自动化程度，没有考虑其能力的大小与利用情况，一般来说，自动化设备的生产效率综述比普通设备要高一些的。因此，生产的自动化程度要大于相应的设备自动化程度，它们之间的关系是：

$$生产自动化程度=设备自动化程度\times\frac{自动化设备的生产效率}{全部设备的生产效率}$$

此外，还可以计算自动化设备的价值在已安装设备的总价值中所占的比例，用以说明自动化程度。

自动化程度也可以按劳动消耗量来计算，其计算公式如下：

$$劳动自动化程度=\frac{自动化作业的工人(或时间)}{全部作业的工人(或时间)}$$

六、林业智慧化统计

(一)智慧林业的概念

智慧林业是指充分利用云计算、物联网、移动互联网、大数据等新一代信息技术，通过感知化、物联化、智能化的手段，形成林业立体感知、管理协同高效、生态价值凸显、服务内外一体的林业发展新模式。其核心是利用现代信息技术，建立一种智慧化发展的长效机制，实现林业高效高质量发展。

智慧林业涉及到的技术包括云计算、物联网、大数据等，其中云计算主要用于海量数据处理与存储，用以支撑智慧林业的高效运转，提高林业管理服务能力，不断创新运营与服务模式；物联网是通过智能感知、识别技术等，按约定的协议，将任何物品通过有线与无线方式和互联网连接，进行通信和信息交换，以实现智能化识别、定位、跟踪、监控和管理的一种网络，其在智慧林业建设中主要用于森林资源监管、林业灾害监控、林业生态监测、林产品质量监管等；大数据技术在林业领域的应用主要包括林业系统信息共享、业务协同与林业云的高效运营，以及林业资源监测管理、应急指挥、远程诊断等管理服务。

智慧林业是林业发展的自身需求，是我国生态建设的必然要求，是统领未来林业工作、拓展林业技术应用、提升林业管理水平、增强林业发展质量、促进林业可持续发展的重要支撑和保障。因此做好智慧林业的相关统计工作，对于掌握当前林业智慧化的应用情况、进一步促进智慧林业的发展有着重要的意义。

（二）林业智慧化统计指标

目前智慧林业在林业建设中起步时间并不长，而其涉及的技术众多，并没有成熟完善的统计指标，但是在智慧林业中物联网是最重要的应用，因此在林业智慧化的统计指标中，可以围绕物联网来进行。

1. 林业物联网建设改造资金统计

物联网建设改造资金是指在构建林业物联网时投入的建设改造资金，包括林业企业自我投入部分和各级财政补助部分，后者应分别注明各级财政补助金额。如果是规划中还未投入实施的项目应统计规划投入资金，实际在建设或实施中的物联网项目，应统计出规划和已投入资金，这样一方面可以掌握资金投入情况，另一方面也可以为日后建设其他林业物联网项目作为参考。

2. 林业物联网投入设备统计

林业物联网构建需要投入大量的设备设施，包括传感器、网络设备、服务器、显示设备、终端电脑等，这些设备属于林业固定资产，可按常规固定资产统计方法进行统计。

3. 林业物联网应用规模统计

林业物联网应用规模是指物联网覆盖的林地面积（hm^2/亩/m^2），同时为了反映出某林区物联网的覆盖率，可通过以下公式进行计算：

$$\text{物联网应用程度}=\frac{\text{物联网覆盖林地面积}(hm^2/m^2)}{\text{林地总面积}(hm^2/m^2)}$$

4. 林业物联网采集参数统计

林业物联网是以感知为前提，检测环境中的温度、相对湿度、光照强度、土壤养分、CO_2 浓度等物理量参数，实现对林区环境的感知，进而采取一定的控制措施，因此参数采集尤为重要。对采集的参数种类进行统计，可以区分不同林业物联网功能实现的差异，为日后进行功能追加或改造提供参考。

第四节　林区道路统计

林区道路是为林业服务的各类道路的总称，是森林经营的重要基础设施和开展生产经营活动的基本条件，也是林业固定资产中最重要的组成部分之一，在各类固定资产中所占的比例最大。林区道路除了基本的运输功能外，在森林资源管护、森林防火、有害生物防治、林区治安、森林旅游、林农出行等方面的功能与作用也日益凸现。因此，林区道路不仅对林业产业的发展有直接的作用与影响，而且覆盖了山区全体林农的生产与生活，事关山区经济社会的可持续发展。通过对林区道路科学、合理的统计，可以衡量出一个地区营林水平和集约经营程度的高低。

一、林区道路里程统计

林区道路里程，是指林业部门拥有的，能够使用的各种道路的长度，不包括其他部门在林区范围内修建的各种运输线路。其统计范围是指林业经营区划范围内自由的全部道路数量，包括大铁专用线、森林铁路和林区公路。

(一)大铁专用线里程

指林业贮木场、木材加工厂等单位与国铁相连接的大铁专用线路长度，包括产权属于林业单位的和由本单位修建的，现已交铁路部门管理但仍供林业单位使用的大铁专用线。

(二)森林铁路里程

指林业单位自有的森林铁路全部线路长度，包括干线、支线、岔线、站线、楞场等。临时性无路碴森铁和移动钢轨里程，只统计年末实际里程。

(1)干线。指贮木场直接延伸到林场的线路。

(2)支线。指与干线相连接，通往林场或森林经营区的固定线路。

(3)岔线。指与支线相连接，通往伐区装车场或中楞的固定线路。

(4)无路碴森铁和移动钢轨里程。指与支线相连接通往伐区装车场(或中楞)的临时性无路碴森铁和移动钢轨线路。只统计年末里程，不包括未铺设的移动钢轨。

(三)林区公路里程

林区公路是指主要供汽车行驶的林业专用公路，包括运材公路、营造林公路、护林防火公路等。凡达到林业部《林区公路工程技术标准》和交通部《公路工程技术标准》规定的技术等级的正规公路和不符合上述设计标准的简易公路均包含在公路里程统计范围内。简易公路是指不符合上述公路标准，但能通行汽车的公路。简易公路不包括冬季临时使用的冻板道路和未经修建的便道以及经修建可通行的大车道、骡马道。

二、林区道路统计分类

林区道路相对于城市道路，构成、功能等更加复杂，为了进一步掌握林区道路的构成现状、发展比例和对林业生产、林农生活的保证程度，需要将林区道路按照不同的标准进行统计分类。

(一)按用途分类

(1)运材线路。指用以运输木材等林产品为主的线路。

(2)营林路线。指用以森林经营保护为主的线路。

(3)其他线路。指除运材、营林外，用于其他方面的线路。

(二)按作用分类

(1)干线。指由贮木场通往林场的线路。

(2)支线。指由干线通往主要生产经营点的线路。

(3)岔线。指由支线通往伐区的线路。

(三)按通车情况分类

(1)晴雨通车线路。指全年各季，无论晴天、雨天、雪天或冻层融化季节均能通行的线路。

(2)晴通雨阻线路。指雨雪、冻层返浆时不能通行的线路。

(四)按技术状态分类

林区道路按技术状态，一般可分为优等线路、良等线路、次等线路和差等线路。

(五)按养护方式分类

(1)单位养护线路。指由本单位养路工人负责养护的线路。

(2)委托养护线路。指委托给外单位或个人养护的线路。

三、林区道路网密度统计

林区道路网密度简称林道网密度或林区路网密度，是林区进行道路统计时最重要的统计指标，它是指一定区域内，林区道路网的总里程与该区域面积的比值。它是反映森林资源开发和经营程度的重要标志，也是林业生产技术水平的一个象征。计算公式为：

$$\delta = \frac{\sum L_j}{F}$$

式中：δ——林区道路网密度，m/hm^2；

L_j——林区内前述三类道路的总长度，m；

F——该区域的经营管理面积，hm^2。

林道网密度分为两大类：国家林道网密度和经营区(原为伐区)林道网密度。国家林道网密度是以全国林业总经营面积内林道总里程除以该面积的商，表明国家的林业经营水平，属于这类性质的林道网密度有林区林道网密度和林业局林道网密度等。经营区林道网密度，是以不同种类的经营区为计算对象的，如：经济林区、竹林区、材林区和公益林区等，反映单位面积经营区拥有的线路长度，它对于该区域内林产品与生产资料运输、森林资源更新和林农生产生活以及营林区防火等更加具有指导意义。

四、林区道路养护统计

林区道路养护是指对林区道路的保养和维护。通过维护林区道路及道路上的构筑物和设施，及时恢复破损部分，以保证行车安全、舒适、畅通，节约运输费用和时间。林区道路养护是林区生产经营的一个重要环节，采取正确的技术措施，提高工程质量，可以延长林区道路的使用年限，推迟重建时间。

林区道路养护统计主要有以下三个方面：

(一)道路养护里程统计

指经常性或季节性对道路上一切工程设施进行养护和修理的道路里程。不论其工作量大小及养护方式如何，均应统计为道路养护里程。统计时分别按森铁、公路统计。按道路养护方式可分为常年养护里程和季节性养护里程。前者是由固定工人养护里程、固定工和非固定工共养里程以及群众养护里程构成；后者是指林区组织人员对其专用道路进行季节性养护的道路里程。

(二)道路养护工程量统计

指用实物量计算的实际完成的林区道路养护工程数量。其计算单位，路面工程为：m^2/km；路基工程为：m^3/km；桥涵工程为：m/座、道；漫水工程及防护工程为：m/处。

(三)道路养护工作量统计

指用价值计算的实物完成的道路养护工程数量。以实际完成的各项工程量乘预算单价求得。没有预算价格的，可按实际发生的费用计算，其计算单位为：元。即：

工作量(元)=(各项工程实际完成工程量)×(相应工程的预算单价)

第五节　林业生产性生物资产统计

作为一种经济资源，生物资产和其他资产一样都是企业对其进行经营管理从而谋求资金增值的手段，而使收回投资时的资金大于原始投入，在这一点上，生物资产和其他资产对于企业的意义是相同的。生物资产中的生产性生物资产在一定程度上具有固定资产的特征，因此本节将针对生产性生物资产统计进行简述。

一、生物资产及其分类

生物资产是指有生命的动物和植物。生物资产分为消耗性生物资产、生产性生物资产和公益性生物资产。

(1)消耗性生物资产。是指为出售而持有的或在将来收获为农产品的生物资产，包括生长中的大田作物、蔬菜、用材林以及存栏待售的牲畜等。

(2)生产性生物资产。是指为产出农产品、提供劳务或出租等目的而持有的生物资产，包括经济林、薪炭林、产畜和役畜等。

(3)公益性生物资产。是指以防护、环境保护为主要目的的生物资产，包括防风固沙林、水土保持林和水源涵养林等。

上述三种生物资产中，生产性生物资产具备自我生长性，具有能够在生产经营中长期、反复使用，从而不断产出农林产品或者长期役用的特征。消耗性生物资产收获农产品之后，该资产就不复存在；而生产性生物资产产出农产品之后，该资产仍然保留，并可以在未来期间继续产出农产品。因此，通常认为生产性生物资产在一定程度上具有固定资产的特性，例如果树每年产水果、奶牛每年产奶等，因此将其纳入林业固定资产的统计范围内。

二、生产性生物资产的划分

生产性生物资产的划分：一般而言，生产性生物资产通常需要生长到一定阶段才具备生产的能力，根据其是否具备生产能力(即是否达到预定生产经营目的)，可以对生产性生物资产进行进一步的划分。所谓达到预定生产经营目的，是指生产性生物资产进入正常生产期，可以多年连续稳定产出农产品、提供劳务或出租。由此，生产性生物资产可以划分为未成熟和成熟两类，前者指尚未达到预定生产经营目的，还不能够多年连续稳定产出农产品、提供劳务或出租的生产性生物资产，例如尚未挂果的果树、尚未开始产奶的奶牛等；后者则指已经达到预定生产经营目的的生产性生物资产。

三、生物资产的价值评估方法

生物资产的形成有特殊性，是通过人的劳动和生物自身的生长、发育过程相互作用形成的。其经营周期有既定性，即生物资产的投人、生产、经营、回收的周期完全决定于生物的生命周期，不同于工业生产周期以及资产价值转化的周期可人为控制。此外生物资产还具有多样性，这些特点决定了生物资产评估的特殊性和复杂性。对于生物资产的价值评估，一般有如下三种方法：

1. 成本法

成本法是计算生物资产相关的各项成本后，减去有形和无形损耗，从而得出生物资产的价值。其计算公式如下：

评估价值 = 基准日重置价值(相关成本) - 有形损耗 - 无形损耗

外购生物资产的成本，包括购买价款、相关税费、运输费、保险费以及可直接归属于购买该资产的其他支出。

自行营造或繁殖的生产性生物资产的成本，应当按照下列规定确定：

(1)自行营造的林木类生产性生物资产的成本。包括达到预定生产经营目的前发生的造林费、抚育费、营林设施费、良种试验费、调查设计费和应分摊的间接费用等必要支出。

(2)自行繁殖的产畜和役畜的成本。包括达到预定生产经营目的(成龄)前发生的饲料费、人工费和应分摊的间接费用等必要支出。达到预定生产经营目的，是指生产性生物资产进入正常生产期，可以多年连续稳定产出农产品、提供劳务或出租。

企业生产性生物资产收获的农、林产品成本，采用加权平均法、个别计价法、蓄积量比例法、轮伐期年限法等方法，将其账面价值结转为农、林产品成本，收获之后的农产品评估，企业参照存货的评估方法进行计价，评估时应注意采用评估基准日的时点成本进行价值估算。

关于有形损耗和无形损耗，生物资产的有形损耗主要是预计的产畜和役畜衰老及经济林老化等；生物资产的无形损耗，主要是预计因新品种的出现而使现有的生产性生物资产的产出能力和产出农产品的质量等方面相对下降、市场需求的变化使生产性生物资产产出的农产品相对过时等。

成本途径的评估方法较之其他方法，相对误差要大些，毕竟生物资产的成本因素太多，甚至有些影响成本的因素是无法量化的，应分摊的间接费用有时是无法精确计算的，尤其是有形损耗和无形损耗的估算难以计量，因此成本法在评估生产性生物资产时，很多情况下是不适用的。

2. 生物资产评估市价法

市价法是按照生物资产的市场价值来评估其价值。此法适用条件为：存在具有可比性的参照物；价值影响因素明确，并且可以量化。

市价法评估时需要注意以下几点：

(1)交货地点的修正。由于生物资产比较特殊，交货地的不同，不仅会影响生物资产的运输成本，有时还会因为运输途中的消耗，不仅影响其质量，甚至会出现实物损耗，因此，不同的交货地点，价值是不相同的，价值修正时，应尽量考虑齐全，并将影响因素予以量化。

(2)供货质量的修正。生物资产的质量鉴别具有较强的专业性，有时需要聘请专业人士帮助工作，以便准确地估出价值。

对于生产性生物资产来说，其市场价值的获得可能容易，也可能不容易，对于不易获得市场价值的，应采用收益法进行评估。

3. 生物资产评估收益法

收益法，是预测评估对象的未来收益，然后将其转换为现时价值，以此求取评估对象的客观价值的方法。

在应用收益法时，一定要注意，只有生物资产的收益和风险都能够可靠、准确地量化时，才能应用此类方法。同时要注意相关参数的应用和选取，尤其是折现率，必须选择同一市场上类似生物资产的平均报酬率。

生物资产评估中的收益法主要适用于生产性生物资产的评估。

四、生产性生物资产的折旧

生产性生物资产需要进行计提折旧，一般从成长期开始进行，这样可以保证成长期、成熟期及衰退期产能与折旧成本的匹配。

(一)折旧方法

生产性生物资产按照直线法计算的折旧，准予扣除。

(1)林业企业应当自生产性生物资产投入使用月份的次月起计算折旧；停止使用的生产性生物资产，应当自停止使用月份的次月起停止计算折旧。

(2)林业企业应当根据生产性生物资产的性质和使用情况，合理确定生产性生物资产的预计净残值。生产性生物资产的预计净残值一经确定，不得变更。

(二)折旧最低年限

生产性生物资产计算折旧的最低年限如下：

(1)林木类生产性生物资产，为10年；

(2)畜类生产性生物资产，为3年。

本章小结

本章对林业固定资产统计进行了介绍，林业固定资产是林业总资产的重要组成部分。本章介绍了林业固定资产的概念、特点、分类以及相关统计指标。林业房屋统计和一般固定资产统计类似，包括建筑面积和房屋价值统计。林业生产设备统计较为复杂，涉及到多方面统计，本章中介绍了生产设备数量、利用情况、检修及事故统计，还包括森林工业产品生产能力、林业机械化统计以及林业最新发展——智慧林业的统计。林区道路是固定资产中最重要的组成部分，本章围绕道路里程统计、道路统计分类、道路网密度以及养护统计进行了展开。最后针对特殊的固定资产——生产性生物资产进行了介绍，包括生物资产及其分类、划分以及价值评估方法等。

思考题

一、判断题

1. 林业企业使用期限在一年以上的房屋、建筑物、及其设备、器具、工具等资产应作为固定资产，而经济林、薪炭林不属于此范围内。(　　)

2. 林业企业应当按月计提固定资产折旧，当月增加的固定资产，当月不计提折旧，从下月起计提折旧；当月减少的固定资产，当月仍计提折旧，从下月起停止计提折旧。(　　)

3. 林业生产设备统计的范围必须是林业企业拥有所有权的全部林业生产用设备。(　　)

4. 林业企业设备年末实有数量包括企业自有及租入(或借入)的、已安装及未安装的全部林业生产用设备。(　　)

5. 统计林业生产设备利用情况是以企业实有设备为对象，不包括借出的设备。(　　)

6. 在计算森工企业产品能力时，如果有关生产设备不能配套、能力不平衡时，产品的生产能力等于薄弱环节的设备生产能力。(　　)

7. 一个地区的林道网密度越高，反映这个地区林业经济水平也越高。(　　)

8. 在计算设备完好率时，设备总台数是指报告期投入使用设备的总数。(　　)

9. 报告期林业生产设备实际作业时间是指设备作用于劳动对象的纯工作时间。(　　)

10. 林木类生产性生物资产计算折旧的最低年限为10年。(　　)

二、单选题

1. 林业企业的生产设备包括(　　)。

A. 企业拥有所有权的林业生产设备

B. 企业拥有所有权的全部设备

C. 企业拥有所有权的森工和营林生产设备

D. 企业拥有使用权的全部设备

2. 森工产品生产能力是指(　　)。

A. 各单位设备的年生产能力

B. 各单项设备中年生产最低能力

C. 各单项设备中年生产最高能力

D. 各单项设备综合平衡后的生产能力

3. 影响森工产品生产能力的因素是(　　)。

A. 劳动力的配备　　B. 产品生产用原材料供应

C. 产品销售情况　　D. 设备数量

4. 当森工企业将自己生产的原木全部用于锯材生产时，计算企业产品生产能力时，下列说法正确的是(　　)。

A. 计算锯材生产能力时要考虑原木生产能力

B. 应分别计算原木和锯材生产能力

C. 企业只计算锯材生产能力

D. 应将锯材和原木生产能力进行平衡后计算

5. 在计算森工产品生产能力时，要将全部进行综合平衡，是指(　　)。

A. 将企业全部设备进行综合平衡

B. 将森工产品生产用各项设备能力进行平均值计算

C. 充分考虑森工产品生产全部设备中薄弱设备提高的可能性

D. 对主要生产设备的生产能力进行平衡

6. 属于企业实有设备的项目是(　　)。

A. 已出租的设备　　B. 已借出的设备

C. 已批准报废的设备　　D. 已经拆除的设备

三、多选题

1. 报告期企业实有设备数量包括(　　)。

A. 企业自有设备　　B. 租用的设备

C. 已安装的设备　　D. 未安装的设备

E. 备用设备

2. 森林工业产品生产能力的表示形式有(　　)。

A. 产品实物量　　B. 产品价值指标

C. 设备处理的原材料多少的工作量　　D. 日产量或年产量

3. 决定企业森工产品生产能力的基本因素有(　　)。

A. 单项设备的能力　　B. 设备的数量

C. 设备全年的有效工作时间　　D. 企业劳动力的配备

E. 企业产品的销售情况

4. 工业设备的实际作业时间包括(　　)。

A. 作用于劳动对象的纯工作时间　　B. 开动设备的准备时间

C. 设备维修时间　　D. 设备待料时间

5. 生物资产的价值评估方法有(　　)。

A. 成本法　　B. 生物资产评估市价法

C. 生物资产评估效益法　　D. 生物资产评估收益法

四、计算题

1. 某木材采运企业某年木材装载机生产工作情况如下：

项目	计算单位	上年度	本年度
日历总台日数	台日	7 400	7 400
制度台日数	台日	6 340	6 340
工作总台日数	台日	2 600	3 150
工作总台班数	台日	4 600	4 680
工作总台时数	台日	27 640	27 640
其中：生产时间	台日	21 468	27 540
停工台时数(非全日)	台时	15 760	14 870
其中：班内停工	台时	11 670	9 680
其中：机械设备事故	次/台时	4 000/9 000	3 000/6 000
上道工序影响	台时	500	1 000
下道工序影响	台时	5 000	6 500
生产工作次数	次	36 000	45 900
生产走行公里	km	15 840	18 360
生产工作量	m^3	150 000	200 000

根据上述资料，分析木材装载机生产工作情况。

2. 某森工局机修厂已安装某设备15台，其中2台自年初停止使用，作为封存设备。全厂实行两班制。3月份制度工作日为22天。设备使用过程中停开情况记录为：待料320台时，停电340台时，待工具71台时，故障100台时，其他停工50台时，计划检修120台时。

根据上述资料计算：(1)制度工作台时利用率；

(2)计划台时利用率。

推荐阅读书目

1. 李世东. 智慧林业概论. 中国林业出版社，2017.

2. 李世东. 中国林业物联网(思路设计与实践探索). 中国林业出版社，2018.

3. 彭道宾. 固定资产投资效应论. 经济日报出版社，2013.

4. 徐衡. 固定资产投资统计学. 上海财经大学出版社，2007.

相关链接

1. 智慧林业：林业物联网管理系统解决方案. https：//baijiahao. baidu. com/s? id = 1592818924145488557&wfr = spider&for = pc，2018. 2. 19

2. 最新固定资产的定义. http：//www. canet. com. cn/shiwu/607599. html，2018. 8. 19

第九章　林业原材料和能源统计

内容提要

林业生产过程是一个原材料不断消耗的过程，及时组织供应并合理使用各种原材料、降低消耗，防止积压和浪费是实现林业产业增产节约，降低成本，提高经济效益的重要途径。因此，对林业原材料和能源进行统计是林业统计中的重要工作。本章重点阐述了林业原材料及能源统计的主要任务及其统计方法和相应指标体系。主要包括：企业原材料收入和支出量统计分析、原材料储备量统计分析、原材料消耗量统计分析、原材料综合利用、代用及再回收统计分析以及能源消耗统计分析。通过本章的学习，着重掌握企业原材料和能源统计的各类指标及其含义，掌握各指标的计算方法并能将相关理论用于分析解决林业生产过程中的实际问题。解决或分析实际营林中的问题。

第一节　林业原材料和能源统计的任务

一、原材料的概念及分类

原材料是原料和材料的总称。原料一般指采掘工业的产品和农产品，如铁矿石、原木、原煤、棉花等。材料指对采掘工业的产品和农产品进行再加工而生产出来的产品，如生铁、锯材、钢材、棉纱等。

原材料按在生产过程中所起作用的不同可分为两类：

(1)原料及主要材料。指在生产过程中构成产品主要实体的那部分原材料，如制材厂、胶合板厂用的原木，木制家具厂用的各种规格的板方材等。

(2)辅助材料。是指在生产过程中，有助于产品实体的形成或便于生产的顺利进行，而不构成产品实体本身，只起辅助作用的各种材料。如用于生产胶合板的胶料、用于炼铁的煤炭等。

原材料及主要材料和辅助材料之间的界限并不是绝对的。二者的划分，主要看其在生产过程中所起的作用，而不是看其物理、化学性质。同一种产品既可作原料及主要材料，又可作为辅助材料。如煤炭，若用来炼焦炭，则煤炭构成产品的实体，可称作原料及主要材料，但若将煤炭作燃料用，则它不能构成产品的实体，而只起辅助作用，故又可称作辅助材料。

二、林业原材料及能源统计的任务

林业生产过程是一个原材料不断消耗的过程，为了使林业再生产持续、顺利进行，必须及时地组织供应各种原材料。合理使用原材料，降低消耗，防止积压和浪费是实现增产节约，降低成本，提高经济效益的重要途径。因此，对林业原材料和能源进行统计是林业统计中的重要工作。林业原材料及能源统计的任务包括如下几个方面：

(1)观察企业原材料的收入情况，分析研究原材料收入对企业生产的保证程度，以便合理地组织原材料供应。

(2)观察企业原材料的储备情况，掌握原材料的余缺，为企业合理储备提供依据。

(3)统计原材料消费量，检查原材料消费计划的执行情况，为计划原材料消费提供依据。

(4)研究单位产品原材料消耗情况、原材料利用程度和原材料节约情况，不仅可以降低产品成本，增加积累，而且也为增加产品产量创造条件。

(5)研究原材料和能源的使用情况，反映企业在开展原材料的综合利用、节约利用、回收再用等方面所取得的成绩。

(6)研究企业能源消耗量，为合理使用能源、节约能源提供依据。

第二节　林业原材料的收支与结存统计

一、林业原材料的实物量核算

为了使原材料的供应与需要相适应，原材料统计要具体表明各种原材料的收入、消费、拨出、储备以及利用情况，一般都要求按详细划分的品种和规格来计算原材料的实物量，因此对原材料的统计必须采用实物量核算法，统计原材料的实物量。如果研究任务只要求掌握原材料数量的概略情况，可以将品种规格相近的几种原材料合并，按统一的实物单位计算它们的混合量；而对某些含量差别较大的原材料，则可折算成标准实物量进行计算。只有这样，才能满足经营管理和供应的要求，比较准确地研究原材料的消耗水平，才能具体研究分析原材料对生产的保证程度和原材料利用好坏的情况。

原材料的种类繁多，品种复杂，名称和计量单位也不一致。为了保证原材料统计的统一性和准确性，国家制定了全国统一使用的物资分类、物资名称、计量单位、使用范围和计算方法等。林业企业应根据目录的要求，填写物资报表。凡是目录中规定统计的原材料，不论数量多少，不论其来源，不论在本单位是否为主要物资，不论本单位习惯用的名称及计量单位如何，均应按目录规定统计填报。

二、原材料的收入量统计

(一)原材料收入量的概念和计算

原材料收入量也称进货量，是指林业企业在报告期实际收到的，经过检验合格办理了入库手续的原材料数量。它反映企业能够随时动用可供应生产需要的实际收入的原材料。通过核算原材料收入量，可以检查各种原材料进货的及时性和齐备性，分析原材料对生产的保证程度。

原材料收入量的计算以使用权而不是所有权为准，不论原材料归谁所有，凡是企业在报告期内实际收到，经验收合格并办理了入库手续，企业拥有支配使用权的原材料，均应计入收入量中。只有实际收到并经验收入库的原材料，才是企业掌握的能随时动用的原材料。

原材料收入量既可用实物量表示，也可用价值量表示。原材料的价值量即该原材料收入实物量与其实际购进价格之积，将各种原材料收入价值量相加，即可得出原材料收入总值。

(二)原材料收入情况的分析

在进行原材料收入量统计时，往往需要对原材料收入情况进行分析，分析原材料收入来源、品种及收入的及时性，以确保统计量的及时准确。

1. 原材料收入来源情况的分析

企业原材料的来源主要可分为：①国家合同直达到货；②上级机关拨入；③自行采购；④加工来料；⑤国家合同外进口；⑥调度调剂收入；⑦自产自用；⑧借入等。在统计检查时，首先应把企业本期的原材料收入量的实际数与计划数进行对比，一方面反映收入总量计划完成程度，另一方面按照各种收入来源分别观察各项目对收入总量计划完成程度的不同作用。

2. 原材料收入品种分析

原材料收入在品种上是否齐备，是保证企业生产顺利进行的一个条件。在检查原材料收入品种是否齐备时，一般是把各种不同类别、品种和规格的原材料收入量与计划进货量做比较；或者采用图表法观察不同类别、品种和规格的原材料对生产的保证程度，用它们之间的差异程度来说明原材料品种的齐备性。

3. 原材料收入及时性分析

原材料收入及时性分析是通过计算原材料收入量保证天数和保证数量，并根据每次原材料收入的具体日期分析对企业生产的保证程度。计算方法如下：

$$\text{原材料保证天数} = \frac{\text{原材料收入量(或库存量)}}{\text{计划每日需要量}}$$

$$\text{原材料保证数量} = \text{保证天数} \times \text{计划每日需要量}$$

$$\text{原材料保证程度} = \frac{\text{报告期保证数量}}{\text{报告期计划需用量}}$$

如某木材采运企业汽油的收入情况如表 9-1 所示。

表 9-1 某木材采运企业汽油的收入情况

原材料名称	计划需要量(kg)		月初库存	实际收入		对生产的保证程度	
	本月	每日		日期(日)	数量(kg)	日期(日)	数量(kg)
汽油	114 000	3 800	26 600			7	26 600
第一次进货				5	34 200	9	34 200
第二次进货				16	38 000	10	38 000
第三次进货				28	45 600	2	7 600
总计	114 000	3 800	26 600		117 800	28	106 400

从表 9-1 可见，该企业月计划汽油进货量为 114 000kg，实际进货 117 800kg，完成进货计划的 103. 33%。从进货的及时性看，第一次和第二次进货时有 2 天和 1 天的库存量未用完，进货后，能保证生产使用到 26 日。由于第三次进货不及时，影响生产 2 天，收入的 45 600kg 汽油，在本月可以用上的只有 2 天，进货对生产的保证程度实际只有 93. 33%。

三、原材料支出量统计

原材料支出包括原材料的消耗和拨出两个方面。反映原材料支出的统计指标主要是原材料消耗量和原材料拨出量。

(一)原材料消耗量统计

原材料消费量是指林业企业在报告期内实际消费的原材料数量。它反映企业使用原材料的数量和方向，为企业确定原材料需要量和购进计划提供依据。

原材料消费量统计原则是“谁消费，谁统计”。不论原材料来源和所有权如何，凡属企业实际消费的原材料均计入消费量中。与此相反，所有权属本企业，但已拨出到外单位和借出由外单位消费的原材料，不应列入消费量中。企业自产自用的原材料，凡是计算产量的，都应计算消费量。

原材料消费核算时点以原材料投入第一道工序为准。凡多次使用的原材料(如润滑油)，以第一次投入生产使用为准计算消费量。

(二)原材料拨出量统计

原材料拨出量是指企业在报告期内实际拨出并已办理出库手续的原材料数量。它包括本企业因生产方向改变或生产技术改进等原因使一些原有原材料不符合本企业需要而拨出的原材料；由于外单位急需，上级主管部门进行平衡调剂而拨出的原材料以及委托外单位加工而拨出的原材料等。

原材料的拨出与消费不同。拨出原材料是使用权的改变，在本企业并未进入消费过程；而消费原材料是使用权未改变，在本企业已进入消费过程。原材料拨出量的核算时点，以办理出库手续的时间为准。原材料在同一企业内部车间、仓库之间的拨出，不能算拨出量。借出原材料如在同一报告期内收回，应冲减拨出量；如果跨越报告期收回，或虽在同一报告期收回，但原材料的性能与使用价值已改变者，可在收回时统计为收入量，不冲减拨出量。

四、原材料储备量统计

企业生产是不间断进行的，而原材料供应是分期分批的。为了保证生产的正常进行，就要保证一定的原材料储备。原材料储备量是指林业企业在某一时点上已经验收入库、尚未使用的实际存有的原材料数量。由于原材料库存是为保证生产持续进行而建立的，因而原材料储备量就应该是企业实际存有、能够支配使用的原材料数量，即不论其来源是什么，也不论其存放在什么地方，只要企业有支配使用权的，均应包括在库存量统计范围内。

原材料储备量又称库存量，原材料库存量既可用实物量来表示，也可用价值量来表示。原材料库存价值量也是采用原材料的实际购进价格计算的。库存量分帐面库存量和盘点库存量，原材料库存量应按盘点后的实际数量计算，实际数量与帐面数量不一致的部分作为盘亏或盘盈处理。

帐面库存量是根据原材料收入、消费、拨出和库存之间内在的经济关系，利用平衡法来推算的期末库存量：

期末库存量 = 期初库存量 + 本期收入量 - 本期消费量 ± 盘盈盘亏量

在实际管理中，到月末、季末、年末要对结存的原材料进行实际盘点来计算库存量。包括材料库所存放的原材料、存放在外单位的原材料以及加工来料还未消费的原材料。统计库存量必须帐物相符，如经盘点出现帐面与实际不一致，不论盘盈还是盘亏，一律按盘点的实有数统计。

企业原材料储备，通常包括经常储备和保险储备两个部分。经常储备是指为保证日常生产所需要的储备；保险储备是指在原料供应不正常的情况下为保证生产需要而设立的储备。此外，一些原材料来源带有季节性的企业，在两个供应季节之间需要建立季节性储备。

原材料储备量必须合理。原材料储备过多，就会占用过多流动资金，影响企业经济效益；原材料储备太少，就容易造成生产中断。因此，原材料储备要有一定的定额加以控制和管理。原材料储备定额是检查原材料储备是否合理的标准。

第三节　林业原材料的消耗和利用统计

充分利用原材料，减少单位产品的材料消耗，意味着在不增加原材料的条件下，可为社会提供更多的产品。不断降低原材料的消耗水平，提高原材料的利用程度，是企业降低成本增加盈利的重要手段。因此，统计要反映林业原材料的消耗情况，研究原材料的利用状况。原材料的消耗和利用情况指标是企业管理中的主要技术经济指标。

一、林业原材料消耗量统计

(一) 林业原材料消耗量

原材料消耗量是指生产某一产品从投料开始到产品制成、验收入库全过程中所实际消耗的某种原材料数量。原材料消耗总量则是指生产某种产品从原材料投入生产过程第一道工序到完成产品生产、验收入库全过程中所实际消耗的某种原材料全部数量。其中包括：本企业生产合格品、次品、废品的原材料消耗总量、委托外单位加工而拨出的原材料数量、在生产过程中物料、半成品的储存和运送所发生的损耗、生产过程中发生的废料、返修、改制产品所发生的原材料消耗、由于设备的检修、停工等引起的消耗。原材料总消耗总量主要取决于单位产品原材料消耗量和产量的多少。

（二）单位产品原材料消耗量统计

单位产品原材料消耗量简称单耗，是指每生产一个单位合格产品平均实际消耗的原材料数量。单耗高低说明原材料利用程度的高低，它反映了该产品该种原材料的实际消耗水平，也是反映企业管理水平和生产技术水平的一个重要指标。

在生产过程中，反映单耗有以下三种形式：

(1)用实物量计算的单耗

$$单耗 = \frac{某一种原材料总消耗量}{某种产品的产量}$$

单位产品原材料消耗量是用实物单位表现的消耗水平，因此，这一指标只能分产品、分原材料种类计算。在木材生产中，用实物单位表示的单耗如森铁机车运材每台班的油耗或煤耗，装、卸、归机械台班油耗等。

(2)用生产产品价值计算的实物单耗

$$每万元产值原材料实耗量 = \frac{某种原材料总消耗}{工业总产值(万元)}$$

在林业中常用的有万元森林工业总产值耗煤量、万元森林工业总产值耗电量等。

(3)用费用表示的单耗

$$单位产品原材料消耗费用 = \frac{原材料消耗费用总额}{产品产量}$$

计算单耗时应注意：

①上式分母是报告期合格产品的产量，分子则是生产该种产品某种原材料的全部消耗量，即不仅包括合格产品的消耗量，还包括废品、次品所消耗的原材料量。

②计算总消耗量是为了核算某种产品的单耗，某一产品为核算对象，只包括直接用于该产品的消耗。

③区分投料量与领料量的不同。本期发料量不一定等于本期投料量，它们的关系为：

本期投料量 = 上期末领而未用的结存量 + 本期领料量 − 本期末领而未用的结存量

④区分本期投料量与入库产品的原材料总消耗量的区别。

本期投料到期末可能有部分停留在半成品、在制品的过程中，本期入库成品的原材料消耗也可能有部分是上期的投料。因此，本期的原材料消耗量要根据本期投料量，再结合期初、期末半成品、在制品消耗的原材料的数量差额加以调整。它们之间的关系为：

本期原材料总消耗量 = (期初结存的半成品、在制品、未入库成品消耗的原材料量)
+ 本期投料量 − (期末结存的半成品、在制品、未入库成品消耗的原材料量)

（三）原材料消耗总量计算方法

计算原材料消耗总量的方法，主要有以下两种：

(1)投料法。它是以投料量作为总消耗量。其计算公式为：

报告期原材料消耗总量 = 期初领到而未用存料量 + 报告期领料量 + 期末领而未用存料量

在实行报告期末退料制度的情况下，原材料消耗总量的计算公式为：

报告期原材料消耗总量 = 报告期领料量 − 报告期退料量

这种方法适用于：

①单件小批生产，不存在半成品、在制品和未检验成品的企业。

②在生产过程比简单、生产周期短、下料投产后很快就出成品，期末、期初半成品、制品结存量差额较小、也没有未检验成品的情况下，报告期投料量大致可作为消耗总量；

(2)平衡法。它是以投料量和期初、期末结存的在制品、半成品、未入库成品折料量推算报告期入库成品原材料消耗总量，又称为以存挤消法。

当生产过程比较复杂、生产周期较长、大量连续生产的情况下，期末、期初结存的半成品、在制品及未检验入库成品的差额较大时，则不宜用投料法计算原材料消耗总量，而要采用平衡法来计算。其计算公式为：

报告期原材料消耗总量 =（报告期投料量 + 期初半成品、在制品、未入库成品折料量）−（期末半成品、在制品、未入库成品折料量）

半成品、在制品、未入库成品折料量 = $\sum$（某工序在制品结存量 × 某工序止原材料累计消耗系数）

在生产比较正常，产品生产耗料比较固定的情况下，可以根据实际测定或技术消耗定额确定一个固定的原材料消耗系数，供各个时期计算折料量使用。

某工序止原材料累计消费系数指从第一道工序起至某工序止各工序消耗系数的连乘积。

各工序消耗系数的计算公式为：

$$各工序消耗系数 = \frac{本工序耗用上工序半成品数量}{本工序半成品的数量}$$

如果产品生产耗料不够稳定，则要根据上述方法按期分别计算。

为了正确反映原材料的消耗水平，原材料消耗总量与产品产量的口径范围必须一致，以确保二者的可比性。即产品产量应是由所消耗的原材料生产出来的；总消耗量应是生产这些产品产量所实际消耗的。用来计算单耗的产品产量只包括报告期生产的合格品产量，而不包括废品、次品数量。这是因为，生产中产生的废品、次品，虽然也消耗了原材料，但不能为社会提供预期有效的使用价值，实际上是对原材料的一种浪费。不包括废品和次品，才能反映由于出现废品对原材料消耗水平的影响。

二、原材料利用统计

反映原材料利用状况的统计指标，通常有两类：一是单位产品原材料消耗量，一是原材料利用率。这两类指标是从不同的角度说明原材料的利用情况的，原材料单耗水平是反映原材料利用好坏的一种指标，单耗越低，说明原材料利用越好；反之，原材料利用就差。反映原材料利用好坏的指标，还可以用原材料利用率来反映。原材料利用率是指合格产品中包含的原材料数量或原材料的有效含量与生产该产品消耗的原材料总量的比率。其计算公式为：

$$原材料利用率=\frac{合格率中包含的原材料数量}{生产该产品的原材料总量}\times 100\%$$

原材料利用率反映构成产品实体的原材料量占实际消耗的原材料量的比例，说明原材料被有效利用的程度。原材料利用率数值越大，表明原材料利用程度越高。分子与分母之差，是生产中未被利用的原材料，其中既有不合理的部分，如废品消耗的原材料，工艺和设备落后以及管理不善而浪费的原材料等，也有在一定条件下不可避免的原材料损失，如在一定的科学技术水平下必不可免的工艺损耗，一定质量水平的原材料所引起的必要损耗等。降低生产中原材料消耗的不合理部分，提高原材料利用率，就可以提高原材料使用的经济效益。在林业企业中，常用的反映原材料利用情况的指标有：森林资源采伐利用率，锯材出材率，贮木场原条出材率，胶合板材利用率，松香、栲胶及紫胶收得率等等。

其主要指标与公式如下：

$$原条出材率=\frac{原木产量(m^3)}{生产该产品的原材料总量(m^3)}\times 100\%$$

$$锯材出材率=\frac{锯材产量(m^3)}{耗用原木总量(m^3)}\times 100\%$$

$$胶合板材利用率=\frac{胶合板产量(m^3)}{胶合板材消耗量(m^3)}\times 100\%$$

$$松香收得率=\frac{松香产量(t)}{耗用松脂总量(t)}\times 100\%$$

$$栲胶收得率=\frac{栲胶产量(t)}{栲胶原材料消耗总量(t)}\times 100\%$$

三、原材料消耗定额执行情况的检查与分析

林业生产过程中，各种原材料的消耗规定有一定标准数量，称为原材料消耗定额。计算消耗定额完成程度，可以检查原材料消耗定额的完成程度和执行情况。

(一)一种产品消耗一种原材料的定额执行情况的检查

若以 m_0 代表单耗定额，以 m_1 代表实际单耗，Q_1 代表实际产品，则：

$$原材料消耗定额完成度=\frac{m_1}{m_0}\times 100\%$$

$$单位产品原材料节约(-)或超支(+)量=m_1-m_0$$

$$全部产品原材料节约(-)或超支(+)量=(m_1-m_0)Q_1$$

(二)多种产品消耗同一种原材料的定额执行情况的检查

对一些重要的原材料，不仅要检查每种产品消耗该种原材料的定额执行情况，还要检查消耗该种原材料的多种产品的定额完成情况。由于各种产品的定额不能直接相加对比，就需要通过编制综合指数的方法，来确定定额的综合完成程度。

$$多种产品原材料消耗定额综合完成程度=\frac{\sum m_1Q_1}{\sum m_0Q_1}\times 100\%$$

$$全部产品原材料节约(-)或超支(+)量 = \sum m_1Q_1 \sum m_0Q_1$$

(三)一种产品消耗多种原材料的定额执行情况的综合检查

生产一种产品，往往需要消耗多种原材料。如果要检查该产品消耗各种原材料的定额的综合执行情况，也需要用综合指数加以计算，因为不同的原材料单耗不能直接相加对比，所以只能通过价格换算为原材料费用加以对比。其计算公式为：

$$同一产品消耗多种原材料的定额综合完成程度 = \frac{\sum m_1p_1}{\sum m_0p_0} \times 100\%$$

$$单位产品原材料节约(-)或超支(+)量 = \sum m_1p_n - \sum m_0p_n$$

$$全部产品原材料节约(-)或超支(+)总额 = (\sum m_1p_n - \sum m_0p_n) \times 100\%$$

式中，p_n 代表原材料的单价，根据不同的研究目的，可以采用计划价格、基期价格、不变价格或现行价格等。

(四)多种产品消耗多种原材料的定额执行情况的综合检查

由于不同产品不同原材料的单耗不能直接相加对比，必须采用综合指数，以实际产量和原材料单价共同作为同度量因素来计算。其计算公式为：

$$多种产品消耗的多种原材料的定额完成程度 = \frac{\sum m_1Q_1p_n}{\sum m_0Q_1p_n} \times 100\%$$

第四节　原材料综合利用、代用及回收再用统计

一、原材料综合利用统计

原材料综合利用是指把生产过程中的剩余物进行加工、再加工，生产出新的使用价值的产品。如把木材加工剩余物板皮、截头、刨花、碎木块、锯屑等生产为刨花板、纤维板、纸浆等产品。原材料综合利用是充分发挥物资的多种效用，变废为宝、变小用为大用，变一用为多用，真正做到物尽其用，是林业和森林工业发展的重要方向和生产技术水平的重要标志。

原材料综合利用可从以下几方面进行统计：

(1)综合利用生产的副产品种类和数量；

(2)副产品的产值及其与主要产品的产值之比率；

(3)废料利用率和原材料综合利用率；

(4)综合利用的经济效益。

计算方法分别如下：

$$废料利用率 = \frac{副产品数量}{废料数量} \times 100\%$$

$$原材料利用率 = \frac{主产品数量 + 副产品数量}{原材料总消耗量} \times 100\%$$

综合利用的经济效益 = 综合利用产品产值 － 综合利用产品成本 + 由于综合利用而减

少的各项损失

除此之外，林业中还用增加就业人数、减少环境污染来说明综合利用的社会效果。

二、原材料代用统计

原材料代用是指在保证一定产品质量和使用价值的前提下，用一种或几种原材料代替短缺、贵重、进口的原材料。如利用人造板代替木板用于家具、车辆制造和建筑；用锯末通过水解生产酒精等。采用原材料代用是降低成本、增产节约、缓和紧缺原材料的供需矛盾、节约外汇等方面的重要手段。

原材料代用可从以下几个方面进行统计：

(1)采用代用材料生产的产品种类和数量；

(2)采用代用材料而节约原使用的原材料种类和数量；

(3)采用代用材料而节约或超支的金额。

$$\text{采用代用原材料后节约}(+)\text{或超支}(-)\text{金额} = \sum\Big[(\text{原用原材料单价}\times\text{单位产品原用原材料消耗量}) - (\text{代用原材料单价}\times\text{单位产品代用原材料消耗量})\Big]\times\text{用代用原材料生产的产品产量}$$

如果采用代用原材料后，需要增加人工或辅助材料，或者需要改造、新增某些设备，则其增加费用也应予以考虑。

(4)采用代用原材料而节约外汇

$$\text{节约外汇总量} = \text{报告期用国产原材料生产的产量}\times\text{单位产品进口原材料消耗量}\times\text{以外币表示的进口原材料价格。}$$

三、原材料回收再用统计

原材料回收复用是指从已消耗的原材料中回收部分原材料，通过生产活动，使之具有新的使用价值的产品，以便在生产中重新利用。如回收木制包装箱，从造纸厂蒸煮纸浆的废液中回收碱等。原材料回收也是增加原材料来源的重要途径之一。

原材料回收再用可以从以下几方面进行统计：

(1)原材料复用原材料的种类和数量

(2)原材料回收率、原材料复用率、原材料回收复用率。计算公式如下：

$$\text{原材料回收率} = \frac{\text{原材料回收数量}}{\text{原材料使用量}}\times 100\%$$

$$\text{原材料复用率} = \frac{\text{原材料复用数量}}{\text{原材料回收数量}}\times 100\%$$

$$\text{原材料回收复用率} = \frac{\text{原材料复用数量}}{\text{原材料使用数量}}\times 100\%$$

三者存在下列关系：

$$\text{原材料回收复用率} = \text{原材料回收率}\times\text{原材料复用率}$$

第五节　能源消耗统计

一、能源的概念及其分类

能源是指能产生热能、电能、光能、机械能等各种形式能量的自然资源和物质资源。自然资源能源如原煤、原油、天然气、核能等矿藏以及水利资源、太阳能、地热，风能等存在于自然界，未经人类任何加工的能源；物质资源能源如电、蒸汽、洗煤、焦炭、煤气及可以作为能源使用的各种石油制品等经过人类开发加工后产生的各种形式的物质产品。能源生产和消耗主要是指物资资源的生产和消耗。为便于对能源进行统计和进行全面研究，可按不同的标志对其进行如下分类：

(1)能源按其性质可分为矿物能源和非矿物能源

矿物能源指经过燃烧或利用就会失去其原有的实物形态的能源，如煤炭、石油、天然气、铀等。这类能源不能再生且污染较大。

非矿物能源则指消费后可以再生的能源，如水能、生物能、太阳能、风能、潮汐能、地热能等。这类能源有称为可再生能源，一般没有污染或污染较小。

(2)能源按其使用的技术状况，可分为常规能源和新能源。常规能源是指在目前科学技术条件下，已广泛使用的能源，如煤炭、石油、电力、天然气等。新能源是指正在研究开发、尚未广泛利用的能源，如太阳能、核能、潮汐能、地热能等。

(3)能源按其形成过程，可分为一次能源和二次能源。一次能源又称天然能源或初级能源，是在自然界中以天然实物形态存在的、没有经过加工或转换的能源，如原煤、原油、油母页岩、天然气、植物燃料、水能、风能、太阳能、地热能、潮汐能、核能等。二次能源又称人工能源，是由一次能源经过加工转换而得到的能源，如焦炭、煤气、汽油、煤油、柴油、重油、电力、蒸汽等。一次能源又可分为再生能源和非再生能源，其中非再生能源是我国现阶段能源消费的主要对象。

二、能源统计指标

(一)能源的计量单位

能源通常采用符合于各种能源的物理化学性能、外观特征和经济用途的实物单位来计量。如煤炭、原油用吨计量，天然气、煤气按立方米计量，电力按千瓦小时计量，等等。

由于能源品种很多，各种能源的实物单位和单位能源提供的能量不尽相同，能源的实物量计算单位也不相同，不能直接相加。为了反映能源总量及其使用价值，满足研究能源问题的需要，需要对能源采用标准实物量来计量，将各种能源统一折算成标准计量单位。根据各种能源都有一定热值(发热量)的共性，可以把不同种类的能源折算为同一热值的标准能源量。通常有油当量、煤当量、电当量等几种标准能源折算度量单位。

我国能源消费以煤为主，国家规定采用煤当量为标准能源的折算度量单位，确定以每千克(kg)热值为29 309千焦(kJ)的煤作为标准煤，各种能源均按此折算。

各种能源折算成标准煤的折算系数为：

$$能源折算标准煤系数 = \frac{某种能源实际测算每 kg 平均发热量}{每 kg 标准煤发热量(29\ 260\ kJ)} \times 100\%$$

折算标准能源量的计算公式是：

$$某种能源折合标准数量 = 某种能源实物数量 \times 能源折算系数$$

现将我国主要能源计量单位和折算标准煤的折算系数列于表 9-2。

表 9-2 几种主要能源折标准煤参考系数

能源名称	计量单位	平均低位发热量	折标准煤系数
原煤	t	21 000 kJ/kg	0. 714 3
焦炭	t	28 560 kJ/kg	0. 971 4
汽油	t	43 260 kJ/kg	1. 471 4
柴油	t	42 840 kJ/kg	1. 571 0
重油	t	42 000 kJ/kg	1. 428 6
液化石油气	t	50 400 kJ/kg	1. 814 3
天然气	1 000 kJ	39 102 kJ/kg	1. 330 0
电力(当量)	1 000 kW · h	3 612 kJ/kg	0. 122 9

(二)能源消耗统计指标

企业能源消耗统计指标主要有企业能源消费总量、企业综合能源消费量、企业能源最终消费量及企业净能源消耗量。

(1)企业能源消费总量。是指企业在一定时期内实际消费的各种能源总和。其计算公式为：

$$\begin{aligned}企业能源消费总量 &= (期初库存量 + 本期收入量 - 本期拔出量)\\ &\quad -(自产二次能源销售量 \pm 盘盈盈亏 - 期末库存量)\end{aligned}$$

(2)企业综合能源消费量。简称总能耗，是指企业为完成生产任务，在本企业实际消耗的全部能源。其计算公式为：

$$企业综合能源消费量(总能耗) = 企业能源消费总量 - 非工业生产用能源量$$

(3)企业能源最终消费量。是指企业在报告期最终用于工业消费和非工业消费的能源总量，它不包括能源转换损失量。其计算公式为：

$$企业能源最终消费量 = 企业能源消费总量 - 能源转换损失量$$

(4)企业净能消耗量。简称净能耗，是指报告期企业能源消费总量扣除能源转换损失量和非工业生产能源消费后的余额。其计算公式为：

$$企业净能源消耗量 = 企业能源最终消费总量 - 非工业生产用能源消费量$$

(三)企业能源消耗水平统计指标

(1)单位产品单项能耗。是指企业生产某种产品时，平均每一单位产品消耗的某种能源量。其计算公式为：

$$某种单位产品单项能耗 = \frac{某种能源消耗量}{合格品产量}$$

(2)单位产品综合能耗。是指以单位产品产量表示的综合能源消耗量。它是反映企业生产的全部产品或某种工业产品的各种能耗总水平的指标。其计算公式为：

$$单位产值综合能耗=\frac{企业综合能源消耗总量}{工业总产值}$$

它也综合说明单位产值所消耗的能源水平。

(3)节能量和节能率

节能量=(报告期单位产品能源消耗量 －基期单位产品能源消耗量)×报告期产量

$$节能率=\frac{节能量}{基期单位产品能源消耗量\times报告期产量}\times100\%$$

(四)能源利用效果统计指标

(1)企业能源利用率。是考察整个企业用能水平的指标。其计算公式为：

$$企业能源利用率=\frac{用能设备总有效热量+输出热量}{输入热量}\times100\%$$

(2)能源转出率。是能源加工转换设备的能源产出量与能源投入量之比，它反映了能源在加工转换过程中的能源有效利用程度。其计算公式为：

$$能源转换率=\frac{能源加工转换产出量}{能源加工转换投入量}\times100\%$$

(3)能源产出率。是产品产量与能源投入量之比。它直接反映能源利用效果的大小。

$$能源产出率=\frac{产品产量(或产值)}{企业综合能耗(标准煤)}\times100\%$$

(4)设备热效率。是指输出某设备有效热量与输入该设备的供给热量之比。其计算公式为：

$$某设备热效率=\frac{有效热量}{供给热量}\times100\%$$

(5)热能回收率。是指产品生产过程中产生的余热或可重复利用的热能，经过科学技术处理可以回收利用的热量占全部投入生产中的热量的比例。它反映热能回收利用情况，其计算公式为：

$$热能回收率=\frac{报告期已回收热量}{报告期全部投入的热量}\times100\%$$

三、企业能源平衡表

能源平衡表是全面反映各种能源收支平衡表和能源流程情况的统计表。通过能源平衡表能全面观察能源加工转换的全过程以及能源的消费结构，反映能源的经济效益、节能潜力，以及能源增长同国民经济增长之间的关系，使各种能源的来龙去脉清楚地表现出来。

企业能源平衡表是反映一个企业报告期内能源收入、拨出、消费、库存等情况的统计表，通过表中数字反映和揭示企业能源各主要环节的基本情况及相互关系，它是企业了解能源供需情况，挖掘节能潜力，加强能源科学管理的依据。企业能源平衡表式如表9-3所示。

表 9-3 企业能源平衡表

能源名称	计算单位	年初库存量	收入量	拨出量	自产二次能源		用于加工转换二次能源的销量	回收利用的余热余能	最终消费					盘盈（+）盘亏（-）	年末库存量	折标准煤系数
									工业生产				非工业生产			
					生产量	销售量			化工原料	加热动力	其他	合计				
原煤	t	11 428	172 088	554			68 511		0	82 849	13 643	96 492	7 651	+46	10 351	0. 671 9
洗精煤	t	24 313	725 460	0	0	0	707 712		0	21 489	1 324	22 813	0	0	19 243	0. 907 0
焦炭	t	1 926	2 970	0	506 776	69 855	0		0	415 270	6 011	421 281	8 094	0	12 242	0. 930 0
汽油	t	339	4 497	69	0	0	0		0	1 926	1 758	3 684	881	0	202	1. 471 4
煤油	t	25	40	0	0	0	0		0	0	49	49	0	0	16	1. 471 4
柴油	t	261	1 772	4	0	0	0		0	1 263	462	1 725	165	+9	148	1. 457 1
天然气	1 000 kJ	0	0	0	0	0	0	0	0	0	0	0	0	0	0	0. 597 3
焦炉煤气	1 000 kJ	0	0	0	3 710 322	0	297 553	3 731 507	0	6 595 823	524 567	7 120 390	23 855	0	0	0. 597 3
城市煤气	1 000 kJ	0	0	0	0	0	0	0	0	0	0	0	0	0	0	0. 597 3
电力	1 000 kW · h		472 904	7 680	0	0	0	0	0	1 803 892	106 991	1 910 882	43 021	0		0. 513 7
热力	1 000 kJ		0	0	1 327 129	0	0	0	0	1 235 188	41 706	1 276 892	50 236	0		0. 597 3
其他能源	标准煤 t	0	206	0	0	0	0	0	0	0	206	206	0	0	0	
总计	标准煤 t	32 437	843 964	1 425	642 694	64 965	698 052	126 960	0	785 257	41 894	827 151	18 170	+44	36 336	

表9-3中纵栏表示各类能源，横栏表示其来源、去向及转换使用情况。表内各种能源的收入量、消费量、拨出量、生产量、销售量、库存量等，均按实物量计算。表内各栏的平衡关系为：

年末库存量＝年初库存量＋收入量－拨出量＋自产二次能源生产量－自产二次能源销售量－加工转换二次能源消费量＋回收利用余热余量－工业生产消费量－非工业生产消费量±盘盈盘亏量

编制企业能源平衡表具有以下作用：

(1)反映企业各种能源的来龙去脉。通过该表，可以计算能源收入、加工转换、最终消费、拨出与销售等数量，据以分析企业能源的来源与去向；

(2)反映企业各种能源库存量的增减变化，可以作为研究各种能源对生产需要的保证程度的依据；

(3)反映企业各种能源自行加工转换情况，可以作为计算能源加工转换损失量、转换率、损失率等指标，研究节能潜力的重要依据；

(4)计算企业各种能源消费量指标，据以研究企业综合能耗水平；

(5)可以为编制地区、部门乃至全国的能源平衡表提供比较完整、准确的资料。

本章小结

本章重点阐述了林业原材料及能源统计的主要任务及其统计方法和相应指标体系。主要包括：企业原材料收入和支出量统计分析、原材料储备量统计分析、原材料消耗量统计分析、原材料综合利用、代用及再回收统计分析以及能源消耗统计分析。通过本章的学习，着重掌握企业原材料和能源统计的各类指标及其含义，掌握各指标的计算方法并能将相关理论用于分析解决林业生产过程中的实际问题。解决或分析实际营林中的问题。

思考题

一、判断题

1. 企业订购的原材料，只要运到本企业就应统计为原材料收入量。(　　)

2. 统计原材料消费量，不应根据使用权，而应根据所有权。(　　)

3. 燃料和动力是一种主要材料，由于它在国民经济中具有极端重要的地位，故在原材料中单列为一类。(　　)

4. 森工局下属林场从局供应科领到的原材料，应计入供应科的原材料拨出量。(　　)

5. 原材料消费量和原材料领用量是两个不同的概念，它们在数量上有差异，不能互相替代使用。(　　)

6. 本企业仓库中的实际储存的原材料数量就是原材料库存量。(　　)

7. 原材料库存量包括委托外单位代为保管的原材料数量。(　　)

8. 企业每日原材料消费水平是影响原材料经常储备的重要因素之一。(　　)

9. 在计算单位产品原材料消耗时，应保持分子和分母的一致性。换句话说，就是分母是合格产品的产量，分子应是生产合格品所消耗的原材料数量。(　　)

10. 原材料的总消耗量与总消费量只是应用范围不同，其统计范围和数量是相同的。(　　)

11. 本期入库产品的原材料总消费量等于本期原材料的总投料量。(　　　)

12. 原材料利用率，一般说来是一种比较相对数，以百分比作为计算单位。(　　)

13. 企业自产自用的原材料不应统计在原材料消费量中。(　　)

二、选择题

1. 对企业原材料收入量进行核算(　　)。

A. 可根据报告期内实际收到的原材料数量进行核算

B. 可根据车间退回的同一报告期内的原材料数量进行核算

C. 应包括前期借出，而本期收回的原材料数量

D. 应包括本期借出，而本期收国的原材料数量

2. 对企业原材料库存量进行统计是(　　)。

A. 按原材料所有权进行统计

B. 包括委托外单位加工和借出的原材料数量

C. 指企业在某一时点上，已验收入库尚未使用的实际存在的原材料数

D. 指原材料已到达本企业，尚未使用的原材料数量

3. 为了正确地反映原材料的消耗水平，计算单耗时应注意(　　)。

A. 原材料单耗指标是用实物单位表现的消耗水平，所以单耗只能分产品计算

B. 原材料单耗指标是用实物单位表现的消耗水平，单耗指标可以综合计算

C. 原材料单耗指标既可采用实物单位，也可用货币单位。所以，单耗指标既可以分产品计算也可以综合计算

D. 为了解决综合计算问题，原材料单耗指标只能用货币单位或劳动单位

4. 单耗与原材料利用率的区别是(　　)。

A. 计算单耗的产量包括合格品和次品，而计算原材料利用率中的产量仅为合格晶

B. 原材料利用率指标比单耗能在更大范围内反映某种原材料的利用程度

C. 计算单耗的原材料消耗为全部消耗量，面计算原材料利用率时的原材料消耗量仅为生产合格产品的原材料消耗量

5. 二次能源包括(　　)。

A. 原煤、石油　　B. 水力、风力　　C. 太阳能　　D. 电力、煤气

6. 下列哪一项可以计入原材料收入量(　　)。

A. 供应单位已开出发货单，但尚在运输途中的原材料

B. 已到达本单位但还未办理入库手续的原材料

C. 为了急用而动用的尚未办理入库手续的原材料

D. 车间退回的同一报告期内领用的原材料

7. 以下哪一项可由本企业统计原材料消费量(　　)。

A. 订货者来料加工的原材料

B. 由本企业拨出委托外单位加工的原材料

C. 由本企业借出由外单位消费的原材料

D. 本企业基本建设消费的原材料

三、计算题

1. 某胶合板厂报告期工业增加值 200 万元，产胶合板 5 万 m^3，能源消耗总量 35 万吨标准煤。试计算该厂的综合能耗及每万 m^3 的能耗。

2. 某锯材加工厂原木消耗资料如下：

产品名称	原材料消耗总量(m^3)	其中：废料数量(m^3)
枕木	30 000	1 500
10 cm×10 cm 板方材	5 000	1 100
5 cm×5 cm 板方材	10 000	3 000

要求：(1)分别计算三种产品的原材料利用率；

(2)计算全部产品的原材料利用率。

3. 某制材厂 2019 年 9 月份计划需用原木 12 000 m^3，平均每月需用 400 m^3，月初库存 3 200 m^3，10 日第一批进货 5 000 m^3，25 日第二批进货 5 000 m^3。试分析该厂生产资料进货对生产的保证程度。

4. 某林机厂 2020 年 4 月 30 日的生铁实际库存量为 2 100 kg，每日计划消费量为 100 kg，经常储备定额为 30 天，保险储备定额天数为 5 天，汽油实际库存量为 4 000 kg，每日计划消费量为 500 kg，经常储备定额天数为 40 天，保险储备定额天数为 10 天。试计算该林机厂的 4 月 30 日两种材料储备保证生产的程度，分析有无超储备或不足的情况。

推荐阅读书目

1. 李世东．智慧林业概论．中国林业出版社，2017.

2. 李世东．中国林业物联网(思路设计与实践探索)．中国林业出版社，2018.

3. 彭道宾．固定资产投资效应论．经济日报出版社，2013.

4. 徐衡．固定资产投资统计学．上海财经大学出版社，2007.

相关链接

1. 智慧林业：林业物联网管理系统解决方案，https://baijiahao.baidu.com/s?id=1592818924145488557&wfr=spider&for=pc，2018.2.19

2. 最新固定资产的定义．http://www.canet.com.cn/shiwu/607599.html，2018.8.19

第十章　林业综合统计分析

内容提要

林业综合统计分析是运用科学方法，从定性与定量的结合上对林业领域现象进行分析研究的活动，是林业统计工作的重要组成部分，广泛的应用于林业经济的多个领域。因此，开展林业统计分析活动十分必要，且要掌握其基本内容和一般步骤，对林业企业生产经营行为、林业企业生产经营平衡关系、林业计划完成情况等进行分析，以及林业部门综合林业统计分析，从而提高林业统计工作的质量和效率。

第一节　林业统计分析的一般问题

一、林业统计分析的特点和作用

林业统计分析是指根据分析研究的目的，在科学理论指导下，以统计资料为依据，运用科学方法，从定性与定量的结合上对林业领域现象进行分析研究的活动。

林业统计分析是一项复杂的逻辑思维活动，并具有创造性思维的特点，针对每一项林业统计分析都要根据具体情况具体分析，即使对同一对象(例如，森林资源、天然林保护工程等)在不同时期所做的分析，也都会在方法、思路、结论上有明显的差异。林业统计分析无论是在选题的范围、依据的资料，还是时间的冗余度上都具有较大的灵活性。它既可以对现实状态进行常规性的评价，也可以就某一专门问题进行深入研究；它既可以依据现在整理的资料进行，也可以依据过去整理过的历史资料进行。

林业统计分析活动是在统计设计、调查、整理的基础上进行的，它与前几个阶段的工作紧密联系，但却可以相对独立于林业统计工作的其他几个阶段。其作用主要体现在以下几个方面：

第一，林业统计分析在深化林业统计认识上发挥着重要作用。从林业统计认识的全过程来看，通过统计设计、调查和初步整理所取得的统计资料，可以对林业现象总体的数量特征取得一定认识，但这些认识一般是表层的，只有对这些资料进行由表及里、由此及彼的分析研究，才能掌握林业经济发展的本质特征、内在联系和发展变化规律，使林业统计认识不断深化。由于林业统计分析具有深化认识的作用，所以在林业经济活动的许多领域得到广泛的应用。

第二，就林业经济领域而言，林业统计分析还是发挥统计整体功能，提高统计工作地位的重要手段。随着我国林业可持续发展战略的实施，林业经济领域发生了深刻的变化，各级领导者仅凭个人的能力和经验已经难以掌握瞬息万变的信息，更难以正确分析林业经济问题和作出科学的决策。在这种情况下，林业统计分析的作用越来越大，领导者不只是要求各个层次的统计工作提供统计数据，而且要求加强分析研究，提供建议，为科学决策提供依据。

第三，林业统计分析是增进社会了解的重要窗口。在我国，由于受各种因素的影响，对林业与生态、森林与环境等重要问题的认识还不到位。一些缺乏统计意识，轻视统计工作的人，认为林业统计只是加加减减，填写报表的工作，甚至认为林业统计可有可无。要改变这种状况，一方面要加强林业统计宣传，提高人们的认识；另一方面，则要提高林业统计工作水平，写好林业统计分析报告，更好地发挥统计的信息、咨询、监督的整体功能，用事实改变人们对林业统计工作的认识。

由于林业统计分析可以综合表现和传播多种林业统计信息，因而它可以成为充分展示各种林业统计成果的重要窗口。通过这个窗口，既可以向各级党政领导和社会各界传递林业统计信息，也使他们增进了对林业统计工作的了解，进而认识到林业统计工作的重要性。

二、林业统计分析的分类

1. 林业统计分析的分类

林业统计分析的内容十分广泛，为了正确地理解林业统计分析，更好地开展林业统计分析，按照一定的特征对林业统计分析加以分类具有重要意义。

(1)从所涉及问题的范围来看，林业统计分析可以分为综合分析和专题分析两种。综合分析是指把研究总体中各方面的指标和情况联系起来作为一个整体进行分析，以便作出全面的评价，掌握其总体的发展规律。专题分析是指对某一专门问题的分析研究，如造林成活率、幼林抚育、林木生长率分析，等等。

(2)从所分析的问题涉及的层面来看，林业统计分析可以分为宏观分析和微观分析。宏观分析即指分析对象为宏观领域，微观分析即指分析对象为微观领域。虽然有些林业统计分析中既有宏观分析也有微观分析，但按其侧重面加以区别还是比较容易的。

(3)状态分析、规律分析和前景分析。各项林业统计分析活动尽管具体的对象和目的都不尽相同，但从统计认识的“一般”来看，却都无非是对客观现象的状态、规律及前景进行分析和研究。

从统计意义上讲，客观现象的状态是指一定时间地点条件下的规模、水平、速度及各种关系；规律是指事物之间客观存在的必然的平衡关系，以及在较长一段时间内事物发展变化的模式；前景是指客观现象未来的状态。

林业统计分析对状态、规律、前景的认识作用是相互联系的，体现了认识上三个由浅入深的变化。对状态的认识是最基本的，只有在此基础上才有可能揭示现象的规律，也只有遵循所揭示的规律，才有可能推测其未来的前景。当然，一项具体的分析可以有所侧重，不见得均要发挥以上三个层次的作用。

(4)静态分析和动态分析。这是从林业统计分析在时间上的着眼点不同来划分的。静态分析侧重于事物某一时点(或时期)的分析，而动态分析则侧重于事物不同时期发展变化的分析。不过，在一般的林业统计分析中，静态分析和动态分析经常是结合在一起进行的。

2. 林业统计分析的研究过程和叙述过程

从一项完整的林业统计分析活动看，总是包含着两个相互联系的过程。一为研究过程，即运用统计方法对反映客观现象数量特征的资料进行判断和推理，并由此得出结论的过程；一为叙述过程，即将研究过程的内容进行文字上的加工，撰写林业统计分析报告的过程。林业统计分析报告可以说是林业统计分析的最终成果。

研究过程和叙述过程各具特点。首先，研究过程应用的主要是统计方法，而叙述过程主要是应用有关修辞、语法、语言逻辑等方面的知识来对研究内容进行文字表述。其次，从思维形式上看，研究过程总是表现为从已知的前提到未知的结论的推理形式；而叙述过程却总是表现为由论点到论据的证明形式。

研究过程和叙述过程又具有密切的联系。首先，对于林业统计分析而言，两个过程具有同样的重要性。研究过程是否科学，直接关系到林业统计分析结论的正确性。叙述过程是否合理，则关系到能不能简捷清楚地对林业统计分析论点论据进行表达。其次，在实际的林业统计分析中，两个过程的操作很难断然划分，通常都是边研究边叙述，交织在一起进行的。

三、林业统计分析的一般步骤

1. 选题

所谓选题，是指从客观存在的现实和大量的统计资料中选择出所要研究和反映的对象，确定研究目的和范围，规划主题思想和基本内容。

选题在人们对客观现象的认识中，是已知领域和未知领域的联接点，它既表现为已知的，是在以往认识的基础上产生的，又表现为未知的，有待于即将开始的林业统计分析活动来解决的；它既可以反映现有认识的广度和深度，又体现了向未知领域探索的广度和深度。选题是林业统计分析的第一步，对林业统计分析具有十分重要的意义。选题恰当可以提高林业统计分析的价值，并可以为以后的取材、构思、表达等打下一个良好的基础。

林业统计分析的选题应遵循以下原则：

(1)实事求是的原则。林业统计分析是为了研究和反映实际情况，因此，选题必须从实际出发，而不能靠想象、凭兴趣。有了针对现实的好的选题，我们才能正确地探索客观实际，展示事物的本来面目，发现各种矛盾和问题，从而有利于党政领导和社会各界了解实际情况，抓住主要矛盾和关键问题，按客观规律办事，促进社会的发展。

(2)价值原则。所谓价值原则就是指选题要有实用价值和社会价值，要考虑到国家或本地区、本单位的实际需要，要有助于解决理论或实际问题。

价值原则首先表现为针对性。林业统计分析或是为了给党政领导决策提供可靠依据，或是为了给社会公众提供统计信息。而不是毫无目的地为了分析而分析。林业统计分析必须要有实用价值，要能够在传播信息、交流思想方面起到一定的作用。其次表现为新颖性。选题新颖，林业统计分析才能有新的内容或新的见解，才能引起较大的反响。要遵守这一原则，研究者必须注意培养自己的“敏感性”，树立求新的意识，做一个有心人，做一个观察家。再次表现为时效性。要注意抓住事物显露出的苗头和新矛盾。要善于捕捉时机，做到既对路，又适时。捕捉时机意味着既不能早，又不能晚。过早了条件不具备，过晚了又时过境迁，失去分析的价值。

(3)可行性原则。选题不仅要考虑“价值”，还必须考虑“可能”，即主观上是否具备一定的条件。

从主观上讲，可行性就是量力而行。首先，分析者要有相应的知识，如对林业生产情况进行分析，就要对林业生产过程有所了解。否则，即使确定了选题，却因为自己对情况不熟悉而无法胜任分析工作。其次，分析者要有较浓厚的兴趣和社会责任感。这是一种心理品质。它们对选题之所以重要，是因为统计活动不可能一帆风顺，会遇到许多意想不到的困难，如果没有强烈的社会责任感和对课题的密切关注，林业统计分析是很难继续下去的。

从客观上讲，可行性就是要有较好的外部条件。除其他有关人员的支持和协作、时间上充裕外，主要是指较好的资料条件。对于直接与统计资料接触的专业统计工作者来说，资料的取得较为容易，而对于从事其他工作的人员，却往往在选题之后还要进行搜集资料的工作，因此就需要考虑资料取得的可能性，以及通过什么途径来取得资料等问题。

2. 建立分析指标体系

通过选题，确定了分析对象和分析目的，就需要根据分析目的，使分析对象具体化，使我们有可能对其数量方面进行认识。建立统计指标体系就是这一数量化过程的重要环节。对于某些简单的林业统计分析，可以只就一个统计指标进行分析，如对总产值的分析，对总成本的分析等。但林业统计分析更多的则是对较复杂的问题进行分析，这时就需要应用多个指标来较全面地把握分析对象，这样就可建立由若干相互联系的统计指标所组成的分析指标体系。

建立分析指标体系，乍看起来无非是选择几个指标，但实际上是一个十分复杂的问题。对于同一分析对象和同一分析目的，由于人们的认识不同，设置的统计指标体系也不会相同，甚至还会有相当大的差异。关于如何建立指标体系的问题，在此只提出以下一些应遵循的一般原则：

(1)科学性原则。是指指标体系要能够客观地反映分析对象本身的性质、特点、内在联系和运动过程。

(2)全面性原则。是指指标体系应尽可能从各个角度反映分析对象的全貌。当然，这绝不是要求面面俱到，而是要突出重点，在众多的社会经济特征中，抓住那些能够左右全局，具有决定意义的东西来加以分析。

(3)敏感性原则。是指统计指标体系中的各个指标应能比较敏感地反映分析对象的变化。有些指标虽然从理论上讲是很重要的，但是，它们受政策等因素的制约，往往显示不出，或不能完全显示社会经济现象的实际变化，这样的指标就不宜加入指标体系，或必须要有其他指标作为补充。

(4)实用性原则。是指指标体系的设计要有利于资料的取得，否则，就不可能将分析对象的数量特征现实地反映出来。

3. 资料的搜集与整理

符合要求的统计资料是进行林业统计分析的前提条件。作为统计工作者，一方面要在平时就注意搜集和积累有用的资料，以备不时之需；另一方面，要在选题和指标体系的设计完成之后，按照分析的要求，及时、全面地收集和整理资料。

4. 林业统计分析方法的正确应用

林业统计分析方法是指应用于林业统计分析活动，对总体现象的数量方面进行计量和分析的方法。林业统计分析必须借助于林业统计分析方法才能达到预期的目的。根据科学方法论原理，任何认识活动所需要的方法都可以分为哲学方法、一般科学方法和特殊科学研究方法三个层次，林业统计分析活动中所涉及的方法也是如此。而就林业统计分析的特殊研究方法来说，种类是多种多样的。而且，由于现代科技领域各学科知识的相互渗透，界定什么是统计的，什么是非统计的十分困难。一般从应用的角度看，可划分为两类：经验方法和数学方法。

第二节　林业企业生产经营行为分析

随着改革开放的深入，市场机制的作用不断增加。为了便于国家宏观调控，也为了对林业企业自身的行为作出校正，以适应市场经济的需要，必须对林业企业的产销情况、经济效益情况和外部环境做更多的分析研究，必须对企业的分配关系作出判断。与此同时，影响林业企业生产经营行为的因素大大增加，不仅有市场因素，还有政策因素，不仅有国内因素，还有国外因素，使对林业企业生产经营行为是否具有效率性的判定难度增加了。因此，掌握科学合理的分析方法，对林业企业生产经营行为进行分析具有重要的现实意义。

一、林业企业生产经营行为分析的作用

林业企业生产经营行为分析的作用可以从两个方面去理解：一方面是为了满足国家了解林业企业信息的要求。我国实行的是社会主义市场经济，而林业企业是国民经济的基层单位，林业企业的生产经营行为是社会再生产运行行为的基本组成部分。对于承担整个经济运行调控的国家而言，必须从整体上把握林业企业生产经营行为，以便作出宏观决策。而这种把握是以单个林业企业对它们生产经营活动的行为分析为基础的。另一方面，我国相当大的一部分林业企业是国有企业，作为这类林业企业的所有者，国家也需要了解企业的生产经营行为情况。对于在社会主义市场经济条件下运行的林业企业来说，欲想获得好的生产经营行为，必须按照经济规律的要求，根据市场需求，对生产经营过程进行严格的控制和管理。为达到此目的，需要各种有效的管理手段，对于林业企业生产经营活动进行分析就是重要的方法之一。

具体来说，林业企业生产经营行为分析具有以下作用：

(1)通过林业企业生产经营行为过程的分析，可以帮助国家了解林业企业生产经营行为的现状与趋势。现代市场经济的一个重要特性就是法治与服务。所谓法治就是把国家与

林业企业之间的关系以相应的法律固定下来，用法律规定国家的权利和义务，规定林业企业的权利和义务。与林业企业有关的区别以往的主要变化是：一是国家对林业企业的生产经营活动将减少直接干预，同时代之以间接的宏观调控；二是林业企业有权要求国家为他们的生产经营活动提供相应的服务。国家为适应这种变化，必须了解林业企业生产经营活动的进展及其存在的问题。另外，作为国有林业企业的所有者，国家也需要了解林业企业的生产经营活动情况。

(2)通过林业企业生产经营行为过程的分析，可以帮助林业企业掌握企业生产经营行为的成果与问题。林业企业的生产经营行为是由人、财、物、产、供、销各个方面及它们之间相互关系的运动组成的，是一个十分复杂的整体。为了有效管理，必须全面深入系统地掌握林业企业生产经营的各个环节、各个方面的情况，对林业企业生产经营的过程和结果有一个比较全面、系统的认识，并对生产经营行为中存在的问题作出客观评价，分析产生问题的原因，及时提出相应对策。

(3)通过林业企业经营行为过程的分析，可以帮助企业寻求克服生产经营困难的对策。实行社会主义的市场经济使林业企业的生产经营决策变得越来越重要，生产经营决策的正确与否，企业的生产经营计划是否可行，将决定林业企业的命运。而对于林业企业生产经营行为的正确分析，是企业制定经营策略、调整生产方向、改善生产经营质量的重要依据，是保证企业在国家调控的前提下，增强市场应变能力，做到长盛不衰的重要手段。

(4)通过林业企业生产经营行为过程的分析，有助于沟通林业企业内部各种信息的交流，强化企业统计、会计和业务核算。林业企业的各种核算，在市场经济条件下，仍有其存在的价值。它们以其特有的内容和方法，把企业生产经营的过程和结果记录下来，综合成一系列指标，为企业的管理提供基础数据。但各种核算又是分别进行的，通过经营行为分析，可以把它们合成一个整体。这样有助于企业内部各种信息的沟通和交流，有助于发现问题改进各自的核算工作，共同为提高林业企业的经营管理水平服务。

二、林业企业生产经营行为分析的主要内容

根据市场经济取向的要求，林业企业生产经营行为分析包括两个方面的内容：一是与本企业生产经营行为有关的外部因素。包括同行业各企业的发展状况，为本企业生产提供原材料企业的生产状况，使用本企业产品企业的生产状况，直接消费者对本企业产品的需求变化，甚至包括宏观经济状况、国家发展经济的大政方针、体制改革对本企业生产经营的影响等。总之，要对外部环境对本企业生产经营行为的直接和间接的影响作出准确而全面的分析。二是本企业的内部状况。包括企业本身的人、财、物、产、供、销各个方面，以及相互关系。通过对林业企业生产经营行为的分析，可以在较短的时间内正确地判断问题所在，以便迅速找出解决问题的对策。从两个方面内容之间的关系看，应在重视外部因素的前提下，认真做好对企业内部的生产经营状况的分析和判断。

影响林业企业生产经营行为因素的复杂性决定了林业企业生产经营行为分析内容的广泛性。要一一列出影响林业企业生产经营行为的内容，既费时费力费钱，也无必要，应抓住主要的因素加以具体的分析，牵住牛鼻子，从而达到对林业企业的生产经营行为进行分析的目的。

对于林业企业生产经营行为分析的主要内容，具体说来，应包括以下四个方面。

1. 林业企业的偿债能力分析

偿债能力是指林业企业对债务的清偿承受能力，或者说是企业偿还债务的保证程度。在现代市场经济条件下，一般林业企业都会有债务，债务的多少将会直接影响林业企业的生产经营，因此，对于林业企业的生产经营行为分析首先应该对林业企业的债务状况作出判断。根据林业企业的偿债能力，作出下一步的生产经营规模的决策。偿债能力通常由以下指标反映：

(1)流动比率。是流动资产与流动负债的比值，其计算公式为：

$$流动比率=\frac{流动资产}{流动负债}\times 100\%$$

该指标反映短期债务偿还能力。一般来说，流动比率越高，林业企业的短期偿债能力越强，反之，则越差。至于流动比率多大值合适，应根据具体情况而定，但至少应大于100%。

(2)速动比率。是速动资产与流动负债的比率。速动资产是指能迅速变现的资产，即流动资产减去变现能力较差且不稳定的资产(存货、待摊费用、待处理流动资产损失等)后的余额。因此速动比率较流动比率能更加准确地反映林业企业偿还短期负债的能力。其计算公式为：

$$速动比率=\frac{速动资产}{流动负债}\times 100\%$$

速动比率的高低反映林业企业偿还短期债务能力的强弱。一般认为速动比率为100%或大于100%时，林业企业债务偿还才具有安全性。

(3)流动资产负债率。是流动负债与流动资产的比率，其计算公式为：

$$流动资产负债率=\frac{流动负债}{流动资产}\times 100\%$$

这个指标的分子和分母与流动比率正好相反，表明观察问题的角度有区别，反映在每100元流动资产中有多少元是通过举债得来的，一般说来，这个指标越小说明林业企业的短期债务负担越轻。对于一个林业企业来说该值多大合适需要结合其他指标进行具体分析。

(4)资产负债率。是指负债总额与资产总额的比率，反映了资产总额中有多大比例是通过负债筹资形成的，其计算公式为：

$$资产负债率=\frac{负债总额}{资产总额}\times 100\%$$

资产负债率揭示了资产与负债的依存关系，即负债偿还能力，该比率高，表明林业企业在较大程度上靠债权人提供的资金维持经营周转，企业债务偿还能力较低；该比率如果较低，情况则正好相反，此时，企业债务偿还能力就高一些。

资产负债率与流动资产负债率相比，衡量的要求更严格一些，流动资产负债率可以高一些，但资产负债率却不能太高。

2. 林业企业的获利能力分析

林业企业的获利能力是企业生产经营行为好坏的主要表现之一，如果一个林业企业的获利能力强，那么，这个企业在激烈的市场竞争中生存下去的可能性就大。因此，对林业企业获利能力的分析应成为企业生产经营行为分析的主要内容。具体可选用以下指标：

(1)资本收益率。是指净利润与实收资本的比率，其计算公式为：

$$资产收益率=\frac{净利润}{实收资本}\times100\%$$

实收资本指林业企业的所有者投入企业的资本之和，计算期内实收资本有变动时，应按平均数计算。由于所有者的获利只能来自税后利润，所以，这里的获利水平是税后净利润的获利水平。该比率越高，说明所有者投入资本的获利水平越高，反之，则说明获利水平较低。

(2)销售利润率。是指利润总额与销售收入的比率，其计算公式为：

$$销售利润率=\frac{利润总额}{销售收入}\times100\%$$

销售利润率反映林业企业销售的综合获利水平，该指标数值越大，表明企业获利水平越高，反之，获利水平越低。由于利润总额中包含了营业外的净收入和投资收益等销售以外的因素，所以销售利润率的分子也可用营业利润或产品销售利润计算，这样更能直接反映销售获利的能力。

(3)总资产报酬率。反映林业企业全部资产的获利能力，是林业企业经营业绩和管理水平的集中表现。它是指净利润和利息支出之和与平均资产总额的比率，其计算公式为：

$$总资产报酬率=\frac{净利润+利息支出}{平均资产总额}\times100\%$$

公式中净利润表示了林业企业所有者提供资产获得的报酬；利息支出是林业企业债权人提供资产获得的报酬。

3. 林业企业的营运能力分析

林业企业生产经营行为分析还必须分析其营运能力，因为林业企业的营运能力反映了企业的整体水平，它既包括外部环境对企业的影响，也包括各生产要素之间的协调程度，还包括了企业的管理水平。具体可选用以下指标：

(1)总资产周转率。是指销售收入与平均资产总额的比值。林业企业的总资产营运能力，集中反映在总资产的销售水平即周转速度上，总资产周转率可用两种方式反映：

$$总资产周转次数=\frac{销售收入}{平均资产总额}$$

$$\begin{aligned}总资产周转天数&=计算期天数\div总资产周转次数\\&=计算期天数\times平均资产总额\div销售收入\end{aligned}$$

周转次数和周转天数从不同角度反映了资金的周转速度，前者为正指标，一定时期内周转次数越多，表明周转速度越快；后者为逆指标，周转一次所需天数越少则周转速度越快。两者互为倒数关系。

(2)流动资产周转率。是指成本费用总额与流动资产平均余额的比值，反映林业企业投入的流动资产的周转速度。其计算公式也有正指标和逆指标两种：

$$流动资产周转次数=成本费用总额\div流动资产平均余额$$

$$流动资产周转次数=计算期天数\div流动资产周转次数$$

$$= 计算期天数 \times 流动资产平均余额 \div 成本费用总额$$

式中的成本费用总额为营业成本(或产品销售成本)、营业费用(或销售费用)、管理费用和财务费用之和；流动资产平均余额与平均总资产额计算方法相同。

(3)存货周转率。是从流动资产使用行为方面来反映林业企业的短期经营行为，它可以用存货周转次数来反映，等于销售成本与存货平均余额的比值，其计算公式为：

$$存货周转次数 = 销售成本 \div 存货平均余额$$

或者用存货周转天数来反映。其计算公式为：

$$\begin{aligned}存货周转天数 &= 计算期天数 \div 存货周转次数\\ &= 计算期天数 \times 存货平均余额 \div 销售成本\end{aligned}$$

公式中的销售成本是指销售进价成本或销售制造成本，平均存货额的计算方法与平均资产周转率配套使用。

(4)应收账款周转率。是指商品或产品赊销收入净额与应收账款平均余额的比值，其计算公式如下：

$$应收账款周转次数 = 赊销收入净额 \div 应收账款平均余额$$

$$赊销收入净额 = 销售收入 - 现销收入 - 销售退回、折让、折扣$$

其中，应收账款平均余额的计算方法与平均资产总额的计算相同。

$$\begin{aligned}应收账款周转次 &= 计算期天数 \div 应收账款周转次数\\ &= 计算期天数 \times 应收账款平均余额 \div 赊销收入净额\end{aligned}$$

应收账款周转率反映了林业企业应收账款变现速度的快慢及管理行为的高低，周转次数越多或周转1次所需天数越少，表明应收账款收账越迅速，流动性越强，收款费用和坏账损失越少。

4. 林业企业的发展能力分析

林业企业的发展能力主要是对目前林业企业适应社会与市场程度的判断。如果一个林业企业的发展能力不强，应居安思危，增强紧迫感，在充分利用目前生产能力的同时加紧更新设备，进行技术改造，或采用其他方法解决自己发展能力不足的问题；而如果一个林业企业有充足的发展能力，则应抓紧时间扩大生产。反映林业企业发展能力的具体指标如下：

(1)总资产增长率。反映资产总额的增长速度，其计算公式如下：

$$总资产增长率 = \frac{期末资产总额 - 期初资产总额}{期初资产总额} \times 100\%$$

如果总资产增长率比较高，表明在一定时期内增加了新的生产手段和资金，林业企业发展有后劲。

(2)净资产增长率。是林业企业所有者权益的期末数比期初数的增长速度。所有者权益是林业企业资产总额减去负债总额后的净资产，所以净资产增长率更能确切地反映林业企业由资产保值增值而增强林业企业的发展能力。其计算公式为：

$$净资产增长率 = \frac{期末所有者权益 - 期初所有者权益}{期初所有者权益} \times 100\%$$

该指标为正数时表明净资产增长速度，为负数时表明林业企业资产不仅没有增值，而且未能保值。

(3)固定资产净值率。是指固定资产净值与固定资产原值的比例，其计算公式如下：

$$固定资产净值率=\frac{期末固定资产净值}{期末固定资产原值}\times 100\%$$

固定资产净值率反映固定资产的新旧程度和先进程度，一般说来，这个比例越高，表明固定资产越新、先进程度越高，固定资产尚有更长的使用时间，与固定资产净值率较低的林业企业相比，在发展上就处于有利地位。

在分析林业企业生产经营行为时，要特别注意外部环境对林业企业的影响，以正确判断形势。

由于林业企业的生产经营行为是一个连续不断的过程，无论是国家，还是企业领导人，都需要连续了解林业企业的生产经营行为状况。应分析以下三个方面较具体的内容：一是产销是否衔接，可用产销率反映；二是林业企业效益是否良性，对林业企业效益的分析应结合林业企业的各种条件具体分析；三是分配政策是否符合林业企业生产的实际情况，分配政策是否合理决定着林业企业的成本高低，还涉及林业企业的长远发展，因此，对于林业企业的分配政策必须经常监测。

上述几个方面的指标，可以从不同角度对林业企业生产经营状况进行分析。在实际工作中，只有将它们有机地结合起来，进行综合分析，才能全面系统地反映林业企业生产经营的全貌。

三、林业企业生产经营行为分析的方法

林业企业生产经营行为分析的方法取决于林业企业生产经营行为的特点，由于林业企业生产经营行为的复杂性，林业企业生产经营行为分析的方法很多。但是要把具体的方法一一列举，又很繁杂，而且也没有必要。将主要的介绍如下：

1. 在静态分析与动态分析相结合中突出动态分析

静态分析是对林业企业生产行为在现阶段所达到的水平、规模和发展程度的分析，着重现实状况。动态分析则是从林业企业生产经营行为变化的角度，揭示变化的方向，并对变化的趋势作出判断。一篇好的生产经营行为的分析报告，一般都必须具备静态分析和动态分析两种特性，因为，分析的最终目的是为找出问题、总结经验、摸清规律，以便将来有的放矢、不做盲目决策。静态分析是为前者服务的，动态分析则是后者的要求，因此，静态分析与动态分析缺一不可，前者是后者的基础，后者则是前者的逻辑结果。在市场经济体制下，动态分析的重要性更大，因为企业的决策与市场选择是否一致将在相当程度上决定林业企业的生存。

2. 在定性分析与定量分析相结合中突出定量分析

任何分析都需要定性与定量相结合，林业企业生产经营行为分析当然也不能例外。不过，由于林业企业的生产经营行为是非常微观而具体的行为，因此，定量分析特别重要，因为：①林业企业的生产经营行为大多可以定量表示；②对林业企业生产经营行为的定性指标可以较容易地进行量化；③市场经济条件下的林业企业生产经营行为一定要行之有据，这个根据不能靠主观判断，须得用数字说话。

3. 在微观分析与宏观分析相结合中突出微观分析

林业企业的生产经营行为是构成国民经济运行的基本单位，国民经济的运行总要对林业企业的生产经营行为产生影响，因此，在对林业企业的生产经营进行分析时，一定要就宏观形势对本企业的影响作出判断。这就要求把视线放得开一些，不仅要看到本企业，还要看到同行业，甚至整个国民经济；不仅要看到国内市场，还要看到国际市场；不仅要看到生产，还要看到经营和技术进步；不仅要看到经济因素，还要看到非经济因素。因此，进行林业企业生产经营行为的分析必须与宏观分析相结合，不过，由于林业企业分析主要是为微观服务的，因此，应该围绕微观看宏观。围绕微观看宏观应该做到：①准确地判断宏观经济形势的可能走向及对本行业的影响；②对国家颁布的宏观调控政策既要及早作出预见，又要仔细分析，找出其对本企业生产经营行为的有利和不利影响。

四、林业企业生产经营行为分析应注意的事项

作为一种较具体的林业企业生产行为，对林业企业生产经营行为的分析应遵循以下要求：

(1)分析的科学性。具体说来，就是运用的分析方法要科学、选择素材要科学，目的是做到判断准确、定量准确、预测趋势准确。要大胆地学习借鉴国外的先进方法和技术，结合国情灵活运用。

(2)分析的层次性。目前，林业企业行为越来越复杂，所涉及的矛盾也越来越多，要想判断准确，必须抓住最本质的。这就需要有层次地进行分析，切忌东搂西抓，反而发现不了主要的矛盾和问题。

(3)分析的真实性。分析的真实性首先是分析素材的真实可靠，要坚决反对弄虚作假的不良倾向。其次是分析思路的正确可靠，不能凭空臆想。要求做到：一方面，要求分析人员具有全面的观点，切忌以偏概全；另一方面要求分析人员用数字说话、用事实说话，切忌无根据的主观判断。

林业企业生产经营行为分析还应该注意一些其他事项，比如，篇幅不宜太长(太长则影响时效性)、论点鲜明有力(鲜明印象深刻)、论据尽量全面(全面则领导容易接受)、结论简明扼要(简明则易形成决策)等等。

第三节　林业企业生产经营平衡关系分析

林业企业在生产经营过程中，生产经营的各个方面及各个环节都必须保持平衡、协调，生产经营行为才能顺利进行，并取得较好的经济效益。统计要经常分析研究各方面的平衡状况，发现不平衡，及时提出建议，组织新的平衡，保证生产经营的健康发展。

林业企业生产经营中的平衡关系，主要有产销平衡，原材燃料的需要与供应量的平衡，生产任务与劳动力的平衡，生产与维修的平衡，木材生产采、集、运、装、卸、归的平衡等。

一、原材燃料供应量与需要量的平衡关系分析

原材燃料供应量与需要量之间的平衡，是生产的基本条件之一。如果原材燃料供应不

足，就会出现停工待料，影响生产的正常进行；如果原材燃料过多，超过正常生产的需要，就会出现物资积压，占用过多的流动资金，影响资金的周转和资金的效果。为此必须经常分析原材燃料供应量与需求量的平衡，保持合理的库存，既能保证生产的正常需要，又能减少流动资金的占用，提高资金周转速度。

木材采运企业油料和生产设备的零配件、木材加工企业的原料、材料和胶料等，经常由于日产量、单耗与计划的不同，或由于市场供应条件、运输条件等的变化，产生原材燃料的供应量与需求量的新矛盾。例如某木材采运企业某日生产计划任务为 20 000 m^3，日耗用柴油 600 kg，期初库存 9 000 kg，可供 15 天之用，14 日运进 9 000 kg，供应量和需要量是平衡的。但由于产量增加，日消耗量由 600 kg 上升到 650 kg。期初库存 9 000 kg 只够用 13.8 天，14 日才能运进柴油显然是迟了。通过分析，提前进货，从而保证采集运生产机械的正常作业。

二、分析生产任务与劳动力的平衡关系

劳动力与生产任务要相适应，这是生产的另一基本条件。所谓适应是指在一定劳动生产率的条件下，完成计划任务所需要的劳动力数量，与现有工人数的比，看是否超过，或是不足，以便及时采取措施予以解决。在分析生产任务与劳动力的平衡关系时要注意营林和木材生产、木材加工各行业的特点。在营林生产中工人一般春造林、夏幼抚、秋整地、冬间伐，依生产季节的变化而改变工种。对工种间的平衡考虑较少，而对季节的平衡考虑较多。木材生产和木材加工分工基本上比较固定，所以还要对木材生产各阶段、工序、基本生产和辅助生产进行研究。林业分析生产任务与劳动力的平衡，需要工人数可按下式计算：

劳动力需要量 = 计划产量(工作量) × 定额工日 ÷ 月制度工日数 ÷ 出勤率

例如，某林场 5 月份各树种需要幼树抚育的用工最计算如表 10-1 所示：

表 10-1　幼林抚育用工计算表　　单位：工日

树种	面积(hm)	抚育方式	定额	工日数
杉木	66.7	全锄	3	3 000
杂木	33.3	块状抚育	2	1 000
马尾松	133.3	劈草抚育	1.5	3 000
经济林	20	深翻抚育	6	1 800
合计	253.3			8 800

本场工人 200 人可参加幼林抚育，出勤率 95%，可以由本场工人完成 4 370 个工日的抚育任务，尚欠 4 430 个工日必需请附近农民来完成，才能保证幼林能按季节进行抚育。

三、分析生产设备能力与生产任务的平衡关系

分析生产设备能力与生产任务的平衡，要根据营林、木材生产、木材机械加工和林产化学加工各环节、各工序的机械化水平来进行。营林有的只有少数工序机械化，其余为手工作业，这种情况只分析个别工序即可。木材生产和木材加工等机械化程度较高，分析生

产设备能力与生产任务是否平衡要分阶段、分工序和各类设备看是否能协调。例如，某木材采运企业 2 月份原条集材量计划 20 000 m^3，全部由集材拖拉机完成，平均集材距离 1 000 m，平均台班定额40 m^3，月制度工作日 23 天，需要集材拖拉机 22 台(20 000 m^3 ÷ 40 m^3/台班 ÷23 台日≈21.7 台)。现在本企业完好的集材拖拉机 18 台，非完好的 6 台，共 24 台。从上述清况看，现有全部拖拉机生产能力虽然大于实际生产的需要，但由于完好率较低，使完好设备不能满足生产的要求。应加强管理、提高完好率，才能保证集材任务的完成。

第四节　林业计划完成情况分析

计划完成情况分析是企业经常进行的一种综合分析，它对总结计划完成的成绩，揭发存在的问题，提出改进意见和措施，推进计划的完成，改进经营情况有重要的作用。

一、计划完成情况分析

计划完成情况分析是在报告期终结后进行的综合分析，目的是总结成绩，分析未完成计划的原因和存在问题，提出改进建议和措施。计划分年、季、月。计划不同，分析要求也不同。月度和季度计划是进度计划，分析月度和季度计划要求及时，以便能抓住关键，及时采取措施进行解决，保证年度计划的完成。年度计划完成情况分析在年度终了后进行，是对全年计划执行情况的总结和综合评价。分析时要涉及各项主要经济指标，比月度和季度计划分析要细致、全面和深入。计划执行情况分析，既可就某一经济指标为主进行分析，也可以将各项主要经济指标联系起来进行分析。由于各经济指标之间是相互联系的，所以单项指标的分析也必须联系相关指标一起进行。如分析造林计划完成情况，就需要联系参加人数、行为种苗的供应等。分析销售利润必须联系销售额、销售成本等。在将各主要经济指标联系在一起进行综合分析时，既要有全企业的分析，也要落实到林场和车间，还必须要有重点，才能既全面又深入具体。

分析计划完成情况时，要计算计划完成率和计划与实际的差额，通过二者说明计划的完成程度。

$$\text{计划完成率} = \frac{\text{实际完成数}}{\text{计划数}}$$

$$\text{计划数与实际数差额} = \text{实际完成数} - \text{计划数}$$

当计划为总量指标(如造林更新面积、产量、产值、职工人数、设备数、原材料消耗量、利润等)、平均指标(如劳动生产率、平均工资、单位成本等)时，上述两种指标都计算。当计划指标是相对指标(如造林成活率、产品合格率、原材料利用率、成本降低率等)时，直接把计划数与实际完成数相减，就可以表明计划的完成程度，而不计算计划完成率。如某林场计划造林成活率为 92%，实际完成 95%，则造林成活率比计划多出了 3%(95% −92% =3%)。

二、林业企业计划进度分析和预计计划完成情况分析

上述计划完成情况的分析，属于事后的分析。它可为以后计划的制订和采取措施提供

依据，但对本期计划则是“马后炮”。进度分析和预计分析是在计划执行过程中的分析，属于事前的分析。它对经营管理人员随时掌握工作进度，发现问题，及时进行解决，保证月、季、年计划的完成有重要的作用。

(一)生产进度分析

造林更新、木材采集运、贮木场作业过程中应反映截至分析之日累计完成计划的程度，并给出工作建议。锯材生产都要在计划执行过程中进行进度分析，并通过分析影响计划进度快慢的原因，提出改进工作的建议。

$$\text{累计完成计划的程度} = \frac{\text{截至某日累计完成的产量}}{\text{本期计划产量}} \times 100\%$$

例如，某林业局 2 月份木材集运计划为 24 000 m^3，上半月产量均未完成一半，有可能完不成月计划产量。经调查各林场的情况时，发现有些林场有如下情况：第一，月初有松劲情绪，出勤率、日行为均较低；第二，有的集材拖拉机和运材汽车坏了，零配件供应不上，不能及时修理。管理人员加强了管理，供应部门及时解决了拖拉机和汽车的零配件，生产迅速走上正常，月末超额完成了计划。

(二)生产计划的预计分析

生产计划的预计分析通常在各月下旬、季末、年末前进行。它是在进度分析的基础上，根据生产发展的趋势，考虑到今后可能出现的有利因素和不利因素，如木材生产中的气候变化因素等，对本月、本季或全年可能完成计划的程度作出的估计。它也是一种预测，并对完成计划提出建议和措施。

预计分析方法有两种，第一种方法是测算至计划期末止的预计总产量，然后与计划对比，计算出预计计划完成率。预计产量由计划期初至预计分析时累计的实际产量和分折时至期末预计的产量组成。分析时至期末的预计产量，一般由余下的工作日数乘以计划期内实际平均日产量之和求得。第二种方法是先用计划产量减去期初至分析时累计完成的产量，得未完成计划的产量。把计划期尚未完成的产量除以实际平均日产量，求得完成所需天数，再与余下天数比较，说明预计完成情况。

例如，某林业局 3 月份运材量为 25 000 m^3，至 20 日累计完成 15 300 m^3，余下 9 天工作日。预计计划完成情况如下：

$$\text{实际平均日产量} = \frac{\text{至预计日累计完成产量}}{\text{至预计日工作日数}} = \frac{15\ 300}{14} = 1\ 093\ (m^3)$$

$$\text{预计计划完成程度} = \frac{\text{至计划期末止预计总产量}}{\text{计划产量}} \times 100\%$$

$$= \frac{\text{至预计日累计完成产量} + \text{实际平均日产量} \times \text{预计日之后制度工作日数}}{\text{计划产量}} \times 100\%$$

$$= \frac{15\ 300 + 1\ 093 \times 9}{25\ 000} = \frac{25\ 137}{25\ 000} = 100.55\%$$

3 月份尚未完成的计划产量为：$25\ 000 - 15\ 300 = 9\ 700\ (m^3)$

$$预计完成计划所需天数 = \frac{本期尚未完成的计划产量}{实际平均日产量}$$

$$= \frac{9\ 700}{1\ 039} = 8.9(天)$$

提前完成计划天数为：9 - 8.9 = 0.1(天)

上述分析表明某林业局3月份运材量可以按期完成计划，但超额有限，3月份仍是木材运输的黄金季节，必须加强管理，利用有利时机，切记麻痹。

第五节 林业部门综合林业统计分析

林业是一个特殊行业，它肩负着优化环境和促进发展的双重使命，是一项兼有生态、经济和社会效益，集第一、二、三产业为一体的基础产业和社会公益事业；它和工业、农业、商业、交通运输业等国民经济其他部门有机组合在一起，运行在国民经济建设系统中。因此，对林业部门进行综合分析在林业统计工作中占有重要地位和具有重要作用。

一、林情特点与林业扶持的关系分析

历史发展表明，林业的兴衰直接关系到国家之富强、民族之兴旺、人类之生存。永远是相互依存、共损共荣的关系。林业问题在当今世界已不是一个简单的经济问题，从一定意义上讲，是全社会所关注的一个重要的社会问题。各国的国情、林情、经济发达程度，以及对林业作用的认识水平不同，体现在与林业扶持的关系上也各具特色。

1. 我国的林情特点

(1)森林资源相对贫乏。从国际比较看，中国是一个森林资源相对贫乏的国度。虽然在绝对量上我国尚属世界森林资源大国，但在相对量上，我国又具有明显的“小国”特征。我国土地总面积约占世界土地总面积的7%，人口约占世界总人口的22 %，而森林面积仅占世界的4%左右，林木总蓄积量还不足世界总量的3 %。按人口平均计算，我国人均有林地面积为0.11 hm^2时，蓄积量为8.6 m^3，分别只相当于世界人均水平的12.6%和14.2%。我国在世界上仍属森林资源贫乏国家之一。与我国的国情相联系，资源相对贫乏的趋势短期内将难以改变。

(2)森林分布不均。全国森林资源主要集中分布在东北和西南，活立木总蓄积量中，东北三省、内蒙古自治区和川滇两省分别占32.39%和26.39%。而用材林过熟林多分布在交通不便地区，其中西藏自治区的用材林近成过熟林蓄积量为85 827万m^3，占全国用材林近成过熟林蓄积量的23.20%，而南方集体林10省区的近成过熟林仅有3 491万m^3，仅占全国用材林近成过熟林蓄积量的9.45%。

(3)森林质量低且呈下降趋势。森林质量综合反映着一国森林的经营水平和对利用的支持能力，从国际比较看，我国森林质量不高。用材林单位蓄积量和生长量普遍较低，人工林每公顷蓄积量平均仅28.27 m^3，这在北温带国家处于最低水平。从我国森林资源的变化看，表现出明显的质量下降趋势。一是单位面积蓄积量下降；二是用材林中成过熟林比重下降；三是针叶林比重下降；四是林龄结构低龄化。综合评价我国目前的森林质量，其

结论是，水平低且日益下降。

(4)林业处在转折时期。我国林业目前正处在一个特殊的发展时期，其表现是：

①森林资源结构已进入剧变期，遗产性资源经过长期利用已所剩无几，资源质量明显下降，支撑力减弱；人工林因行为低下提供木材供给的能力难如人意。

②需求多样化趋势要求森林进行与社会发展相适应的利用目标调整，增加森林在环境方面的贡献，要求对木材利用施加必要的限制，以使森林各功能协调发挥。

③森林资源中高商业价值木材的比例下降，低商业价值木材比例上升，由于林区工业基础薄弱，在向市场经济转轨的过程中，生存压力正在增强，生存与发展成为新形势下林区面临的主要矛盾。

资源相对贫乏，资源质量低且日趋下降，先天的分布缺陷及发展的历史转型期综合构成了当今中国林业的林情特点。受其制约，林业发展与社会需要之间存在着许多深层矛盾。①由于森林资源相对贫乏，在总供给与总需求之间还存在着较大的差距，难以平衡，即不能满足社会对木材不断增长的需求，又无法满足生态需求，木材短缺与生态环境恶化同时存在，各利用目标间的选择条件不宽松，孕育着相互冲突的风险。②处在转型期的林业，其发展过程受到多方面的影响，从传统林业转向现代林业，从低效林业转高效林业，从单目标林业转向多目标林业，从资源依赖型林业转向产业型林业，是林业从根本上摆脱困境的希望所在。但是，处在转型期中的林业又必须面对因转型而产生的矛盾和冲突。

总之，在需求多样化且不断增长的今天，中国林业正面临着多方面的挑战，现有的资源及自我经济实力很难支持林业摆脱困境。缓解矛盾的出路在于发展，在于全社会支持林业，为林业发展提供一个外部推动力量——即扶持林业。

2. 我国的林业扶持体系

当今世界各国，凡林业发展卓有成就者，无不与国家和政府对林业的重视和积极的经济扶持密切相关。正是基于人类与森林关系的演进，林业“物质性”的客观存在，以及现代社会对林业多元化需求的愿望，决定了林业扶持的必然性和必要性。但是，由于各国的国情、林情及所处的发展阶段不同，因此，林业扶持体系也应有自己的特色。

(1)扶持与林业发展格局。当今全球林业发展的共同特征是：分工与林业的全面社会化。社会对森林价值的认识从单一功能趋向多样化，为避免森林两大类功能在利用过程中发生冲突，最大限度地发挥森林的多种效益，进行利用目标调整，将森林按需求目标进行必要的分工。按照这种格局，森林在实践中被划分为商业林、非商业林和多功能林三大部分。非商业林包括自然保护区，森林公园，专用防护林等；商业林包括主要以商业目标经营的森林；多功能林则包括协同一个以上利用目标的森林。

中国已进入需求多样化时期，由此推动的森林利用目标调整和经营格局重构已经展开。鉴于中国森林资源相对贫乏，森林经营行为低下，加之资源又处在转型期，历史地形成了多目标需求与资源利用存在严重冲突的局面，并且冲突伴随需求的不断增长而呈加剧之势。

解决矛盾、缓解冲突的根本出路在于发展、在于全社会关注并支持林业，为林业发展创造一个良好的外部环境，而林业自身则应适时引导，向分工分治的方向发展，以森林各功能的最大限度发挥来满足社会需求。

(2)扶持政策及措施。扶持林业的发展，通过资金、技术服务等方式为其创造条件，加速发展进程。引导林业向结构合理，优质高效发展。三大功能的结合构成促进林业发展的政策取向，就我国目前的情况而言，扶持应是政策的核心。扶持政策的实施必须与林业的经营格局相联系。为此，林业扶持政策与措施的选择也应与分工分治的格局相对应。依据分工分治格局，扶持体系是：

①公益性林业扶持政策与措施　公益性林业的主体目标是发挥森林的各种公益效能。包括：农田防护，水土保持，防风固沙，城市林业，水源涵养，环境美化，自然保护，森林公园，珍稀动植物保护等。这部分森林属于非商业森林，这部分森林是否能正常发挥功能并维持其稳定，将直接关系到国计民生和全社会的生存环境与质量。

鉴于公益性森林在目前及今后社会发展中的重要作用，兴办公益性林业的资金主要是国家、地方政府及社团投资。对于关系到国计民生，社会稳定的大型公益林工程(如“三北”防护林、长江中上游防护林等)，应由国家管理，国家投资；区域及地方性生态建设项目，应以区域及地方为投资主体，国家给予一定的支持；城市环境绿化及林业建设，必须纳入城市总体规划，投资应在城市建设费中解决。

②商业性林业的扶持政策与措施　商业性林业的主体利用目标是为社会提供各种林产品，此类扶持政策的目的是加速发展，增加各种林产品的供给能力。扶持政策的重心主要表现在两个方面，一是扩大森林资源的面积，二是扶持相应利用工业的发展。

扶持措施有：直接扶持，对象为生产行为，内容包括：生产费用补贴，低息或无息贷款，风险补贴，税收减免；间接扶持是非经济性扶持，内容包括：技术指导，咨询服务，教育培训等；产业建设扶持是商业性林业发展的核心，也是当前我国林业转型期的核心。林业在走向产业化的过程中面临着多方面的挑战，需要完成从资源经济到产业经济进而到现代产业建设的双重跨跃。因此，没有内外部力量的强大支持，完成这一历史性的转折是不可能的。

除上述扶持措施外，基于我国的国情和林情及发展的需要，有必要设立林业基金和林业产业化建设基金，通过稳定的资金渠道保证林业发展。

二、森林与生态环境的关系分析

目前，国际社会已站在人类命运和地球前途的高度来认识森林的作用和地位。当前，森林问题已成为全球生态环境的核心问题，森林是环境与经济协调持续发展的关键，是人类赖以生存和创造文明的基础。

1. 中国林业生态环境建设状况

中国科学院生态环境研究中心在中国生态环境的预警研究报告中，对我国生态环境作出了基本评价：“先天不足，并非优越；人为破坏，后天失调；局部有改善，整体在恶化；治理能力远远赶不上破坏速度，环境质量每况愈下，形成了中国历史上规模最大、涉及面最广、后果最严重的生态破坏和环境污染。”主要表现为：

(1)水土流失严重。我国是世界上水土流失最严重的国家之一，目前我国水土流失面积为 367 万 km^2时。每年流失的土壤厚度平均约 0.1~0.2 cm，土壤质量达 50 亿 t，相当于 233 万 km^2 土地的表土层，流失的养分相当于 4 000 多万 t 化肥，价值高达 71.6 亿元。

(2)荒漠化加剧。荒摸化所造成的环境退化和经济贫困被列为威胁人类生存的世界十大问题之首。它不仅威胁到整个人类的生存环境，而且也是制约全球经济发展和影响社会稳定的重要因素。我国是世界上土地荒漠化面积较大、分布较广、危害较严重的国家之一。每年全国因风沙造成的直接经济损失高达45亿元，间接经济损失平均为直接经济损失的2~ 3倍，有时甚至达10倍以上，每年约有相当于一个中等县面积的土地变为沙质荒漠化土地。

(3)水资源短缺。我国水资源储量居世界第四位，河川径流量排第六位，但人均水量仅2 710 m^3，为世界人均水量的1/4，列居世界第88位。我国是世界上的“贫水大国”之一，而且时空分布很不均匀。

(4)野生动植物资源减少。我国幅员辽阔，自然条件复杂，孕育了丰富多样的野生动植物资源，是世界上动植物种类最多的国家之一。但由于我国的原始森林长期受到破坏，原始林每年减少约5 000 km^2时；草原退化面积已达87万 km^2，使得我国动植物栖息环境不断受到破坏，动植物种类不断减少，有的已面临绝种危险。

(5)大气污染形势严峻。目前，我国以城市为中心的大气污染问题仍在加剧，并不断地向外扩展，尤以人口密集的工业地区最为严重。

(6)自然灾害频繁。我国生态环境脆弱，是世界上自然灾害最频繁、最严重的国家之一。据初步估计，我国的自然灾害已严重影响国民经济的持续发展，也影响到社会的安定团结。

2. 森林与环境的关系

(1)森林能有效地防止水土流失；

(2)森林能有效地遏止土地荒漠化；

(3)森林具有增加大气降水的作用；

(4)森林能有效保护物种资源，保护生物多样性包括三个层次，即生态系统多样性、物种多样性、遗传基因多样性；

(5)森林能有效地减缓温室效应；

(6)森林能较好地防治大气污染，林木具有净化大气中SO_2和防治光化学烟雾的作用。

三、林业与工农业的比例关系分析

林业与国民经济的持续发展紧密相关。国民经济发展需要林业提供优质生态环境和多种物质原料扶持和政策支持。所以，林业发展需要与国家经济保持适当比例关系。国民经济的发展要求林业与它保持适当，而林业的发展也要求它在国家工农业发展中保持适当。

1. 林业必须与国民经济发展保持适当比例关系

森林是陆地生态系统的主体，是改善国家及各区域生态环境，实现国民经济持续发展的关键因素，它所具有的多种生态和多种物质产出及其多种明显的与潜在的生态效益、经济效益、社会效益，是其他任何经济部门所无法比拟的。因此，林业在国民经济发展中的重要地位和作用决定了林业在国民经济的发展中必须保持适当比例关系，尤其在国家基本建设的投资上应适当加大比例。

2. 林业与工农业的比例关系状况

(1)现阶段我国林业在农业发展中的比例关系。目前，我国林业产值仅占农业总产值的5%左右，然而，森林的生态效益要比目前林业产值高出十几倍。现行的林业产值的统计是不合理、不全面的，它不能真正反映林业生产的全部价值。因此我们必须改革现行林业产值的计算指标和统计范围，重新确定现阶段林业在农业总产值中的合理比例关系。

(2)现阶段我国森工在工业总产值中的比例状况。我国森工产值自中华人民共和国成立以来是稳步增长的，但它占全国工业总产值的比例很小，今后发展趋势更是增长缓慢。

(3)现阶段我国林业投资的比例状况。我国每年对林业基本建设的投资是林业持续发展诸多因素中最关键的因素，然而我国对营林和森工的投入偏低，近年来林业在全国基本建设投资中的比例只占1%左右。

3. 确立林业与工农业适当比例关系的对策建议

我国是个森林资源贫乏的发展中国家，由于森林资源日趋减少，生态环境日趋恶化，水、旱灾害连年频繁发生；同时由于经济发展和人口激增，使木材供需矛盾十分突出，就更加剧了对森林资源的破坏，从而严重地影响了国民经济的发展和人民生活的需求。特别是当前，我国林业正面临着世界性的生态环境与经济发展乃至人类生存的严峻挑战，改善生态环境，实现持续发展是我国林业建设的重大使命。因此，建议有关决策部门在改善确立现阶段林业在国民经济及工农业发展中的适当比例关系上必须要有突破性的进展。为此，提出以下对策和建议：

(1)林业是一独立的产业部门，具有其特有的经济发展和经营管理的特点和规律，而且在国民经济发展及改善生态环境中具有极其特殊的地位和作用，因此，国家在国民经济计划管理及统计工作中，应当把林业的指标从农业(营林)和工业(森工)中独立出来，即在国家统计林业产值及计划投资比例中，把林业的指标单列出来，从而设立林业总产值指标。这样方能明显地观察林业在国家社会总产值的投资比例中的变化与作用，以便为国家宏观调控提供明显和确切的依据。

(2)改革林业产值统计范围，在国家社会总产值中设立林业总产值指标。要把森林的生态价值量、森林旅游收入和茶、桑、果、药等均纳入林业总产值的统计范围。初步设想：林业总产值=营林产值+森工产值+茶、桑、果、药等产值+多种经营产值+森林生态效益价值量+森林旅游收入。

(3)加强人工林的集约经营，不断提高森林生产力，努力发展高效持续林业；同时加强木材及林副产品的深度加工，不断提高木材的利用率，从而不断提高营林、森工等各项指标的产值，以增加林业在社会总产值中的比例。

(4)工业人工林的经营必须以市场经济为导向，不断提高林产品的质量，提高市场竞争力，以实现市场增值，全面提高工业人工林的经济效益。

(5)鉴于林业对改善全国生态环境，促进国民经济持续发展和提高人民及后代生活质量的重大作用以及林业在面临环境与发展的严峻挑战中所承担的重大使命，建议国家加强对林业的经济扶持政策，特别是在国家宏观投资政策上，要不断加大林业的投资力度，在增加林业投入方面，希望有较大的突破。

四、林业发展的国际比较与中国林业发展的对策分析

2001 年我国加入“世界贸易组织(简称 WTO)”(以下简称“入世”)后，意味着在经济

国际化、全球一体化背景下，我国经济将全面融入世界经济体系，全方位参与国际分工和国际竞争，我国林业同样面临着各种各样的挑战，我们必须将林业置入国际比较并围绕竞争力这一核心进行实证才能回答我国今后林业发展的基本趋势与规律。

1. 林业发展的国际比较分析

(1)森林资源的国际比较。林业是受资源约束较强的产业，森林资源存量、资源禀赋对一国参与国际竞争的能力有着重要影响。从资源拥有量看，中国尚处世界前列；而从资源相对占有量看，中国则是资源贫乏国家。其特点是：遗产性资源存量少，且经过长期的历史过程，剩余资源多留存边陲及主要江河上中游，历史地形成了资源与需求有较大空间距离；森林承担着保持水土、卫护环境的重任；经过 40 多年的开发利用，可采资源基本耗尽；人工林虽面积大，但质量较差。

(2)林产品竞争比较。支撑林产工业的原料基本保持着略高于国际市场价格的水平。随着市场力量的增强，中国以低价原料支撑林产工业的时代已经结束，在国际比较中，已不具优势。从加工业看，我国林产工业的规模严重偏小，整体素质不高，缺乏参与国际竞争的先决条件，尤其是对于像我国这样资源相对贫乏的国家，数量扩张将使资源在很大程度上造成浪费。改变我国目前工业结构不仅必要，而且紧迫，但难度很大。除因资金不足受到限制外，还将遇到体制、就业、利益关系的阻碍。

在主要林产品加工业项目上，我国与世界主要国家间劳动生产率差距较大，缺乏必要的竞争条件，整体上属于低效型结构。在技术上与先进国家尚有较大的差距。

(3)贸易比较。以九大产品的贸易流向分析(包括针叶锯材和胶合板材原木、阔叶锯材和胶合板材原木、制浆材、单板、胶合板、刨花板、纸浆、新闻纸、纸和纸板)，我国是主要进口国。在全球林产品贸易中，中国是林产品净进口国，并且进口量不断增大。尽管我国林产品进口呈持续增势，但平衡国内供需矛盾仍需借助各种限制性措施，如限制利用，强行替代，关税及非关税措施等。这些措施在很大程度上对需求及进口起到了抑制作用，对保护国内资源、调节总供需起到积极作用。“入世”以后，我国林产品的关税及非关税措施已按 WTO 有关条款的要求减少和逐步取消。

从以上三个方面的比较，我们可以看到中国林业面对“入世”新的严峻挑战，即主要林产品供给不足，原料对工业的支撑力不强，价格与国际市场接近或略高，工业素质低下，贸易环境严峻。

2. 我国未来林业发展的机遇分析

尽管我们从国际比较中深切地感到面临挑战的严峻性，但从发展的角度、从参与国际分工与竞争的大背景，我国林业获得的机遇是前所未有的。“入世”后中国与世界已紧紧地联系在一起，把发展的疆域从一国扩展到整个世界，把自身的发展纳入国际上大多数国家认可的框架体系内，获得了按照共同遵循的准则参与国际竞争和分工的发展环境。我国林业发展的空间和机会更广阔、更丰富。

按照国际分工和竞争的比较优势理论，目前我国林业在许多方面尚有优势，基于我国仍属发展中国家，人口众多，劳动力资源丰富且价格低廉的基本前提，在某些劳动密集型产业方面我国林产品具有明显的比较优势。

一些主要林产品如原木、人造板、纸浆和纸制品等，虽然按目前国际比较在我国尚无优势，但随着“入世”后的形势变化，也同样富含着广泛的发展机遇。“入世”后林业及整个林产工业因国内外冲击将被迫进行大规模的产业结构调整和产业重组。从资源调整角度看，从低效林业转向高效林业将是其最终的目标取向。从产业结构调整的角度看，林业产业都将面临着适应“入世”形势进行结构调整。“入世”为我国林业在市场竞争的环境下增强实力，克服存在的各种弊端，创造了机遇。

中国林产品需求潜力大，同时，我国主要林产品提高竞争力的潜力也是巨大的，具体体现在规模经济潜力、资源潜力和管理潜力。潜力向现实的转化需要有必需的资金推动，“入世”意味着我们寻求资金支持的领域空前扩大了。

3. 我国未来林业发展的对策分析

对策必须以中国林业的现实条件和未来发展的可能为基本出发点。综合判断各种可能和限制性的因素，将对策的边界拓展到条件许可的最大限度。

(1)选择适宜的战略。战略选择是林业迎接国际竞争的核心问题之一。一般对资源较为丰富、国内市场相对狭窄、竞争力较弱的国家，选择出口导向型战略具有基本条件，至于选择哪种项目，则要依据各自的特点而定。林业是受资源约束很强的产业，没有充分的资源支持是难以选择出口导向战略的。我国的情况和目前的国际环境，从根本上决定了除某些产品外，不宜采取出口导向战略，而应选择进口替代型为主的战略。对于某些在国际上有竞争优势的产品则可选择出口导向型战略。在产业政策方面，无论哪种战略都应围绕提高竞争力这一核心进行调整，从国家和部门两个方面重点注入调整资金，尤其是进口替代产品，在国内发展并着力于满足国内需求。

(2)调整产业结构，提高竞争力。目前，我国林业产业结构以小规模、低行为、高就业、低技术水平为特征，难以同国际上实力较强的竞争对手竞争，因此，必须大幅度调整产业结构。产业结构的基础是资源产业，这是决定林业的生存与发展、保证产品竞争力的前提条件。资源产业调整的目标是建立高产、高效的工业用材林基地。通过以工业人工林为核心的行为转换，使林产工业获得充分、优质、低价原料成为可能，从而为提高林业竞争力奠定一个坚实的基础。

(3)组织产业联合会或类似的非政府组织，以协调企业间的行为。世界各国提供的经验证明，有效的非政府组织能起到协调企业共同行为，形成最有效的结构堡垒，使整个产业得到保护，抵御外来冲击，在国内市场遵循某些规则并避开 WTO 制约的重要作用。

(4)利用 WTO 的多边贸易谈判争取的权力保护我国林业。WTO 通过多边贸易谈判制定一系列保障权力义务和利益平衡的法律文件，当国内企业遭到大量进口的冲击时，这些法律文件又是可供利用的“安全阀”。

本章小结

林业统计综合分析活动是在统计设计、调查、整理的基础上进行的，是一项复杂的逻辑思维活动，具有创造性思维的特点。林业统计分析有利于深化林业统计认识，发挥统计整体功能，提高统计工作地位，增进社会了解。林业统计分析的种类多样，按照一定的特征可对林业统计分析加以分类。林业统计分析的一般步骤包括选题、建立分析指标体系、资料的搜集与整理以及林业统计分析方法的正确应用。林业统计分析的内容广泛，其中，对林业企业生产经营行为分析包括对林业企业的偿债能力分析、获利能力分析、营运能力分析和发展能力分析；对林业企业生产经营平衡关系的分析包括原材燃料供应量与需要量平衡关系分析、分析生产任务与劳动力的平衡关系分析、生产设备能力与生产任务平衡关系分析；对林业计划完成情况分析包括林业企业计划进度和预计计划完成情况分析。对林业部门综合林业统计分析包括对林情特点与林业扶持关系分析、森林与生态环境的关系分析、林业与工农业的比例关系分析、林业发展的国际比较与中国林业发展的对策分析。

思考题

一、判断题

1. 林业经济效益概念中的劳动效果，是指林业生产经营活动所创造的有效劳动成果的总和，它只表现为价值成果或称为收益性经营成果。(　　)

2. 林业经济效益统计的任务总的来说，就是要对林业生产经营性活动的某个方面和某一过程的经济效益状况进行定性反映和考察。(　　)

3. 林业流动资金在一定时期内周转的速度越快，则发挥的作用越大，经济效益也就越好。(　　)

4. 每百元工资林产品产量指标反映了林业部门活劳动消耗的经济效益。(　　)

5. 林产品生产能力利用提高效率指标，反映的是林业生产设备消耗的经济效益指标。(　　)

6. 每万元产值原材料实耗量指标反映的是劳动对象的消耗。(　　)

7. 林业费用产值率指标只反映了林业部门全部劳动消耗的经济效益。(　　)

8. 固定资产利用率指标只反映企业所生产各种林产品的销售收入。(　　)

9. 计算固定资产产值率时，固定资产应采用原值进行计算。(　　)

10．成本利用率与资金利用率一样，能够全面的反映资金利用的效益。(　　)

11. 对企业经营效益进行综合评价时不宜采用动态比较指标。(　　)

二、单项选择

1. 林业经济效益是指(　　)。

A. 投入和劳动占用的比较　　B. 产出和产出的比较

C. 产出与贡献的比较　　D. 投入与产出的比较

2. 在考核和评价林业经济效益时，应强调(　　)。

A. 生态效益服从经济效益　　B. 社会效益服从经济效益

C. 经济效益本身的最大化　　D. 经济效益服从生态和社会效益

3. 以下属于产出的是(　　)。

A. 成本　　B. 利税　　C. 资金占用　　D. 活劳动消耗

4. 以下属于投入的是(　　)。

A. 林业增加值　　B. 利税　　C. 林业总产值　　D. 成本

5. 以下属于林业经济效益考核指标的是(　　)。

A. 林业增加值　　B. 人均国民收入

C. 林业增加值增长率　　D. 成本产值率

6. 以下反映活劳动的经济效益的指标是(　　)。

A. 林业生产费用产值率　　B. 流动资金产值率

C. 劳动生产率　　D. 生产资金利税率

7. 以下属于经济效益指标的是(　　)。

A. 销售收入增长率　　B. 企业利润增长率

C. 林业增加值增长率　　D. 林业销售成本收入率

8. 生产资金利税率主要反映(　　)。

A. 劳动消耗的效益　　B. 活劳动消耗的效益

C. 物化劳动消耗的效益　　D. 资金占用的效益

9. 负债比率，是企业负债总额与(　　)。

A. 企业全部资金之比　　B. 企业流动资金之比

C. 企业固定资金之比　　D. 企业自有资金之比

三、多项选择题

1. 以下属于林业经济效益综合指标的有(　　)。

A. 林业生产费用产值率　　B. 全员劳动生产率(按附加值计算)

C. 生产资金产值率　　D. 林业成本利税率

2. 以下属于林业经济效益概念中的投入有(　　)。

A. 林业职工工资总额　　B. 现价林业总产值

C. 报告期平均固定资产净值　　D. 以销售产品成本

E. 企业利润总额

3. 选择属于宏观经济效益指标体系的内容有(　　)。

A. 反映盈利水平的指标　　B. 人员价值形成过程的经济效益指标

C. 反映经济安全状况的指标　　D. 反映资金占用的经济效益指标

E. 反映满足社会需要的经济效益指标

4. 反映劳动资料耗用的经济效益指标有(　　)。

A. 林业产品原材料单耗指标　　B. 主要林业产品生产能力利用提高率

C. 主要产品劳动生产率提高率　　D. 主要设备利用提高率

E. 林业物耗指数

5. 反映企业盈利水平的指标有(　　)。

A. 成本利润率　B. 资金利税率　C. 产值资金率　D. 资金利润率

6. 以下属于林业效益中产出指标的有(　　)。

A. 林业增加值　B. 国民投入　C. 成本　D. 利税　E. 生产资金占用额

7. 资金利税率的分解因素指标有(　　)。

A. 资金周转率　B. 利税　C. 成本产值率　D. 成本

四、计算题

1. 已知某企业某期林业增加值为80万元，总成本为170万元，又知其销售利税额为增加值的40%，产品销售成本与总成本比例为0.7∶1。

要求：(1)计算成本产值率；

(2)计算成本利税率。

2. 已知某企业某期附加值为90万元，产品销售利税额为35万元，固定资产平均净值为70万元，流动资金平均余额为36万元。

要求：(1)计算资金(费用)产值率；

(2)计算资金利税率；

(3)计算固定资金产值率；

(4)计算流动资金产值率。

3. 某企业报告期有关经济效益指标的资料如下表所示。

指标	单位	基期值	满意值	不允许值	报告期值	权数
产品质量稳定提高率	%	88	100	85	92	15
产品销售率	%	98	100	80	94.6	10
资金利税率	元/百元	26.8	33	20	27.2	20
流动资金周转率	次	3.1	3.5	2.2	3.1	15
增加值率	%	29.3	31	27	29.24	15
万吨能耗生产的产值	万元/万 t	125	150	120	131	10
全员劳动生产率	万元/人	80	100	70	80	15

要求：(1)计算该企业综合经济动态指数(其记分标准：比基期改善的——按权数记分；与基期持平的——按权数的二分之一记分；比基期退步的——按零记分)

推荐阅读书目

1. 耿玉德．现代林业企业管理学．东北林业大学出版社，2016.

2. 中国林业科学研究院林业科技信息研究所．世界林业发展前沿研究．中国林业出版社，2015.

3. 高岚．林业经济管理学．中国农业出版社，2019.

相关链接

1. Intenational Union of Forest Research Organizations(Annual Report). https://www.iufro.org/publications/annual-report/

2. 林业生产统计数据库(艾媒数据中心). http://data.Timedia.cn/13067173/13067175/24718519

第十一章　世界林业统计与评价

内容提要

本章从具体、微观林业统计工作转向全球林业统计情况的介绍，这是因为从宏观层面把握世界林业的发展特征、顺应世界林业发展的科学趋势，必然要求对世界林业统计有所了解，这主要包括世界林业统计的主要机构、统计数据库以及统计报告等方面，由此才能更为深刻地了解森林在消除贫困、确保粮食安全和提供居民生计等方面发挥的基础性作用，以及领会森林提供重要而长期生态系统服务的战略性功能价值。进一步地，可以看出，世界林业统计的重要性，为森林管理、利用、保护提供基础数据，再进行比较分析，作为决策依据并预测未来。本章分为五节，第一节是介绍了主要的世界林业统计机构，包括其主要工作和倾向研究或发布的林业统计数据与分析报告；第二节从林地变化、林业效益、林地经营及政策、林产品贸易等方面介绍世界林业统计的主要指标，并试图从指标数值中分析成因和判断未来，最终给出了通向可持续发展的森林之路。第三、四、五节则从系统论的角度出发，基于世界林业投资项目统计的视角，较全面地构建了世界银行林业贷款项目绩效统计评价的指标体系、标准体系、方法体系、制度基础和组织基础的构建。通过本章的学习，旨在开拓视野，获得更多有关世界林业的二手统计资料来源，并借由世界林业统计报告，了解全球林业的发展脉络与特点。

第一节　世界林业统计机构介绍

一、联合国粮农组织(FAO)

联合国粮农组织(UN Food and Agriculture Organization，简称 FAO，机构网址：www. fao. org)是联合国系统负责农林事务的专门机构，成立于 1945 年 10 月，总部设在意大利罗马，现有 180 个成员国。其宗旨是：“提高人们的营养水平和生活标准；改进粮农产品的有效生产和分配；改善农村人口状况，促进世界经济发展，保证人类免于饥饿。”为此，FAO 的主要职责包含了信息收集、分析和传播；向成员国提供政策和计划咨询服务；充当中心论坛；促进国际合作；向成员国提供资金和技术援助。

FAO 中的林业机构主要有：林业委员会、杨树委员会、亚太林业委员会。设在北京的 FAO 驻中国、蒙古和朝鲜代表处，负责与驻在国联系并审报和监督实施 FAO 无偿援助项目。中国国家林业部门与FAO的合作始于1978年，多年来一直保持良好的合作关系，合作重点是争取和实施无偿援助项目。自1978年以来，FAO通过技术合作项目和信托基金项目共援助我国31个项目，总金额约1100万美元。同时，我国加入了粮农组织林业委员会、杨树委员会和亚太区域林业委员会，积极参与有关活动。

目前粮农组织林业部的统计工作包括以下几个领域：

1. 提供具有可比性的全球林业统计

(1)林产品生产、进出口、以及消费的年度数据(FAOSTAT林业在线统计数据库和粮农组织林产品年鉴)；

(2)纸浆及纸制品生产能力调查和回收纸制品调查；

(3)五年一度的森林资源统计(森林资源评估)。

2. 国家技术支持

(1)林产品统计能力改善项目，通过举行培训和研讨会的形式，旨在帮助各成员国改善林产品统计能力，增强林业统计系统的效率以及数据可靠性和准确性。

(2)收集森林资源统计数据和信息，旨在改善各成员国计划和政策发展的能力(国家森林监控和评估)。

二、国际竹藤组织(INBAR)

国际竹藤组织是由中国政府和加拿大政府于1997年11月联合创办的第一个总部设在中国的独立的、非营利性政府间国际组织，《成立国际竹藤组织的协定》于1997年11月6日在北京签署，9个发起国分别是孟加拉国、加拿大、中国、印度尼西亚、缅甸、尼泊尔、秘鲁、坦桑尼亚和越南。目前，该组织成员国已经发展到50个。

INBAR的宗旨是通过国际竹藤业的研究和发展，促进国际间交流与合作，推动全球竹藤业发展和资源利用，保护全球生态环境。INBAR经费来源主要靠国家和国际组织的捐助，现已得到国际农业发展基金(IFAD)、加拿大国际发展研究中心(IDRC)和荷兰政府的资助，共700万美元。作为东道国，我国在其成立之初的5年内向其提供了总价值200多万美元的财政支持，并为其提供总部办公楼，此后每年向该组织提供40万美元的赠款。国际竹藤组织自成立以来，已为我国争取到折合人民币9000多万元的项目资金，是我国同期捐款和会费总额的近3倍。

自1997年在北京成立以来，国际竹藤组织同时针对全球竹藤资源建立起了科学而全面的研究体系和数据库，比如国际竹藤贸易数据库、全球竹资源的分布、世界竹子利用数据库等，国际竹藤组织网络现已被世界广泛认可为专业的竹藤资源库。在环境效益方面，国际竹藤组织与联合国环境规划署合作开展了竹和藤的资源量评估，共同出版了世界竹种分布数据库，提高了人们保护竹藤资源的意识；同时，国际竹藤组织与联合国粮农组织合作开展全球竹资源清查项目，对推动全球竹产业发展起到了非常重要的作用和意义。

三、国际热带木材组织(ITTO)

国际热带木材组织(International Tropical Timber Organization，ITTO)是以促进热带森林保护、热带木材可持续生产和贸易为宗旨的政府间国际组织。成员国既包括美国、欧盟、日本等以消费热带木材及木制品为主的发达国家和地区，也包括以提供热带木材为主的马来西亚、印度尼西亚、巴西、喀麦隆、加蓬等木材生产国，共有69个成员国，总部在日本横滨。中国政府以中国国内每年消费和制造的热带木材、木材产品数量较大而成为ITTO最重要的成员国之一。同时美国、欧盟、日本等国家和地区的政府也通过对ITTO的项目资助等方式，参与ITTO的决策活动，直接或间接地影响着全球热带木材、木材产品的贸易乃至舆论动向。

TAG(Trade Advice Group)是国际热带木材组织(ITTO)的贸易咨询专家组，由ITTO各成员国(中国、美国、欧盟、日本以及热带木材生产国)的木材产业和贸易方面的协会代表、专家、学者等组成。TAG专家组成员在ITTO一年一度的理事会期间，召开市场讨论会议，就过去一年的市场变化和未来趋势以及木材产品市场的一些政策调整对各国木材及产品市场的影响等进行研讨，并形成报告，提交给各国主管木材及其产品贸易的相关政府部门。TAG通过ITTO各成员国的协会、产业专家之间的市场和政策信息交流，促进热带木材和木材产品的信息沟通和透明，旨在贡献全球热带森林和木材产品的可持续经营。中国林产品指标机制(Forest Products Index, FPI)是为应对国内外经济、环境变化，由中国国家林业局、行业协会、领军企业、研究机构联合发起的各方贡献的月度数据、信息为纽带开展的政策、信息交流公益平台；它获得了ITTO、联合国粮农组织(FAO)的支持；其目的是促进产业升级、贡献全球森林可持续经营。FPI秘书长也是TAG专家组的中国代表，与TAG各国代表保持着定期的信息交流。FPI因此也定期通过TAG获得国际木材产品、政策方面的信息。这些信息都会通过FPI微信公众平台以及FPI内刊、FPI网站等渠道，反馈给中国国内木材生产、流通的企业和相关政府部门。

在林业统计工作方面，国际热带木材组织通过结合森林部门调查表与欧盟统计局、粮农组织林业部和联合国欧洲经济委员会木材科的数据，形成了可追溯至1990年的较为完整的林木生产贸易数据，包括贸易流量、贸易树种、价格趋势、木材加工制品以及热带木材部门的其他趋势等，且就统计数据分析情况，每两年出版一次《世界木材状况审查和评估报告》。

四、国际林业研究组织联盟(IUFRO)

国际林业研究组织联盟(International Union of Forestry Research Organization, IUFRO)是一个非营利、非政府性的国际林业科学家的网络，1892年8月17日在德国创建，1973年期IUFRO总部和秘书处设在奥地利维也纳。其目的是促进国际林业合作和林产品研究，IUFRO的基本行动是通过8个学部270个专业组执行的。IUFRO是一个论坛，各学部之间分享他们自己的信息和感兴趣的问题。从广度和深度来说，IUFRO已不断扩展成为接受所有林业科学领域和森林产品，包括经营管理与科学历史信息以及和别的科学领域和专业组织的合作。在8个学部中，有2个非永久性的特别技术学部，主要研究森林、气候变化、空气污染。大约800多个自愿官员和领导指导着联盟的工作，提供支持使IUFRO成为一个健康成长的组织。

IUFRO的目标是促进各国科学家之间的信息和意见的交流；创造和维持成员国之间的联络；鼓励一般研究项目和合作项目的建立；促进研究发现的传播和应用；组织一定时期

的国际会议和研究适应变化的科学与技术领域；国家和国际科学、技术文化组织之间的合作；在信息存储与恢复命名法和标准化的一致性；通过各种荣誉和奖励方法认识科学家的杰出贡献；在发展中国家支持林业研究与应用并加强研究的能力。

目前，我国已有中国林业科学研究院、北京林业大学、东北林业大学、南京林业大学等科研单位和院校成为 IUFRO 的成员。IUFRO 提供了与林业相关网站的链接以及免费在线文献数据库，数据库包括了与 IUFRO 秘书处图书馆、联邦办事处和森林研究中心(BFW)图书馆收集的森林研究相关的文献。在 IUFRO 数据库中，可以从 IUFRO 会议和 IUFRO 出版物中找到相关文件。BFW 数据库包括自 1981 年以来的出版物和自 1874 年以来的 BFW 科学家的所有出版物。

五、世界资源研究所(WRI)

世界资源研究所(Word Resources Institute，WRI)是一个全球性环境与发展智库。作为一个非政府组织，其研究活动致力于研究环境与社会经济的共同发展。世界资源研究所将研究成果转化为实际行动，在全球范围内与政府、企业和公民社会合作，共同为保护地球和改善民生提供革新性的解决方案，其使命是改善人类社会生存方式，保护环境以满足世代所需。这一宗旨无论过去或将来始终如一。

世界资源研究所成立于 1982 年，工作覆盖 50 多个国家，总部位于美国华盛顿特区，并在美国、中国、印度、巴西、欧洲、印度尼西亚和墨西哥均设有办公室。该研究所未来十年围绕必须达到的气候、能源、粮食、森林、水、可持续城市六大关键目标开展工作。关于森林，该研究所从数据入手，进行独立研究，并利用最新技术提出新的观点和建议；通过严谨的分析，识别风险、发现机遇，促进明智决策；重点研究影响力较强的经济体和新兴经济体，因为它们对可持续发展的未来具有决定意义。其具体研究涉及减少森林流失并恢复退化、毁林土地的生产力，从而减少贫困、提高粮食安全、保护生物多样性、遏制气候变化等。

WRI 生产和策划数据集，作为将信息转化为行动的承诺的一部分。这些统计资料和统计分析结果都符合传统的卓越学术标准，包括客观性和严谨性。在 WRI 的数据库中，可以找到个别国家历年的森林覆盖率、森林特许经营权情况、基于卫星监测的森林火点和过火面积、全球森林保护区空间数据集等统计数据。

除上述介绍的林业统计相关研究结构和组织之外，日本小渊基金、美国大自然保护协会(TNC)、世界自然保护同盟(IUCN)、全球环境基金(GEF)、联合国森林论坛(UNFF)等机构和组织均致力于全球森林经营、管理与保护、林业资源开发与规划、林区扶贫与林业技术、林业碳汇与项目培育等各有侧重的工作，在统计方面也各有所长。值得指出的是，有些机构对林业术语进行了统计并提出了全球化规范，而诸如 Ecoinvent 和 GEMINI - E3 等并非专门的林业统计机构，但此类生命周期数据库则包含了碳排放和木质家居贸易数据，有助于对国际贸易中的木质林产品碳流动问题做出更全面、准确的估算。目前，中国国家林业局和各林业相关高校事业单位等不断增强和国际林业统计机构的合作，与此同时，政策制定者和学术研究者可根据自身需要获得诸如森林、湿地、荒漠化、生物多样性、森林灾害、林业投资、林业教育、重点工程、从业人员等翔实的林业调查报告、统计数据和统计资料。

第二节 世界林业统计报告

森林和树木为农业可持续发展提供支持。森林和树木固定土壤、稳定气候，调解水流，提供荫蔽和居所，为传粉昆虫和动物以及农业有害生物天敌提供栖息地。森林和树木还为亿万民众的粮食安全做出贡献，为其提供食物、能源和收入。

一、全球林地变化趋势

根据《2015 年全球森林资源评估》(FAO，2015a)，1990—2015 年间，全球森林面积减少了 1.29 亿 hm^2(3.1%)，已下降到 40 亿 hm^2 以下。土地利用变化并非必然与土地覆被变化相同。土地覆盖是指能够观察到的对地球表面的生物物理覆盖，而土地利用反映了人类活动及其目的。例如，新种上树的一块地也许不能称为“森林覆盖”，尽管是“森林”用地。界定土地的主要用途绝非易事，诸如森林、树木存在于农业用地上和在森林中有农业种植等复合系统也大范围存在。混农林业有多种形式，森林以外林木对粮食安全和减贫都非常重要，农场外的森林能有助于农场的生产活动。包括循环轮耕在内，这些一体化的土地利用形式在全球许多地区已有悠久历史。

根据联合国粮食及农业组织(FAO)发布的《全球森林资源评估》：世界森林总面积仅略超过 40 亿 hm^2，占陆地总面积的 21%，人均森林面积为 0.6hm^2。5 个森林资源最丰富的国家(俄罗斯、巴西、加拿大、美国和中国)占森林总面积的一半以上。然而，10 个国家或地区已经完全没有森林，另外 54 个国家的森林面积不到其国土总面积的 10%。农业依然是全球毁林的主要驱动因素；同时，农业、林业和土地政策往往存在分歧。

值得关注的规律是，人类将森林转变为农业用地是几千年来经济发展过程的一部分。直到 19 世纪末，毁林在温带气候区还非常盛行，目前热带气候区的毁林面积最大。2000—2010 年，热带气候区每年森林面积的净减少量约为 700 万 hm^2，农业用地面积净增加量超过 600 万 hm^2，且变动的区域性特征明显，中美洲和南美洲、撒哈拉以南的非洲、南亚和东南亚等都是森林面积净减少和农业用地面积净增加的地区。森林面积净增加和农业用地面积净减少的地区有欧洲、北美洲和东北亚。促使森林面积净增的因素包括因经济增长而减轻对森林的压力、农村人口持续减少和农业生产力不断提高。另外，有效的政策也以扩大林地面积为目标。

2000—2010 年间，森林面积损失量和农业用地面积净增量最大的是低收入国家，森林面积减少与农村人口持续增长有关。在热带和亚热带国家，大规模商业性农业和生计农业占毁林的 73%，且有明显的区域差异。随着全球对农产品需求的不断上升，技术进步能提升农业生产力，进而增加全球供给，但在农业、林业及其他相关自然资源政策方面显然也需要战略性、整体性的解决途径。

根据联合国粮农组织出版的《世界森林状况 2016》研究所得，在提升农业生产力和粮食安全的同时，我们可以做到遏制甚至扭转毁林趋势，其中特别突出介绍了哥斯达黎加、智利、冈比亚、格鲁吉亚、加纳、突尼斯和越南的情况。土地利用综合规划是平衡各项土地用途的关键，同时以正确的政策手段为基础，有助于促进可持续森林和农业发展（表 11-1）。

表 11-1 1990—2010 年全球森林面积 （单位：千 hm^2）

分区域	1990 年		2000 年		2010 年	
	森林面积	人工林面积	森林面积	人工林面积	森林面积	人工林面积
亚太区域	733 364	74 163	726 339	90 553	740 383	119 884
非洲	749 238	11 663	708 564	12 958	674 419	15 409
欧洲	989 471	59 046	998 239	65 312	1 005 001	69 318
拉丁美洲及加勒比	978 072	9 111	932 735	10 880	890 782	14 952
近东	126 612	11 471	121 431	13 012	122 327	15 082
北美洲	676 760	19 645	677 080	29 438	678 958	37 529
世界	4 168 399	178 307	4 085 063	214 839	4 032 905	264 084

资料来源：联合国粮食及农业组织（FAO）。

二、林业经济和社会效益

可持续森林管理的一个目标是确保森林能够长期提供范围广泛的产品和服务，包括重要的经济和社会效益。

无论是作为建筑木材、家具、木质燃料、纸张或其他木制品，木材几乎是每个人生活中的一部分。世界上大部分木材来自用材林和多用途林。对一些国家而言，跟踪木材产量变化还表明哪些地方对用材林和多用途林的木材采伐不明显，哪些地方森林以外或其他林地的树木更为重要。对木材需求趋势以及供应木材和木质燃料的森林类型进行分析，有助于突出对这些森林做出分类以保证木材的长期供应的重要性。

近 12 亿 hm^2 的森林被主要用于生产，其中一半以上位于高收入国家，而只有 8% 位于低收入国家。自 1990 年以来已有约 1300 万 hm^2 的轻微下降。此外，大约十亿公顷的森林被划分用于多种用途，在大多数情况下包括生产木材和非木质林产品。划分为多用途林的森林总面积的大约三分之二位于高收入国家，只有十分之一位于低收入国家。在 1990—2015 年间被划分为多用途林的面积减少了大约 3800 万 hm^2；只有中等偏上收入类国家报告称有所增加。2011 年全球木材采伐量约为 30 亿 m^3，相当于立木蓄量的 0. 6%（如图 11-1 所示）。

在 1990—2011 年间报告的年度木材采伐量保持稳定，但有相当的年度变化。在 20 世纪 90 年代初期，欧洲的木材采伐量大幅下降，主要是由于俄罗斯采伐量减少。继 2007—2008 年金融危机后，欧洲和北美洲木材采伐量大幅下降，从 2007 年的 13 亿 m^3 减少到 2009 年的 10 亿 m^3。随后，在 2011 年又增加到 11 亿 m^3（如表 11-2 和图 11-2 所示）。其他区域没有表示由于金融危机的影响木材采伐量有明显下降。

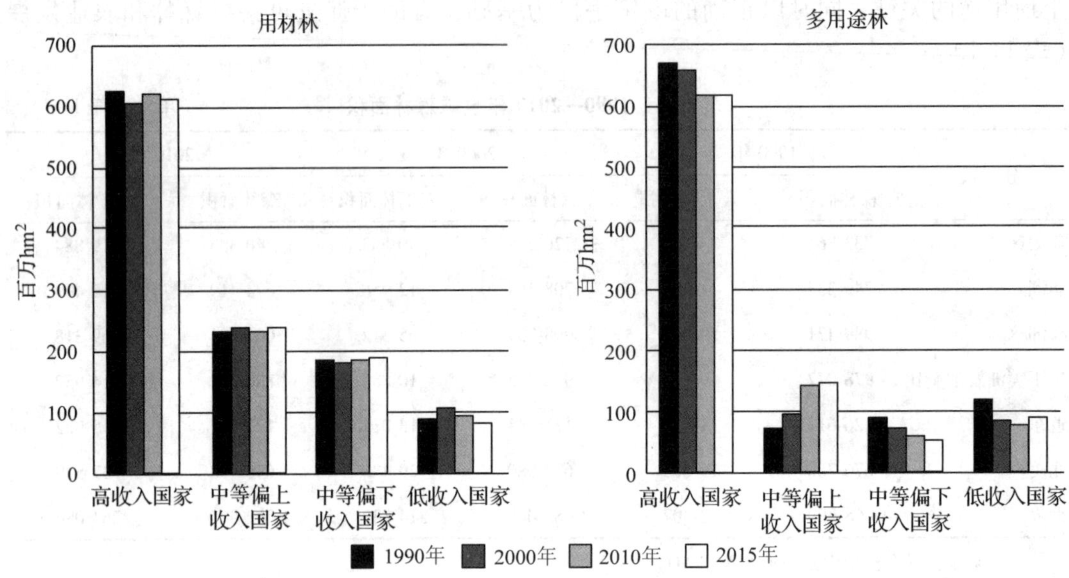

图 11-1 1990—2015 年用材林和多用途林的面积

资料来源：《2015 年全球森林资源评估报告》

表 11-2 2011 年木材采伐量最高的前十名国家

国家	木材采伐量(千 m^3)	木质燃料占木材采伐总量百分比(%)
1. 印度	434 766	88.6
2. 美国	324 433	12.5
3. 巴西	228 929	50.7
4. 俄罗斯	197 000	22.2
5. 加拿大	149 855	2.5
6. 埃塞俄比亚	104 209	97.2
7. 中国	81 184	94.4
8. 刚果	74 496	9.3
9. 尼日利亚	72 633	87.0
10. 瑞典	72 103	8.2
总计	1 739 608	

资料来源：《2015 年全球森林资源评估报告》。

全球的木材采伐总量中大约一半用作木质燃料，但作为木质燃料的比例在不同收入类别国家中有很大差异。在高收入国家中木质燃料所占比例约为 17%，在中等偏上收入国家中为 40%，而在中等偏下和低收入国家中则分别达到 86% 和 93%。全球对于木制品的需求很可能会继续增长。由于木材是有利于气候的可再生能源，在高收入国家木质燃料的比

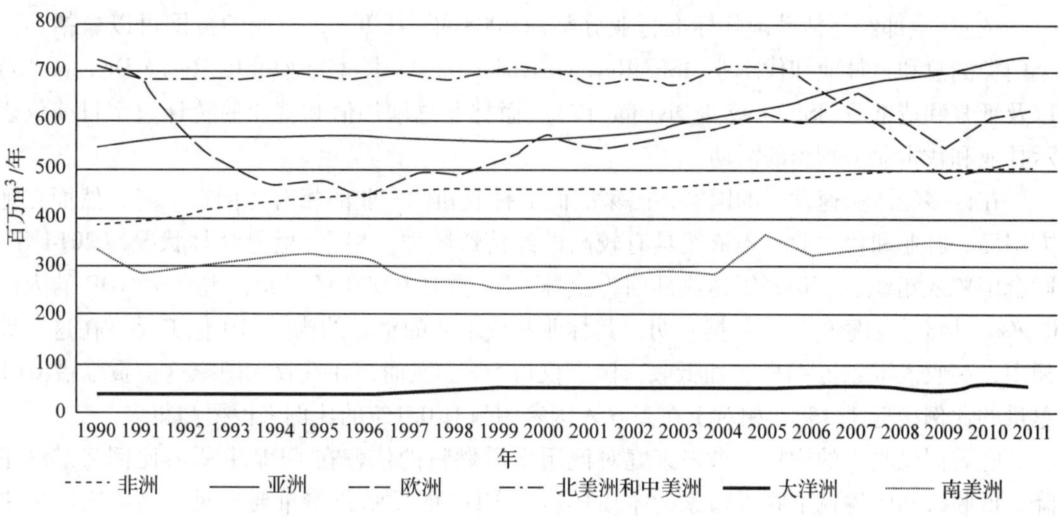

图 11-2　1990—2011 年按地区分类的年度木材采伐量

资料来源：《2015 年全球森林资源评估报告》

例很可能会增加。部分木质燃料来自低质量的木材。在低收入国家，木质燃料的份额极有可能保持稳定或减少。尽管明显有很大比例的木材采伐会来自其他林地、林外树木和划分用于其他目的的森林，但用材林和多用途林的面积可能会保持稳定。

此外，非木质林产品也是一项重要资源，为许多乡村居民提供生计，并为处理或使用这些产品的产业提供收入。尽管有其重要性，但很难获得可靠和一致的关于非木质林产品的数据，这主要是由于全球大多数非木质林产品未进入商业市场，而在非商业性价值上的数据通常是不可靠或是不存在的。只有 74 个国家报告了非木质林产品的采集数据，而其中大部分数据或为片面的或为不完全的。不过，一些国家提供了详细的信息，并且它们所报告的每公顷非木质林产品的采集值相当可观(如表 11-3 所示)。

表 11-3　每公顷非木质林产品的采集值最高的前十名国家

国家	非木质林产品采集值(美元/hm^2)
1. 韩国	169
2. 葡萄牙	124
3. 捷克共和国	101
4. 突尼斯	98
5. 中国	50
6. 拉脱维亚	44
7. 奥地利	43
8. 波兰	42
9. 印度	35
10. 西班牙	34

资料来源：《2015 年全球森林资源评估报告》。

按照《全部经济活动国际标准行业分类》(2008 年，ISIC)，林业的范围可以概括为三个门类的总和：林业和伐木业(ISIC Rev. 4 Division 02)，木材工业(ISIC Rev. 4 Division 16)以及纸浆和造纸业(ISIC Rev. 4 Division 17)。而林业总增加值和就业的统计数字目前仅表示林业和伐木业类别内的活动。

在许多经济快速发展的国家，国家层面上林业和伐木业的相对比例在下降，然而在地方层面，林业和伐木业收入依然具有较高的经济影响力。根据《世界森林状况》(2014 年，联合国粮农组织)，2011 年林业部门为全球 GDP 贡献 6 000 亿美元，占全球 GDP 的大约 0.9%。148 个国家的报告数据表明，其林业和伐木业的贡献约为 1 170 亿美元。在这一数额中，高收入国家占 41%，而低收入国家仅占 5%。然而，在低收入国家这一贡献占 GDP 总量的比例接近 1.4%，相对于在高收入国家中只有 0.1% 的比例来说要高得多。

随着国民收入的增加，未来家庭对使用木质燃料的依赖在 GDP 中所占比例将继续下降。低收入和中等偏下收入国家的木质燃料对 GDP 的贡献仍将重要。对于高收入国家来说，由于非林业部门的快速增长，林业对 GDP 的贡献相对正在减少，但地方上的社区和地区可能会高度依赖与森林相关的收入。

从全球在林区工作的劳动力数据来看，林业和伐木业(主要是采伐和营林业务，包括木质燃料和非木质林产品的采集)的就业对社会经济、环境和社会福利做出了贡献。进行林业活动的地方是在农村地区，通常很少有其他就业机会，这使得此类就业在这些地区显得尤为重要。2010 年在林业中就业的大约有 1 270 万人，其中 79% 在亚洲(主要在孟加拉国、中国和印度)。在热带、亚热带和寒带气候域的林业和伐木业就业保持相对稳定，而在温带地区有所下降。

由于缺少数据，特别是缺少非正式工或小时工的统计数据，森林就业被严重低估。只有占全球森林面积 17% 的 29 个国家报告所有年份的就业人数和女性就业人数，这说明大多数国家没有按性别分类的数据。那些有分类数据的国家中女性就业率从 1990 年的 20% 增加到 2010 年的 30%。

在林业中女性工作人数最多的国家是孟加拉国(60 万)、中国(30.1 万)和马里(18 万)。女性在就业中比例最大的国家是马里(90%)、蒙古和纳米比亚(均为 45%)及孟加拉国(40%)。孟加拉国更新了其森林政策和法律以加强妇女对社会的林业发展的参与。蒙古妇女在历史上一直对采集木质燃料、植树造林和教育等林业活动负责，而在马里妇女则积极参与木质燃料和非木质林产品的采集工作。

在全球范围内，随着世界上大多数地区生产率的提高，林业和伐木业的就业可能下降。然而，这种下降不太可能在高木质燃料使用的国家出现，在可预见的未来，这些国家的劳动力利用效率不太可能改变。

三、林业政策与政府治理

虽然大多数国家出台了林业有关的系列政策，但根据最新国际规定，如《2030 年可持续发展议程》和《巴黎气候变化协定》，制定森林与农业之间土地利用变化相关政策的需求与日俱增。如能很好协调森林、农业、粮食、土地利用、农村发展、水和气候变化等政策，土地利用变化治理的发展性就会降低。这种协调应包括确定跨部门的土地利用变化优先事项或战略目标，以及适当的制度安排。管理森林转为农业用地的法律框架通常比较复杂，而在那些法律执行和实施力度较弱的地区，非正式的本地实践可能影响会更大一些，基于传统权利的惯例法对于弱势群体特别重要。

国家之间以及各国部门之间管理土地利用变化的途径和对森林转为农业用地(或相反方向)重要性的认识差异都相当大。对35个国家的国家政策分析表明，仅有不到一半的国家(17个)在其主要政策文件中明确提到了森林转为农业用地和相反方向的土地利用变化，有10个国家在不止一项国家政策中提到了这一问题。27个国家的政策文件中提到了森林与农业之间的土地利用变化，此类土地利用变化在土地政策(67%)和森林政策(50%)中提到的频率最高。土地利用变化很少在国家与农村发展政策和农业政策中被提到，在粮食安全政策中也很罕见(图11-3)。

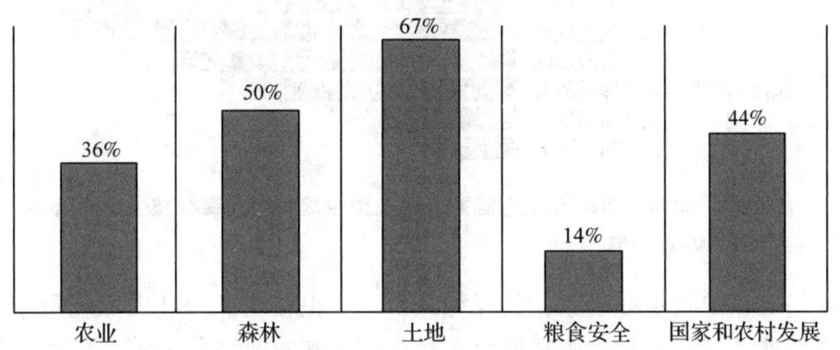

图11-3　应对森林与农业之间土地利用变化的60份国家文件的比例

资料来源：《世界森林状况2016》

森林减少是许多低收入、缺粮国家的特征，这些国家政府在农业和林业上的投资很少。与投资少的国家相比，那些促进农业投资和增值，并提供便利基础设施的国家，在解决森林减少问题时效率更高。土地利用变化的治理和管理需要多措并举，包括协调的政策发展，稳定的土地权属，有效的法律执行，在农村地区目标明确地推动可持续农业集约化、可持续森林管理和社会投资的经济激励措施，稳固的利益相关者契约，公私合作伙伴关系，综合的土地利用规划，以及土地利用变化的适度监测(图11-4)。

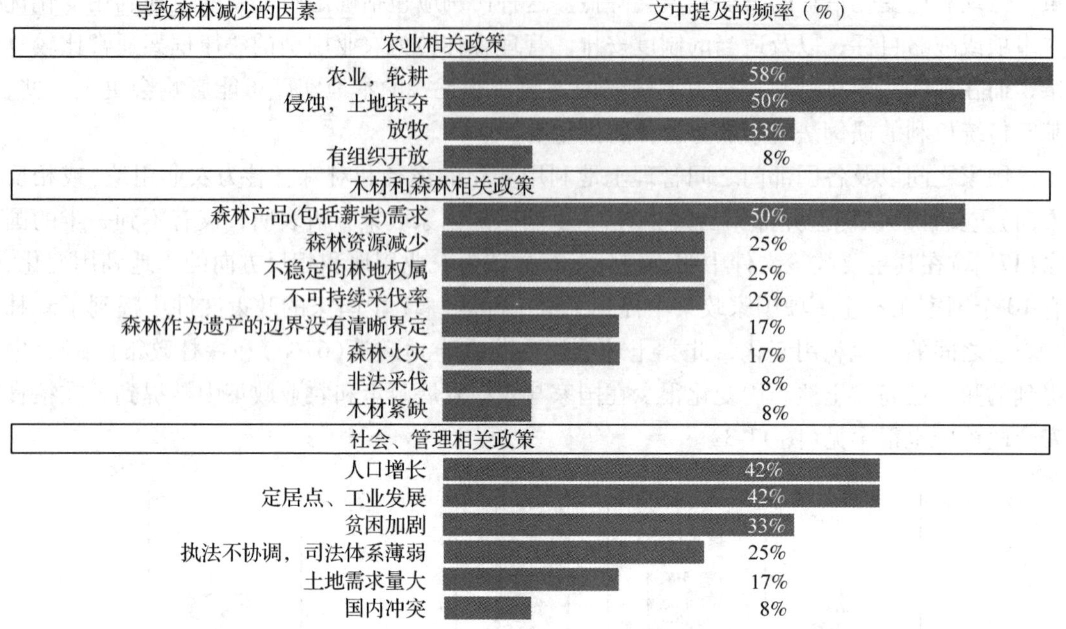

图 11-4　2000—2010 年七个国家森林政策中提到造成森林减少的原因

资料来源：《世界森林状况 2016》

对林业部门有稳定投资的国家，其森林减少一般也较少。一些国家投资于森林，是为了有助于实现就业、气候变化、土地退化、景观恢复和农业恢复力等更广泛的社会和环境目标。综合的土地规划十分重要，是因为可以构建一个战略框架来平衡利益相关者之间的土地利用竞争。这个框架应兼顾政府机关、本地社区、民间社会组织和相关私人部门利益(图 11-5)。

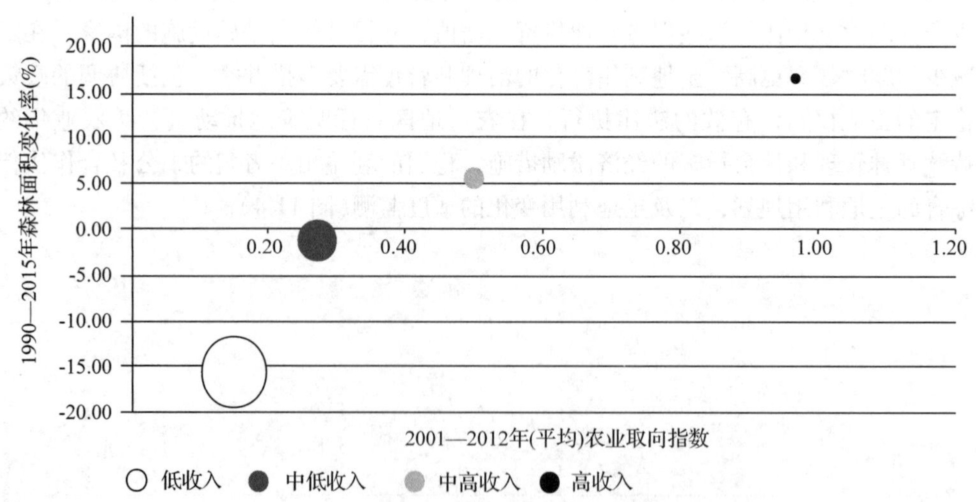

图 11-5　农业投资、森林面积变化与贫困之间的关系

资料来源：《世界森林状况 2016》

四、林地经营与林权改革

有关森林所有者和森林管理者的信息是跟踪环境、社会和经济发展的关键。理清产权和经营权对森林的良好治理以及可持续管理至关重要。森林产权信息有助于更好地了解何人控制着森林的管理和使用，而何人从林业生产中得利或失利。当林权得到保障，它可以促进政府和私营部门进行资本投资，并在安排促进森林资源的可持续性利用上发挥作用。

与1990年相比，2010年有更多的国家报告森林产权。2010年，全球76%的森林面积为公有，20%为私有，4%为产权不明。西非和中非是公有林面积比例最高的区域(99%)，其次是西亚和中亚(98%)以及南亚和东南亚(90%)。私有林面积比例最高的是东亚和大洋洲(42%)，其次是北美(33%)。在1990年到2010年期间，公有林的面积减少了大约1.2亿hm^2，而私有林则有1.15亿hm^2的增加。私有林增加最多的是中等偏上收入类别的国家，其私有林的面积几乎增加了一倍。中国的私有林面积增加了8 500万hm^2，这主要是2008年实施的集体林权制度改革的结果。私有林中的个人产权比例在1990—2010年间从42%增加到56%，同时私营企业、机构以及地方、部落和土著社区拥有的私有林面积有所下降。尽管社区拥有森林的相对比例从1990年的19%下降到2010年的15%，但实际上社区拥有的森林面积从6 000万hm^2增加到6 400万hm^2。在全球层面，公有林的经营权由政府部门占主导地位。1990—2010年间由私人公司经营的公共森林的比例从3%增加到15%，而政府部门进行管理的面积则由近95%下降到82%。在2010年由社区管理的公共森林面积最大的国家是巴西和哥伦比亚，分别为1.52亿hm^2和3 000万hm^2。东帝汶、圣彼埃尔和密克隆岛报告的社区管理下的公有林比例均为100%。

目前在林权中私有产权增加、以及私营企业增加了对公有林的经营职责的趋势很有可能会继续。在许多国家森林经营权也有望继续从国家下放到地方各级。在中等偏上等收入类别的国家，特别是在国民收入增加的情况下，森林私有化呈现继续的态势。

对一些国家的案例研究表明，经济改革不仅有助于改善粮食安全状况，还能保持或增加森林面积。通过增加投资，以市场为导向的林业政策有助于提高生产力，既能保护社会和环境，又不需要扩大农业用地面积来提供产量。高效的土地利用政策认识到了森林全部的经济、社会和环境价值，及其在开展更广泛的经济发展和扶贫项目中的作用。包容性的法律和体制框架保障了可预测、安全的林地产权，即对树木、木制品和服务的所有权，并提供了有效管理土地利用变化的措施。提高生产者和社区组织的能力就是在完善体制框架(表11-4)。

表11-4　1990—2015年森林面积增加和粮食安全改善情况

国家	森林面积变化(%)	农业用地面积变化(%)	食物不足发生率(%)		食物不足人数(百万)	
	1990—2015	1990—2010	1990—1992	2014—2016	1990—1992	2014—2016
智利	16.2	-1.0	9.0	5.0	1.21	—
哥斯达黎加	7.5	-19.1	5.2	5.0	0.16	—
冈比亚	10.4	5.0	13.3	5.3	0.13	0.10

（续）

国家	森林面积变化(%)	农业用地面积变化(%)	食物不足发生率(%)		食物不足人数(百万)	
	1990—2015	1990—2010	1990—1992	2014—2016	1990—1992	2014—2016
格鲁吉亚	2.5	-23.2	56.6	7.4	3.02	0.32
加纳	8.2	23.9	47.3	5.0	7.09	—
突尼斯	61.9	16.1	5.0	5.0	—	—
越南	57.8	60.1	45.6	11.0	32.13	10.29

资料来源：《世界森林状况 2016》。

在森林管理权下放给当地社区和小农有助于增加他们获取森林效益的机会，相应地，也提升了对森林价值的认知。高效协作的森林管理方式要求各公共机构与社区组织明确自身定位，具备执行能力。整合林地利用和林地经营包括战略性土地利用框架，加强农场与森林的联系，以及促进混农林业发展。

五、世界林产品贸易发展格局

自 20 世纪 90 年代以来，世界林产品贸易规模随着各国经济不断发展、生产技术、运输能力的大幅提升，以及人们对生活品质要求的不断提高和建筑业的高速发展，加快了国际贸易自由化进程。1992—2011 年间，世界林产品贸易一般可分为 5 个阶段，整个发展基本呈上升趋势(图 11-6)。

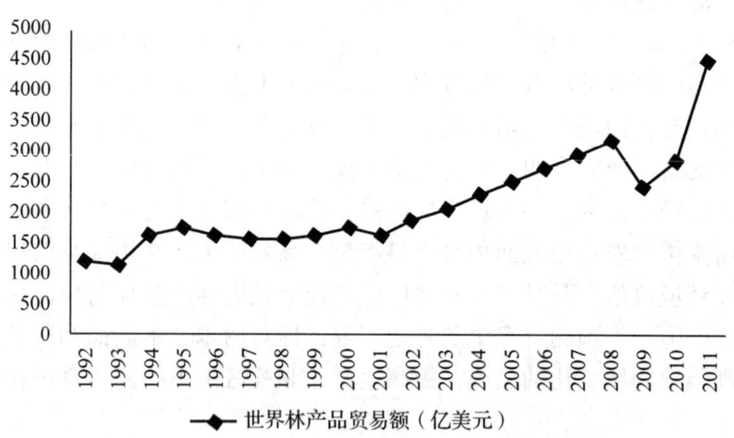

图 11-6　1992—2011 年间世界林产品贸易额变化趋势

数据来源：根据联合国统计署商品贸易数据库(UN COMTRADE)数据绘制

1992—1995 年以加速增长为特征的第一阶段。世界林产品贸易额在 1992 年为 1 200.49亿美元，1995 年已增至1 735.09亿美元，要比 1992 年净增加534.6亿美元。

1996—2001 年以趋于平稳状态为特征的第二阶段。此阶段由于受到东南亚金融危机等影响，出现一定波动性，1996 年的世界林产品贸易额下滑至 1 634.38 亿美元，比 1995 年下降了 100.71 亿美元，之后又接着下滑，但降速明显放缓。到 1999 年止跌为升，达到

1 613.01亿美元，2000 年升至 1 753.45 亿美元。

2002—2008 年以持续增长为特征的第三阶段。经过多年不断发展，2008 年的世界林产品贸易额已达 3 180.87 亿美元，年均增加 219.33 亿美元，平均增速为 9.87%。

2009 年世界林产品贸易额急剧下降的第四阶段。由于美国次贷危机引发全球经济危机，据世界贸易组织估计，2009 年世界商品贸易总额为 248 950 亿美元，这比 2008 年的 323 650 亿美元下降 23.1%，林产品贸易额也有大幅下降，估算为 2 446.09 亿美元。

2010—2011 年以世界林产品贸易额恢复增长为特征的第五阶段。2011 年世界林产品贸易额已达到 4 501.24 亿美元。

细分林产品类型来看：首先，世界上原木贸易规模小，发展较为平稳。在气候变化下，世界各国都十分重视环保，纷纷制定各种政策措施限制甚至禁止原木出口，使得原木贸易缓慢增长，在世界林产品贸易发展中所占比例还将继续下降。其他原材交易规模小，贸易额变化不大。锯材是木家具和其他林产品加工原料，属于中间产品。除特殊年份如 2001 年与 2009 年外，国际锯材贸易一直保持平稳增长状态。人造板主要是以木质原料经加工而成的板材，在国际贸易上一直呈快速增长态势，仅在 2009 年经济危机时，贸易额有所下降。预测随着世界各国经济发展水平的不断提高，以及人们对生活质量需求的提升，未来人造板行业还将处于增长态势。纸浆在短期内出现波动，但总体保持增长势头。世界纸品贸易额在波动中呈上升趋势，特别是以纸、纸板和纸制品较为明显。木制品在林木产品贸易中所占份额较小，贸易规模也较小，1992—1999 年，木制品贸易额呈明显增长态势，仅在 2009 年出现下滑。除 2009 年木家具贸易额有所下降外，其发展一直呈增长势头，在世界林产品贸易中占主导地位。木家具贸易的迅猛发展，一方面得益于自 1990 年以来，世界范围内的家具产业快速发展，另一方面是一些发达国家对环保家具产品的需求上升(图 11-7)。

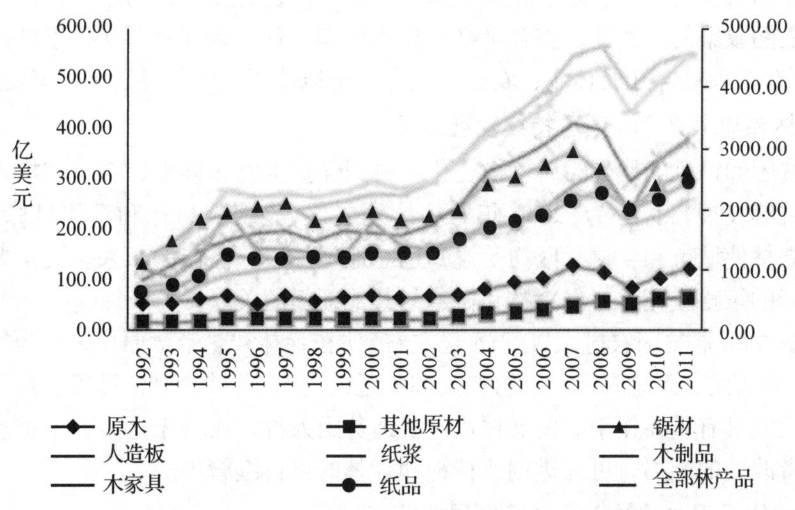

图 11-7 世界林产品贸易额变化趋势

注：原木等其余林产品对应左侧纵坐标，纸品与全部林产品对应右侧纵坐标。

由于世界各国政治体制、经济发展水平、森林资源禀赋及人们的消费观念不同，致使各国林产品贸易表现出极大的差异。以原木为例，其进口量和贸易额方面，中国都位居第一，其中进口量占世界的1/3；按原木出口额，俄罗斯和美国一直居前两位，马来西亚和德国的排名在2009年开始下滑，新西兰排名呈上升态势，在2009年进入前三位。

在全球气候变化、低碳经济背景下，人们越来越重视木材的来源与贸易的合法性，许多国家都积极防范并打击非法采伐及贸易行为。木材产业发展不仅可以解决社会就业问题，还能产生很好的生态效益，其已成为各国家政府所推动的新政策目标。而且，世界木材资源供给日渐紧张。在当今生态环境不断恶化和经济不断转型的过程中，各国政府都十分重视木材资源的发展问题，一些国家制定了与木材资源出口相关的限制政策，以保护本国木材资源。

六、通向可持续发展森林之路

随着现代林业的发展，特别是对于林业转型与可持续经营的认知和实践深入，在联合国粮农组织林业政策及资源司与致力于林业计划的一些国际组织合作编写完成的《2018年世界森林状况》中，提出了通向可持续发展森林之路的几点重要建议：

(一)采取紧急行动来维持全球森林面积

面对世界森林总面积日益减少的情况，通过停止毁林、可持续森林经营、恢复退化的森林和扩大全球森林面积，可防止出现可能破坏地球及人类发展的后果。各国政府需要推行全面包容方法，宣传推广森林和树木的惠益，让所有利益相关方共同参与，以维持全球森林面积。

(二)粮食安全、农业和林业相辅相成、融合发展

可持续农业需要健康、高产的森林。森林和树木为亿万民众提供食物、能源和收入，在困难时期充当安全网。为实现消除贫困和饥饿这一具有历史意义的宏伟目标，必须确保政府各部门之间政策的一致性，整合策略，权衡利弊。如果要实现《2030年可持续发展议程》，就必须在未来整合开展林业、农业、粮食、土地使用、农村发展和国家发展等行动。

(三)森林和树木贯穿各项可持续发展目标

从解决贫困和饥饿问题到缓解气候变化，再到保护生物多样性，森林和树木的影响远远超过了可持续发展目标，为《2030年可持续发展议程》多个目标和具体目标做出贡献。可持续管理森林使城市和乡村社区均受益，也对地球健康、高产的未来至关重要。实现可持续发展目标的策略应充分考虑森林和树木与其他部门的关联。

大约40%的极端贫困农村人口(2.5亿左右)住在森林和热带草原地区。为贫困和弱势群体(包括土著居民、无地农民、农村妇女和年轻人)提供保障权利的政策，对消除贫困和粮食不安全问题具有重要作用。发展林业以帮助贫困人群、投资于这些变革推动群体，赋予每个参与者改变的能力，可促进创业精神和森林的可持续管理。

(四)将总体景观方法纳入可持续发展战略

要在滋养不断增长的世界人口的同时，保护并可持续地使用重要的生态服务系统，维持生计并应对粮食安全挑战，同时还要适应气候变化影响。把总体景观方法纳入国家战略和发展优先事项是建设未来森林的一部分。

（五）健康城市需要树木

随着城市化增长，树木、公园和森林是城市规划者在规划未来可持续城市和城市周边景观时的必备条件。绿地减少污染，提供遮荫并为众多健康益处做出贡献，对城市居民的福祉至关重要，而在全球范围内，城市居民数量已超过农村居民。城市地区的树木和绿地还与减少儿童肥胖症和犯罪相关，而且森林和树木与《2030 年可持续发展议程》多项具体目标之间具有关联。

（六）连贯一致的政策框架鼓励伙伴关系和利益相关方参与森林问题

将林业纳入可持续发展战略，需要有效的伙伴关系和私有部门参与。明晰的法律框架、社区参与、平衡各方利益的连贯政策措施是所需扶持环境的一部分。政策必须鼓励公司和小型生产者参与可持续森林管理，解决潜在的投资壁垒并废止可能导致毁林的激励机制，并将企业零毁林责任视为解决的关键。

此外，通过投资于国家和地方层面的监测工作，各国政府将更清楚地了解各项可持续发展目标中森林和树木对社会、经济和环境的影响。这些信息在计算激励措施、进行部门间权衡、制定森林和粮食安全举措、衡量社会安全网络、投资技术和创新以及确定不同经济部门所需支持水平方面至关重要。

第三节 世界银行林业贷款项目绩效统计评价

一、世界银行林业贷款项目绩效统计评价体系的基本框架结构

世界银行林业贷款项目统计绩效评价是一项十分复杂的系统工程。因为要构建一套科学规范的资金统计绩效评价体系，是一项涉及范围广、技术要求高、考虑因素多、政策性很强的复杂系统。这项工程的建立，不可能一蹴而就，必须经过广大理论研究者和实践工作者的共同努力才能完成。为了在研究探索过程中少走弯路，必须首先研究提出构建世界银行林业贷款项目统计绩效评价体系的基本框架。

（一）世界银行林业贷款项目统计绩效评价体系的系统分析

作为一套复杂的系统，世界银行林业贷款项目统计绩效评价体系的构建首先需要遵循和依靠系统思想。根据系统理论，一个完整的系统应具备五个方面特征：目的性、集合性、关联性、层次性和适应性。构建科学规范的世界银行林业贷款项目统计绩效评价体系，需要首先从系统分析的观点出发，并借助运筹学、控制论等其他方法，通过对评价基本目标、评价对象、评价指标体系、评价标准体系、评价方法体系、评价组织体系和制度体系等评价基本要素进行系统分析，以及对评价系统整体与局部之间、系统与外部环境之间的相互联系、相互作用和相互制约关系进行综合研究，来制定满足实践需要且科学规范的世界银行林业贷款项目统计绩效评价体系。

从世界银行林业贷款项目统计绩效评价的目的性看，在社会主义市场经济条件下，林业世行贷款具有配置资源、改善生态环境、稳定社会和发展经济的功能。建立世界银行林业贷款项目统计绩效评价体系的目的，就是为了能提供客观、公正、公平、透明的世界银行林业贷款项目效果判断和管理者业绩评估信息，从而为今后编制林业世行贷款预算提供

参考依据，并能够规范资金使用者的支出行为，提高财政资金管理水平，从而达到提高世界银行林业贷款项目绩效的目标。

从世界银行林业贷款项目统计绩效评价的集合性看，世界银行林业贷款项目统计绩效评价既有对直接效益的评价，又有间接效益的评价；既有对生态效益的评价，又有对经济效益和社会效益的评价，要获得全面客观的评价结论，必须对各项效益进行集合以实现全面综合考察。

从世界银行林业贷款项目统计绩效评价的相关性看，世界银行林业贷款项目综合统计绩效评价、单位世界银行林业贷款项目统计绩效评价和世界银行林业贷款项目项目统计绩效评价，既各成一体，又互相联系，综合评价的内容包含了单位和项目评价的结果，而单位评价又与项目评价互为整体。因此，它们之间具有一定的相关性。

从世界银行林业贷款项目统计绩效评价的层次性看，世界银行林业贷款项目效益的总目标由综合绩效、单位绩效和项目绩效分目标组成，分目标又各自由若干子目标组成，这也构成了多层次、多目标的世界银行林业贷款项目统计绩效评价体系。

从世界银行林业贷款项目统计绩效评价的适应性看，建立世界银行林业贷款项目统计绩效评价体系，必须从当前我国国情、林情况出发，充分考虑政治环境、社会环境、经济环境等方面与国外的异同，围绕目前影响世界银行林业贷款项目绩效的突出矛盾与问题，使评价体系与当前环境及今后环境变化保持最佳适应状况。

(二)世界银行林业贷款项目统计绩效评价体系的总体框架

按照系统理论，本文提出了世界银行林业贷款项目统计绩效评价体系的总体框架图，如图 11-8 所示。我国世界银行林业贷款项目统计绩效评价体系总体框架内容包括：

(1)世界银行林业贷款项目统计绩效评价体系的结构由制度体系、组织体系、指标体系、标准体系和方法体系五个子体系构成。第一，要建立严格的评价制度体系，包括在现有法律中(如预算法)增加有关统计绩效评价的条款，同时逐步建立有关世界银行林业贷款项目统计绩效评价的专门法律和法规，包括《评价准则》《评价办法》《评价工作程序》等；第二，要建立统计绩效评价的组织体系，包括具体明确世界银行林业贷款项目统计绩效评价的工作范围，制定工作程序，确定评价结果的应用等；第三，要建立世界银行林业贷款项目统计绩效评价的指标体系；第四，要建立世界银行林业贷款项目统计绩效评价的标准体系；第五，要探索建立实用、可行的世界银行林业贷款项目统计绩效评价方法体系。

(2)根据开展世界银行林业贷款项目统计绩效评价工作的主体和客体的不同，可以将世界银行林业贷款项目统计绩效评价划分为由世界银行林业贷款项目综合统计绩效评价、单位世界银行林业贷款项目统计绩效评价和世界银行林业贷款项目项目统计绩效评价组成的层次结构。这三类世界银行林业贷款项目统计绩效评价的关系可以概括为三点：一是目的相同，三类评价工作都以提高世行贷款绩效为目的；二是层次分明，世界银行林业贷款项目项目统计绩效评价是单位评价工作的一个重要方面，而综合统计绩效评价又要以单位和项目的统计绩效评价为基础；三是差异显著，项目统计绩效评价是具体世界银行林业贷款项目的投入、过程、产出和效果的总体评价，单位世界银行林业贷款项目统计绩效评价侧重于财务管理效率评价，综合统计绩效评价是一种政策评价。

总之，建立科学规范的世界银行林业贷款项目统计绩效评价体系，要以系统论为理论指导。评价内容的确定，要在系统分析基础上全面反映世界银行林业贷款项目绩效的要求；评价指标设计要在系统分析基础上，对层次、目标、环境及各种要素进行统筹考虑；评价的标准和方法要在系统分析的基础上，实现评价标准的可靠性、可比性和评价方法的科学性、准确性；最终达到评价过程的公开性、透明性和评价结果的客观性、公正性。

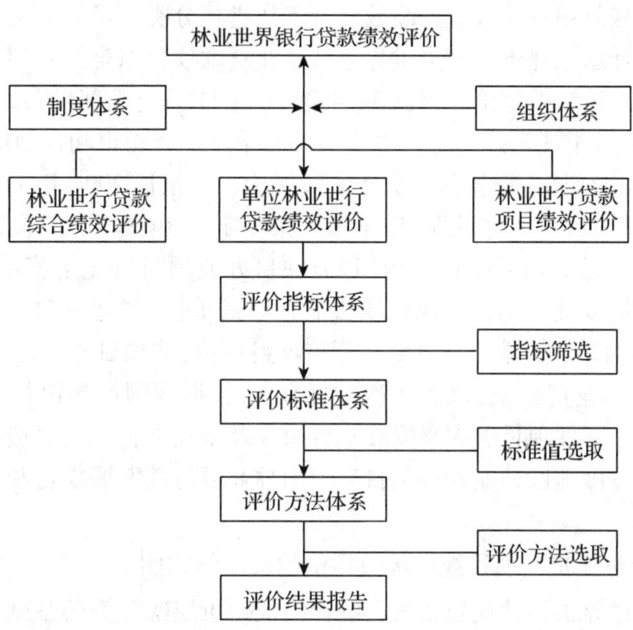

图 11-8　世界银行林业贷款项目统计绩效评价体系的总体框架图

二、世界银行林业贷款项目统计绩效评价的层次结构

在上一节中已介绍了世界银行林业贷款项目统计绩效评价的层次结构由世界银行林业贷款项目综合统计绩效评价、单位世界银行林业贷款项目统计绩效评价和世界银行林业贷款项目项目统计绩效评价组成。但问题是世界银行林业贷款项目内容、项目性质、资金用途差异较大，这给建立科学规范的指标体系带来了一定的难度。正是由于世界银行林业贷款项目之间差异很大，世界银行林业贷款项目统计绩效评价层次结构才更显重要，因为只有首先对众多的世界银行林业贷款项目进行层次分类，才能将性质相同或相似的世界银行林业贷款项目归并在相同类别中进行评价，增强项目的可比性，也才有可能探索研究社会效益的计量问题，并在此基础上为世界银行林业贷款项目统计绩效评价作准确定位，建立评价指标体系和标准体系，从而使世界银行林业贷款项目统计绩效评价工作全面、顺利地开展。

(一) 世界银行林业贷款项目统计绩效评价的层次分类

1. 对世界银行林业贷款项目综合统计绩效评价，只有一个分类标准，即按照行政管理级次划分。世界银行林业贷款项目综合统计绩效评价分类的唯一性是由其特殊性所决定的。世界银行林业贷款项目综合统计绩效评价将世界银行林业贷款项目视为一个整体进行评价，尽管评价过程中除了对世界银行林业贷款项目的总量统计绩效评价外，可能还要通过对某个世行贷款项目使用的贷款资金的效益和结构进行评价，但最终结果是要形成世界银行林业贷款项目整体的统计绩效评价结果。因此，综合统计绩效评价对象具有整体不可分割性，任何对世界银行林业贷款项目的具体内容的分类都不能适用于世界银行林业贷款项目的综合统计绩效评价。当世界银行林业贷款项目作为整体进行评价，按照行政管理级次对世界银行林业贷款项目综合统计绩效评价工作进行分类，可划分为：全国世界银行林业贷款项目综合统计绩效评价、中央世界银行林业贷款项目综合绩效评价和地方世界银行林业贷款项目综合统计绩效评价。根据2004年11月11日财政部发布《世界银行贷款项目管理暂行规定》中第六条规定："地方"系指省、自治区、直辖市和计划单列市。

2. 对单位世界银行林业贷款项目统计绩效评价，可根据2004年11月11日财政部发布的《世界银行贷款项目管理暂行规定》中第六条规定："项目单位"包括中央项目执行部门（或中央项目办）、地方项目执行机构（地方项目办或项目行业主管单位）、财政部直接转贷的中间金融机构以及其他独立执行项目的企业或单位。"地方项目单位"（或"地方项目办"）均指省、自治区、直辖市及计划单列市项目单位（或项目办）。

3. 对世界银行林业贷款项目统计绩效评价，可根据我国世界银行林业贷款项目项目实施情况分为：林业开发项目、大兴安岭森林防火及恢复项目、国家造林项目、森林资源发展和保护项目、贫困地区林业发展项目、中国林业可持续发展项目和广西综合林业发展与保护项目。

（二）世界银行林业贷款项目统计绩效评价的层次结构图

在前面提出的世界银行林业贷款项目统计绩效评价层次分类的基础上，可以勾画出林业世行贷款统计绩效评价层次结构示意图，如图11-9所示。

建立上述层次结构重要意义在于：

（1）由于对项目、单位统计绩效评价选择了相同的分类标准，使得世界银行林业贷款项目综合统计绩效评价、单位世界银行林业贷款项目统计绩效评价和世界银行林业贷款项目项目统计绩效评价成为逐步深入、相互补充的有机整体，保持了比较严密的逻辑性，而且层次分类涵盖全部的世界银行林业贷款项目、突出世界银行林业贷款项目的重点，满足了完整性的要求，又有较强的灵活性。

（2）我们选择确立的分类标准，基本上沿用了现行的世行贷款管理机制和考虑了世界银行林业贷款项目实际情况，便于相关管理和执行部门工作人员认同和接受，便于操作，也便于以后我们进行世界银行林业贷款项目统计绩效评价的基础数据的采集、汇总、分析和世界银行林业贷款项目统计绩效评价数据库的建立。

（3）建立层次结构，为我们建立世界银行林业贷款项目统计绩效评价体系提供了一个框架，也为指标体系和标准值体系的建立奠定了基础。

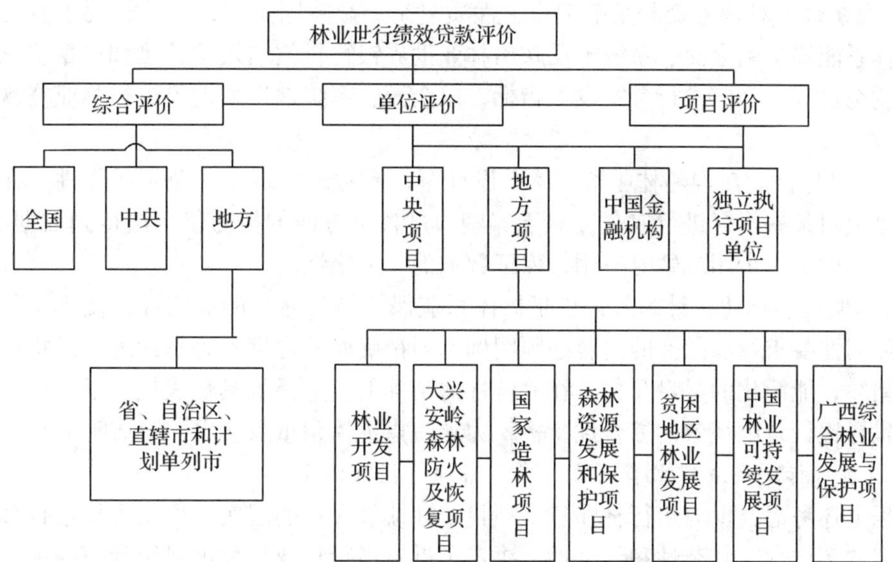

图 11-9　世界银行林业贷款项目统计绩效评价的层次结构图

三、构建世界银行林业贷款项目统计绩效评价的指标体系

世界银行林业贷款项目统计绩效评价指标是反映世界银行林业贷款项目绩效的特定概念和具体数值；是衡量、监测和评价世界银行林业贷款项目的经济性、效率性和有效性，揭示世界银行林业贷款项目存在问题的重要量化手段；是世界银行林业贷款项目统计绩效评价工作成果的体现，反映世界银行林业贷款项目统计绩效评价的工作内容。因此，针对不同评价对象，应遵循科学合理的原则，确定不同评价内容，在满足实际工作需要的基础上分层次建立一套科学合理、层次明晰、实用可行的评价指标体系，对于做好世界银行林业贷款项目统计绩效评价工作具有十分重要的意义。

(一)构建统计绩效评价指标体系的基本原理

1. 指标体系的构建原则

世界银行林业贷款项目统计绩效评价的指标体系是指为实现评价目的，按照系统分析方法。构建的由一系列反映世界银行林业贷款项目各个侧面目标和相关指标集合的系统结构。世界银行林业贷款项目统计绩效评价指标必须充分反映评价对象的性质和特征，体现评价的基本内容，围绕评价的各项基本目标，建立逻辑严密、相互联系、互为补充的体系结构。构建科学规范的世界银行林业贷款项目统计绩效评价指标体系需要遵循以下原则：

(1)一致性。一致性原则要求世界银行林业贷款项目统计绩效评价指标体系与世界银行林业贷款项目绩效目标相一致。统计绩效评价的目的是检验绩效目标的实现程度，既定的绩效目标应该通过设计的指标及其评价得以实现，统计绩效评价指标体系必须能够反映出绩效目标实现程度。因此，设定和选择统计绩效评价指标时，应从林业世界银行贷款绩效目标出发，根据绩效目标来设定和选择统计绩效评价指标。统计绩效评价指标必须体现政府宏观调控的导向性和贯彻相关政策的激励性。

(2)系统性。林业外资利用范围广、性质复杂、影响因素多，系统性要求所设计的评价指标体系能够达到全面、系统地反映出林业世界银行贷款绩效的数量和质量要求。对评价对象的全过程，都应进行考察设立指标，以全面、系统地反映世界银行林业贷款的综合利用绩效。

(3)可操作性。在构建林业指标体系设计时，要考虑实现条件及可操作性，在合理成本的基础上对某些指标进行取舍，对于那些通过各个方面的努力仍无法得到数据的指标，在考评体系中尽量少用或暂时不用，保证数据的可采集性。

(4)简明性。林业统计绩效评价指标体系应保持指标体系的简明性，便于实际统计和计量。简明性要求每项指标的内容必须明确，即精确而不含糊，容易理解以及指标能精简的尽量精简，能简化的尽量简化。在完备性的基础上，选择最具代表性、最重要、最能反映林业世界银行贷款绩效的综合性指标，力求使指标体系重点突出，简洁明了。

2. 以多目标决策法建立多层次、多目标评价指标体系

根据上述考虑，世界银行林业贷款项目统计绩效评价的层次结构及世界银行林业贷款项目内容的多样性、复杂性和外部性，决定了世界银行林业贷款项目统计绩效评价指标体系是多层次、多目标的。世界银行林业贷款项目的目标不是单一的，是由多个并列目标或主从目标组成的。国家造林项目取得的综合效益，这个总目标就包含有一些分目标或子目标，如图 11-10 所示。

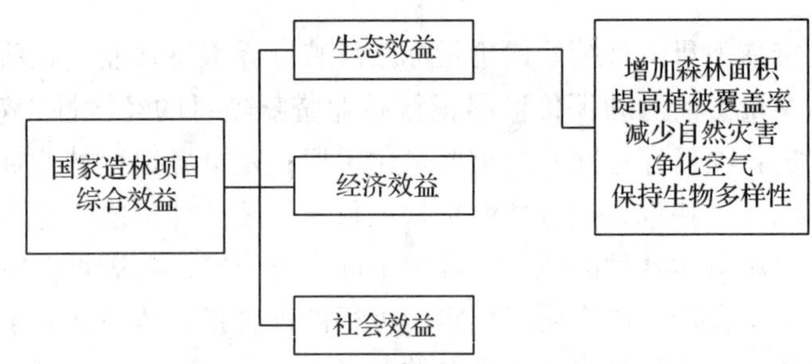

图 11-10 国家造林项目目标树描述

图 11-10 中，总目标是世界银行林业贷款的综合效益，分目标有生态、经济和社会效益，而增加森林面积、提高植被覆盖率、减少自然灾害、净化空气和保持生物多样性五个目标又是生态这个目标的子目标。

因此，构建科学规范的评价指标体系应当以多目标决策法为基本方法。多自标决策法有多种类型，但大体上可以概括为以下两种：

(1)化多为少，即：通过多种汇总的方法将多目标化成一个综合目标来评价，最常用的有加权和法、加权平方和法、乘除法和目标规划法等。

(2)分层序列，即：将所有目标按重要性依次排列，重要的优先考虑。通常是把全部目标分成为“必须实现的”和“希望实现的”两大类，然后在每类中再按轻重缓急排成顺序。把注意力首先集中在“必须实现的”重要性的大目标上，然后再考虑其他目标。如果情况不允许考虑那么多目标时，甚至可以把“希望实现的”目标中重要性很小的那些目标暂时不予考虑。

根据多目标决策法，我们设计了世界银行林业贷款项目统计绩效评价指标体系的示意图，如图11-11所示。假如带★号的为“必须实现的”目标，不带★的暂不考虑，按照多目标规划法，则绩效目标的数学模型可以表达为：

$$U = A_1V_1 + A_2V_2 = B_1W_1 + A_2V_2 = C_1X_1 + C_2X_2 + C_5X_5 + C_6X_6 \quad (11\text{-}1)$$

其中：A_1，A_2，B_1，B_2，C_1，C_2，C_5，C_6分别为实施评价者根据目标不同选定的权重。

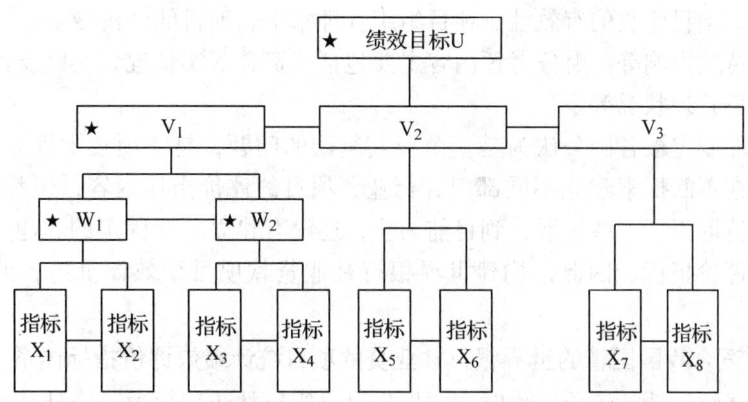

图11-11　世界银行林业贷款项目统计绩效评价体系示意图

(二)构建统计绩效评价指标体系的基本内容

世界银行林业贷款项目是为改善生态环境需要而服务的，其性质复杂、影响因素多，其评价指标的制定是一项技术性非常强的工作。由于林业项目不像各种市场活动那样都有直接的经济效益，且投资回收期长，短期内很难见到经济效益。因此，全面、客观、科学地评价世界银行林业贷款项目的绩效状况，必须要求对世界银行林业贷款项目的各个方面进行综合的评价。评价指标必须充分反映世界银行林业贷款项目所产生的经济效益、社会效益和生态效益，短期效益和长期效益，直接效益和间接效益。目前在国内外资金统计绩效评价实践中，比较常用的指标内容的分类方法有以下几种。

1.“3E”原则

“3E”原则是指经济性(Economy)、效率性(Efficiency)和有效性(Effectiveness)。“3E”原则是世界银行林业贷款项目统计绩效评价的基本原则，在西方国家得到了广泛的应用，在实际的统计绩效评价过程中，通常都是以“3E”指标为关键性的思考主轴。

2. 投入—产出法

西方国家在评价公共部门或公共项目绩效时常用投入—产出法进行分析，在实际操作中简便易行，值得借鉴。其评价内容通常包括：投入指标(Input)、产出指标(Output)、结果指标(Outcome)、效率指标(Output/Input)、效能指标(Outcome/Input)和质量指标(Quality)等。

3. 世行项目后评价

世界银行对支出项目评价不设固定指标，评价指标的设置是视不同项目而采用不同指标的，但一般应包括以下基本内容：投入性指标、行为性指标、产出性指标、成效性指标、影响性指标等。

4. 投资项目后评价

借鉴世界银行后评价经验，原国家计划委员会颁布了投资项目后评价办法，评价内容包括：目标评价、实施过程评价、效益评价、影响评价和持续性评价等五个方面。

5. 教科文项目评价

此方法是由财政部颁布的，用于中央教科文部门项目绩效考评，评价的内容分为业务考评和财务考评。业务考评内容主要包括：立项目标完成程度、目标完成的可能性、立项目标的合理性、项目验收的有效性、项目组织管理水平、项目的经济效益、项目的社会效益、项目的可持续影响等。财务考评内容主要包括：资金落实情况、实际支出情况、财务信息质量、财务管理状况等。

评价指标的制定被各国公认为是一个极其复杂的问题，是一项技术性非常强的工作。虽然国内外都在不断探索建立不同部门、行业、项目的评价指标内容，但都是在某部门、某单位、某项目取得了一些进展，到目前为止，还没有建立一套固定的、通用的、系统的资金统计绩效评价指标。因此，构建世界银行林业贷款项目绩效评价内容的工作任重而道远。

(三)构建适合我国国情的世界银行林业贷款项目统计绩效评价指标体系

在我国开展统计绩效评价工作时，应根据世界银行林业贷款项目统计绩效评价的层次结构和多目标决策法来构建评价指标体系。由于世界银行林业贷款项目的特殊性和复杂性，与企业统计绩效评价不同，世界银行林业贷款项目统计绩效评价很难建立统一的评价指标。为此，应根据世界银行林业贷款项目分层次特点，分层次、分类别建立评价指标库，并不断进行充实和完善。在具体实施评价时，应根据评价目的和评价对象的不同，有针对性地从指标库中选择恰当的评价指标。

参照第二节(二)中构建统计绩效评价指标体系的基本方法，按照综合、单位、项目建立分层次的评价指标库。在实施具体评价行为时，根据评价目的和评价对象特点，从评价指标库中选择合理的指标。借鉴国内外设置评价指标的经验，我国世界银行林业贷款统计绩效评价指标库由以下基本内容组成。

1. 世界银行林业贷款项目综合统计绩效评价指标设置

世界银行林业贷款项目综合统计绩效评价是对预算收支适度水平、贷款收支结构、预算管理水平、预算目标的完成情况的评价。主要包括以下六类指标：

(1)总量效益指标。是指世界银行林业贷款项目总量水平的指标，如世界银行林业贷款项目增长率、世界银行林业贷款项目占林业系统总产值比例、人均可用世界银行林业贷款项目等。

(2)结构效益指标。是指反映预算支出结构适度水平的指标，如森工支出、营林支出、扶贫支出、科研支出分别占世界银行林业贷款项目总额的比重。

(3)生态效益指标。是指反映生态环境改善水平的指标，如森林覆盖率变化率、林地面积变化率、森林蓄积量变化率、水源涵养增加量、水土流失减少量、二氧化碳吸收量、生物多样性指数、公众对生态环境改善的满意度等。

(4)经济效益指标。是指反映世界银行林业贷款项目所带来的直接或间接经济效益的指标，如：林业世行贷款总产值、世界银行林业贷款项目总产值占林业系统总产值的比重、世界银行林业贷款项目总利润、经济内部回收率等。

(5)社会效益指标。是指用于衡量世界银行林业贷款项目对社会就业环境、城乡协调发展、收入分配、人文发展产生影响的指标，如农户参与数、农户人均收入增长率、公众对生态意识水平、对解决贫困的作用、培训人次等。

(6)财务管理指标。是指用于衡量世界银行林业贷款项目管理体制、预算管理、贷款监督、贷款风险等实际效果的指标。

2. 单位世界银行林业贷款项目统计绩效评价指标设置

单位统计绩效评价侧重于对单位预算执行、事业发展、资源利用、发展潜力等方面的评价，从“指标库”选择指标时，重点是围绕这些方面确定具体的评价指标。

(1)预算完成指标。是指单位预算编制和执行的效率性和有效性方面的指标，如资金拨付率、资金使用率等。

(2)事业发展指标。是指主管部门根据世界银行林业贷款项目政策，对项目单位制定的年度或中长期发展目标完成情况的指标，如造林计划目标、造林成活率、环保合格率等。

(3)资源利用指标。是指贷款资金、人力、物力等资源利用的数量和质量成果的指标，如贫困农民占参与人数比、财务内部收益率、设备利用率等。

(4)发展潜力指标。是指单位经费、事业发展增长情况的指标，如自筹资金比例、收入增长率、资产增长率等。

另外，单位统计绩效评价指标也应该包括重点项目实施情况指标，可结合项目绩效评价的内容设置指标，重点关注项目的完成率、完成进度和使用效果。

3. 世界银行林业贷款项目项目统计绩效评价指标设置

项目统计绩效评价指标是对世界银行林业贷款项目各项目的综合性评价指标，反映项目的效益、作用和影响方面的指标。结合世行项目后评价的相关内容和我国的实际情况，本书将世界银行林业贷款项目项目统计绩效评价指标设置如下：

(1)投入指标。投入指标是整个世界银行林业贷款项目统计绩效评价的基础，主要从世界银行林业贷款项目的规模和结构两个方面来进行设计。设置投入指标主要是为了了解世界银行林业贷款项目的规模和结构是否合理、是否能够满足社会发展的需要。因此，可以设置项目世行贷款总额占项目总投资额的比重、项目世行贷款总额占世行贷款总额的比重及项目世行贷款总额占项目总产值的比重来反映世界银行林业贷款项目的规模；设置营林物资投入比率、造林投入比率、咨询服务投入比率等来反映世界银行林业贷款项目的结构。

(2)过程指标。过程是连接投入与产出的环节，过程运作水平的高低对产出和结果的水平有直接影响。过程指标主要从世界银行林业贷款项目的资金合规性、世界银行林业贷款项目相关执行机构的行政效率等方面来进行设置。

世界银行林业贷款项目的资金合规性是保证世界银行林业贷款项目健康运行的前提，通过林业世行贷款违规资金占世界银行林业贷款项目总额的比重和世界银行林业贷款项目的透明性来反映世行贷款的合规性。

行政效率是反映行政绩效水平的重要方面，通过行政费用占世界银行林业贷款项目总额的比重来反映，该指标一般与行政效率呈反比。世界银行林业贷款项目的透明性、林业世行贷款相关执行机构人员的工作作风、公众对世界银行林业贷款项目相关执行机构人员工作的满意度可以定性的反映出过程运作水平的高低。

(3)产出指标。产出指标主要根据世界银行林业贷款项目各项目的直接产出来设置，如贫困地区林业发展项目统计绩效评价指标可以设置为：项目林总面积、用材林面积、经济林面积、竹林面积、天然林管护面积、苗木产量、木材产量、竹材产量、经济林产品产量、面积核实率、造林成活率、生长量达标率、整地合格率、栽植合格率、一级苗使用率及良种使用率等。

(4)效果指标。效果指标主要根据世界银行林业贷款项目的绩效目标来设置，分为生态效益、经济效益和社会效益指标。

生态效益指标包括各评价项目对生态环境产生的影响，如森林蓄积量变化率、可增加的水源涵养量、可减少的水土流失量、可吸收的二氧化碳量及公众对生态环境改善的满意度等。

经济效益指标包括各评价项目产生的经济效益，如项目总产值、项目总利润、经济内部回收率等。

社会效益指标包括各评价项目产生的社会效益，如项目农户数、农户人均收入增长率、对解决贫困的作用、项目培训人次及公众的生态意识水平等。

四、构建世界银行林业贷款项目统计绩效评价的标准和方法体系

世界银行林业贷款项目统计绩效评价的标准和方法体系是世界银行林业贷款项目统计绩效评价体系的重要组成部分。评价指标、评价标准、计分方法和评价报告等作为世界银行林业贷款项目绩效评价体系的基本要素，它们之间存在着相互联系，以及相互影响和相辅相成的关系。在构建评价指标体系的基础上，下一步应重点解决的问题有三：一是构建科学规范的评价标准体系：二是确定指标的权重；三是选择合理实用的评价计分方法。

(一)构建世界银行林业贷款项目统计绩效评价的标准体系

标准体系是对世界银行林业贷款项目行为进行客观、公正、科学分析判断的标尺，通过将指标实际值与评价标准值进行比较，来确定评价指标的优劣。由于评价指标一般是数量化的，其评价标准通常是一个数值范围，如果被评价对象的绩效恰好在标准范围之内，说明它完成了预定的职责；如果被评价对象的绩效表现超出标准的上限，则说明它做出了超常的努力，绩效卓越；如果被评价对象的绩效表现低于标准的下限，则表明它存在绩效不佳的问题，需要进一步改进。

评价标准直接关系到评价的合理性、准确性和科学性，也关系到林业世行贷款统计绩效评价体系的权威性。不同地区、不同部门、不同单位、不同项目、不同时间，评价标准也有所不同。在实施评价过程中，评价标准值应通过本地区、本行业统计资料或基础数据库来直接获得或测算取得，并通过权威机构进行认定和定期发布。从国内外评价研究成果看，评价标准一般分为行业标准、计划标准、经验标准、历史标准四种类型。

1. 行业标准

行业标准，也称经费标准，是以一定行业许多群体的相关指标数据为样本，运用数理

统计方法，计算和制定出该行业的评价标准。采用行业标准便于林业世行贷款管理部门对贷款的绩效水平进行历史的、横向的比较分析，通过评价结果总结出一定时期内，同类贷款项目应达到的经济或效率或有效水平，并为加强支出管理提供科学依据。行业标准由于自身的客观性、权威性和易取得性，在评价工作中得到广泛的使用。

行业标准需要以强大的数据资料库做支持才能得到充分应用。目前我国林业世行贷款相关的数据还没专门统计分类和公布出来，与统计绩效评价相关的评价指标数据还不够充足，如世界银行林业贷款项目评价中需要使用的“森林覆盖率”、“二氧化碳吸收量”等指标标准值无处可寻，影响了评价工作的实施。因此，健全统计资料，完善数据资料对推动统计绩效评价工作开展起着关键性作用。

2. 计划标准

计划标准（又称目标或预算标准），它是指以事先制定的目标、计划、预算、定额等预定数据作为评价世界银行林业贷款项目绩效的标准。如世界银行林业贷款各项目的《开发信贷协议》中一般规定各项目完成情况的计划标准。

计划标准的作用是通过将实际完成值与预定数据进行对比，发现差异并达到评价目的。例如《中国国家造林项目开发信贷协议》中规定营造速生丰产用材林 98.5 万 hm^2，就可以作为判断项目造林执行情况的计划标准。

3. 历史标准

历史标准是以本地区、本部门、本单位或同类部门、单位、项月的统计绩效评价指标的历史数据作为样本，运用一定的统计学方法，计算出各类指标的平均历史水平，如：上年实际数据、上年同期数据、历史最好水平等。需要注意的是，运用历史标准的基本假设是现行评价对象所处的环境与历史标准所涉及的那段时间的环境大致一样。如果环境发生了较大变化或者持续不稳定，则不适宜采用历史标准进行评价。实际运用时也要对历史标准进行及时地修订和完善，尤其要注意剔除价格变动、数据统计口径不一致和核算方法改变所导致的不可比因素，以保证历史标准符合客观实际情况。

4. 经验标准

经验标准是根据长期的经济活动发展规律和管理实践，由世界银行林业贷款项目管理领域有丰富经验的专家学者，在经过严密分析研究后得出的有关指标标准或惯例。对于一些涉及公众满意度、管理水平等定性指标，由问卷调查，通过公众评判的方式建立经验标准。

经验标准适用于缺乏同业比较资料，尤其是缺乏行业标准时的统计绩效评价。即便两种标准同时可供使用，当行业标准不如经验标准权威性高时，为保证评价结果得到评价对象和社会公众的认可，应当选择经验标准而非行业标准。

一般来讲，行业标准、计划标准、历史标准和经验标准等都可以作为世界银行林业贷款统计绩效评价对比标准。实际评价中具体选用哪种标准，主要根据评价目的、评价环境和信息采集等条件来确定。满足评价目的需要是评价标准主要的选择依据。

科学规范的评价标准，须具备如下要点：①标准应该是分为不同档次，具有先进性，有利于对照先进水平，发现差距，改善管理；②标准应该是客观的，最好应该是被评价方认同的；③标准应该是可靠的，经过努力应当可以实现；④标准应该是透明的，且应广为人知；⑤标准应该是尽可能量化的，不能量化则具体明确；⑥标准应该是分层次—分行业—分类别的，使同类评价具有可比性；⑦标准应该是动态的、变化的，不是固定的、一成不变的，应定期进行更新。

(二)世界银行林业贷款项目统计绩效评价指标权重的设置方法

指标权重又称“指标权数”，它是指在一个指标集合体中各个指标所占的比例。指标权重的合理与否在很大程度上影响综合评价结果的正确性和科学性。指标权重是对评价内容重要程度的认定标志，具有重要的导向作用，在指标体系一定的情况下，权重的变化直接影响评价结果。在多项指标构成的评价指标体系中，由于事物本身发展的不平衡性，有的指标重要程度高，有的指标重要程度低。为了表示不同指标对评价结桌的影响程度，需要将所有评价指标进行权重赋值处理，权重大表明指标的影响或作用大。指标权重反映评价指标对评价结果的贡献程度，它的确定取决于指标所反映的评价内容的重要性和指标本身信息的可信赖程度，因而科学地确定指标权重在多指标评价体系中非常重要。在多层次、多指标评价体系中，权重设置方法有很多，根据世界银行林业贷款项目统计绩效评价指标体系和评价标准体系的特点，结合各种权重设置方法的优缺点和适用范围，选用德尔菲法和层次分析法是较为理想的方法。

1. *德尔菲法*(Delphi)

德尔菲法又称专家意见法，是20世纪60年代美国兰德公司和道格拉斯公司合作，研究出的一种通过有控制的反馈有效收集专家意见的办法，并将其命名为德尔菲法。用德尔菲法确定指标权数，是根据指标对评价结果的影响程度，由相关专家结合自身经验和分析判断来确定指标权重，通常是采取专家调查问卷的形式，对回收的问卷进行统计分类后，将每个指标进行中位数和上下四分位数的运算，将运算结果再次征求专家意见，最后确定出各指标的权重。德尔菲法对于定性评价指标权重的设置较为普遍，定量评价指标的权重设置也可采用德尔菲法。由于德尔菲法操作简便，反映了社会的普遍看法，容易被大家所接受。

2. *层次分析法*(AHP)

用德尔菲法确定评价指标的权重，是简单可行的方法，但随着评价指标数量的增多，其权重分配的难度和工作量(反复次数)会逐步增大，甚至难以获得满意的结果。近年来，用层次分析法确定权重越来越受到研究人员的重视并在许多方面得到应用。这种多层次分别赋权法可避免定量指标同时赋权的混乱和失误，从而提高评价的简便性和准确性。多目标评价问题中的指标权重反映了各个指标的重要程度，世界银行林业贷款项目绩效评价属于多目标决策问题，各指标的权重应反映其对世界银行林业贷款项目统计绩效评价的重要程度，所以我们也可采用层次分析法确定各指标权重。具体方法如下：

(1)建立系统的递阶层次结构。首先要把问题条理化、层次化，构造出一个有层次的结构模型。一个决策系统大体可以分成三个层次：

①最高层(目标层)　这一层次中只有一个元素，一般它是分析问题的预定目标或理想结果；

②中间层(准则层)　这一层次中包含了为实现目标所涉及的中间环节，它可以由若干个层次组成，包括所需考虑的准则、子准则；

③最低层(方案层)　这一层次包括了为实现目标可供选择的各种措施、决策方案等等。

(2)构造成对比较判断矩阵。判断矩阵元素的值反映了各元素的相对重要性(或优劣、合理等)，一般采用1~9及其倒数的标度方法。就本文而言，就同一层次的各元素对上一层次的某一准则的重要性进行两两比较，构造两两比较判断矩阵；同时通过这些判断，引入适度的比率标度(见表11-5)，进行数值定量化，得出判断矩阵。

表11-5　两两比较标度

标度	含义
1	表示两个因素相比，具有同样重要性
3	表示两个因素相比，一个比另一个稍微重要
5	表示两个因素相比，一个比另一个明显重要
7	表示两个因素相比，一个比另一个强烈重要
9	表示两个因素相比，一个比另一个极端重要
2，4，6，8	表示上述两相邻判断的中值
倒数	当 i 与 j 比较时，被赋予标度值 b_{ij}，则 j 与 i 比较时的标度值为 $1/b_{ij}$

(3)根据判断矩阵计算被比较元素对于该准则的相对权重。先计算比较矩阵的最大特征根及其对应的特征向量，并进行一致性检验得到某层因素相对于上层因素相对重要的权值，计算方法如下：

①计算判断矩阵每一行元素的乘积 M_i

$$M_i = \prod_{j=1}^{n} bij, i = 1,2,\cdots,n \tag{11-2}$$

②计算 Mi 的 n 次方根 $\overline{W_i}$

$$\overline{W_i} = \sqrt[n]{M_i} \tag{11-3}$$

③对变量 $\overline{W} = [\overline{W_1},\overline{W_2},\cdots,\overline{W_n}]^T$ 正规化

$$W_i = \frac{\overline{W_i}}{\sum_{j=1}^{n} \overline{W_j}} \tag{11-4}$$

则 $W = [W_1,W_2,\cdots,W_n]^T$ 即为所求的特征向量。

④计算判断矩阵的最大特征根 λ_{max}

$$\lambda_{max} = \sum_{i=1}^{n} \frac{(AW)_i}{nW_i} \tag{11-5}$$

式中 (AW_i) 表示向量 AW 的第 i 个元素。

(4)一致性检验。一致性检验的步骤如下：

①计算一致性指标 CI；

②查找相应的平均随机一致性指标 RI。对 $n=1$，…，10，Saaty 给出了 RI 的值，如表11-6所示。

表 11-6 一致性指标 *RI* 取值

n	1	2	3	4	5	6	7	8	9	10
RI	0	0	0.58	0.90	1.21	0.24	0.32	0.41	0.45	0.49

③计算一致性比例 CR。当 $CR<0.10$ 时，认为判断矩阵的一致性是可以接受的，否则应对判断矩阵作适当修正。

$$CR=\frac{CI}{RI} \tag{11-6}$$

(5)计算各层次元素对系统目标的合成权重。根据系统的递阶层次结构，按逐级归总的方法，计算出各层因素对系统目标的合成权重。

(三)构建世界银行林业贷款项目统计绩效评价的计分模型

统计绩效评价计分模型的研究工作目前在我国还处于探索研究阶段。为此，必须充分吸收当前我国在各类统计绩效评价方面积累的丰富经验和成功的应用范例，借鉴国内外在评价计分方面的研究成果和成功经验，并结合我国世界银行林业贷款项目绩效评价工作自身的特点和要求，逐步建立起适合我国国情、林情的、科学有效的、成熟实用的世界银行林业贷款项目统计绩效评价方法体系。

世界银行林业贷款项目统计绩效评价的计分模型：

构建计分模型的基本原理就是将评价指标进行无量纲化处理和转换，消除原始变量量纲的影响，通过对每个评价指标设置不同权重进行打分计算，然后根据一定的数学模型计算各个评价指标的综合得分，形成量化的评价结果。世界银行林业项目贷款统计绩效评价计分的数学模型示意图，如图 11-12 所示。

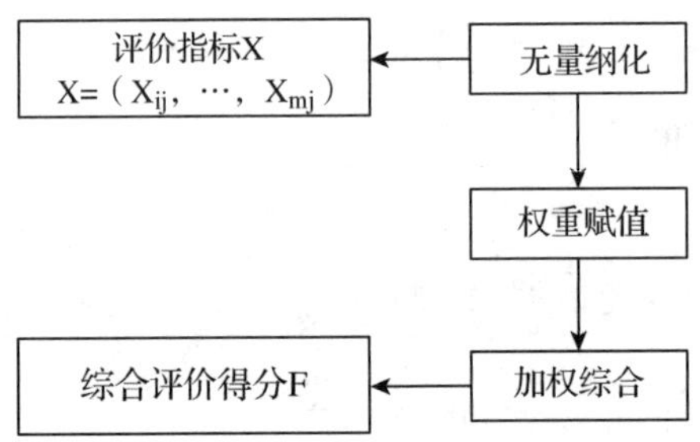

图 11-12 世界银行林业贷款项目统计绩效评价计分模型程序图

在多层次、多目标的世界银行林业贷款项目统计绩效评价指标体系中，评价指标进行无量纲化处理后为 X_i、X_{ij}、X_{ij}^k，权重赋值为 W_i、W_{ij}、W_{ij}^k，评价指标的层次结构为 A_i、Aij、A_{ij}^k，层次的级数可以根据具体评价对象和评价目标来确定，通过加权综合求和的方法计算出评价对象的最后得分 F。

世界银行林业贷款项目统计绩效评价计分的数学模型是：

$$F=\sum_{i=1}^{m}X_iW_j \tag{11-7}$$

$$=\sum_{i=1}^{m}\sum_{j=1}^{n}X_{ij}W_{ij} \tag{11-8}$$

$$= \sum_{i=1}^{m}\sum_{j=1}^{n}\sum_{k=1}^{p} X_{ij}^{k}W_{ij}^{k}\ (j=1,\ 2,\ \cdots,\ n)(i=1,\ 2,\ \cdots,\ m)(k=1,\ 2,\ \cdots,\ p) \quad (11\text{-}9)$$

国内外有关评价计分的方法较多，总体划分为定量指标计分方法和定性指标计分方法。

1. 定性指标计分方法

定性指标计分方法就是由评价主体凭借自己的学识和已有的经验，根据评价对象在某一方面的具体表现，采用主观分析判断的方法确定评价指标达到的等级，再根据相应的等级参数和指标权重计算得分，即综合分析判断法。由于定性指标是用于主观对客观事物的判断，受各种复杂因素的影响，主观判断的随意性较大，在实际工作中给定性指标的计分带来了一定困难。但这些指标又是反映世界银行林业贷款项目绩效的重要组成部分，而且许多定性指标对贷款资金使用效益起到关键作用。所以，必须解决定性指标的量化问题，采取科学的方法对定性指标进行计分，使定量分析和定性分析有机结合。

为了提高定性评价的准确性，对定性指标的计分方法，有的采用直接对每项指标进行打分的方法。但更多的是采取模糊数学中的隶属因子赋值方法。前者是根据每项指标的权重和该项指标的实际表现进行打分。而隶属因子赋值方法是根据评价对象因素论域 U(即评价指标)，先确定每项指标评语等级论域 V(即标准档次)，评语等级个数通常应大于 4 小于 10，一般为奇数(如 5，7，9)，同时赋予每个等级不同的向量参数 n，然后通过调查问卷或专家选择评语等级的办法，确定等级参数。将每个评语等级参数与每个指标的权重相乘，便得出某个专家或问卷对某个指标所打的分数。最后根据问卷总数或专家个数计算出平均赋值，得到定性指标的评价分数。

$$\text{单项指标分数} = \frac{\sum \text{单项指标权重} \times \text{每位评议人员选定的等级参数}}{M} \quad (11\text{-}10)$$

相对而言，隶属因子赋值方法比较准确一些，因为它抽象掉了个体差异，实现了无量纲处理，对于世界银行林业贷款项目统计绩效评价的定性分析，是一种较为科学的方法。

2. 定量指标计分方法

定量指标计分方法就是评价主体借助一定的计算模型和计算公式，依据评价标准，对定量指标实际数值进行计算处理，得出相关指标的评价分数。这类方法大致可以分为三类：成本－效益分析法、综合评价法和数理统计法。

(1)成本－效益分析法。这种方法需要计算各种世界银行林业贷款项目的全部预期成本和全部预期效益，从中选择出效益最优的方案。这种方法不仅适用于工程项目，而且也适用于教育、科技、文化、卫生等项目。最低费用选择法也可以归于此类方法，适用于分析那些成本易于计算、效益不易衡量的世界银行林业贷款项目效益，它不用货币计量世界银行林业贷款项目项目的效益，只计算每个项自的有形成本，并以成本最低为原则来确定最终世界银行林业贷款项目绩效水平的高低。

(2)综合评价法。为适应多层次、多目标、多因素世界银行林业贷款项目统计绩效评价体系的需要，采用综合评价法，通过多种汇总的方法将多目标得分化成一个综合目标得分，最常用的方法有线性规划法、数据包络法、模糊综合评价法等。

线性规划法，是根据线性规划的约束条件和目标函数，由设计的评价对象的投入和产出指标，综合计算出目标函数的最大化或最小化，得出评价结果分值，同时根据各单项投入或产出指标的实际值和计算出的目标值，可以评价出各个单项因素的绩效状况。线性规划法对专项的或特定的统计绩效评价分析和研究对象较为适用。

数据包络法(Data Envelopment Analysis，简称 DEA)是由美国著名运筹学家查恩斯(A. Charnes)，库珀(W. W. Cooper)和罗兹(Rhodes)等人以相对效率概念为基础发展起来的一种崭新的效率评价方法，其实质是关于一组多输入、多输出的观察值来估计有效生产的前沿面，并据此进行多目标综合效率评价。DEA 模型有很多种：如 C2R 模型、C2GS2 模型、C2W 模型、C2WH 模型、C2WY 模型、C2GL 模型等。

模糊综合评价法指综合考虑多种因素的作用下，运用模糊数学工具对某事物的性质或状态综合判断和评价的模型。主要适用于一些具有不确定性和模糊性的系统评价。

上述方法能够根据评价对象的特点，拟订不同侧面的多个评价目标，对多个变量进行分析判断，最后再综合计算，这个特点正好满足了世界银行林业贷款项目绩效评价体系多层次、多目标、多因素的评价要求；也有效地解决了“异量纲”问题，实现了评价指标值和评价分值的转换；还可以在确定计分公式、指标标准及指标权重情况下，进行大批量的评价，具有较强的实用性。

(3)数理统计分析法。数理统计分析法是指应用主成份分析、因子分析等方法，对一些对象进行分类和判断分析。

主成份分析法主要是根据被评价对象的多项指标实际观测值，通过数学坐标旋转进行“降维”，产生相互独立的主成分指标，并通过主成分指标的方差比率确定新的主成分指标权重，然后通过主成份指标和相应权重重新建立综合评价函数方程式，计算出评价对象的综合评价得分结果。

数理统计分析方法，作为计量评价计分手段，计算精度高，科学性强，是一种不依赖专家判断的客观分析，可以有效地排除评价过程中一些人为因素的干扰和影响，所以数理统计分析方法较为适用于对众多评价指标间彼此相关程度较大的对象进行系统研究，比如可适用于对世界银行林业贷款项目综合统计绩效评价。但是由于其复杂的计算方法和需要提供批量的样品观察值，给实际工作提出了较高难度，不便于进行大规模的频繁操作。

(四)构建适合我国国情的评价计分模型

构建适合我国国情的世界银行林业贷款项目统计绩效评价计分模型，必须根据评价目的和评价指标的不同，选择合适的评价计分方法。首先，将评价计分体系划分为定量指标和定性指标，再根据世界银行林业贷款项目综合统计绩效评价、单位世界银行林业贷款项目绩效评价和世界银行林业贷款项目统计绩效评价分别选择不同的计分方法。如图 11-13 所示，构建了适合我国国情的世界银行林业贷款项目统计绩效评价计分模型。

1. 世界银行林业贷款项目综合统计绩效评价

定量评价以被评价地区或相关地区按时间序列排列的多项指标实际值为数据样本，采用数理统计分析法进行数据分析和判断，计算出被评价地区的绩效得分。

2. 单位世界银行林业贷款项目统计绩效评价

从不同侧面评价多个目标，设定了多项定量评价指标，因此采用综合评价法计分更为适合。

3. 世界银行林业贷款项目统计绩效评价

世界银行林业贷款项目的项目是某个具体项目，如世行贷款国家造林项目。由于设置了多项目标和具体指标，宜采用综合评价法进行评价计分。

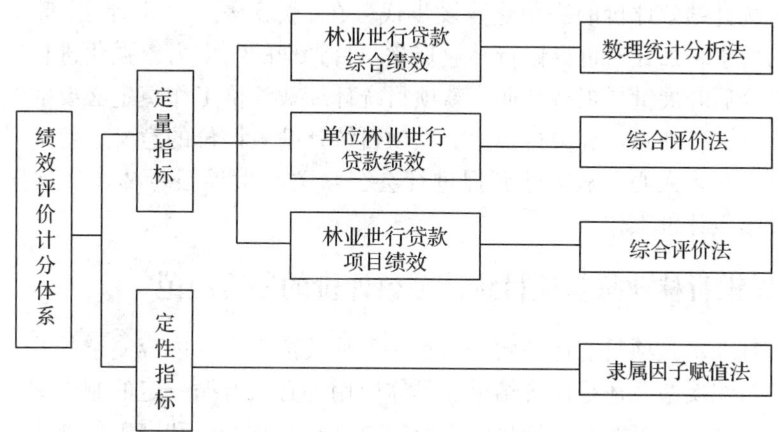

图 11-13　世界银行林业贷款项目统计绩效评价计分模型结构图

第四节　世界银行林业贷款项目绩效统计的制度基础

从国外资金统计绩效评价的多年实践看，其制度体系的建设在统计绩效评价工作的推进中发挥了至关重要的作用。一方面是资金的绩效概念不断深入人心，政府和公众不只关心资金收入的增长，而更加关注资金的绩效；另一方面这些国家通过资金绩效管理的法制化建设，从而使这项工作从一开始就在法制化和规范化的框架内有序进行。鉴于我国资金统计绩效评价工作起步较晚，在世界银行林业贷款项目管理中“绩效”意识有待于进一步加强，世界银行林业贷款项目统计绩效评价的探索与实践还需统一规范的客观实际，应及早将世界银行林业贷款项目统计绩效评价的法制建设提到重要议事日程，使这项工作的开展一开始就沿着正确的方向和规范的体系进行。

一、世界银行林业贷款项目统计绩效评价的法律规范

在资金绩效的法律规范方面主要体现在财政支出方面，西方国家通过强化财政支出的法律地位不断推动财政支出统计绩效评价的有效实施，进而达到了财政预算管理上的两个转变，即预算拨款由传统的按收入拨款转为按绩效拨款，从过去对预算的重结果管理转变为重过程管理。例如：1993 年，美国国会颁布了《政府绩效与结果法案》，规定了政府财政支出统计绩效评价的概念、范围和制度，明确了相关部门的职责，通过强化对政府支出初期计划的制订和财政支出整体绩效提高的约束力，挖掘财政支出潜力，提高财政支出绩效，来达到大幅削减赤字、增加公共服务的目标；1989 年，新西兰通过了《公共财政法》，提出要考核公共支出的绩效，明确规定政府及其所属部门要在预算报告中对支出绩效进行说明；德国在《基本法》中也要求“对公共管理部门和各项支出进行成果监督评价”。英国、瑞典等较早开展财政支出统计绩效评价的国家，也都实现了从着重对公共支出的“经济性”

到公共支出的“有效性”的转变。

从我国目前的情况看，资金统计绩效评价法律、法规建设几乎是空白的，极大地制约了资金统计绩效评价工作的深入开展，也严重影响了资金管理改革的整体成效。为此，首先要加快资金统计绩效评价的法制化建设步伐，在《预算法》、《审计法》等法律中增加统计绩效评价的要求，加强对世界银行林业贷款项目管理的约束力，强化进行支出统计绩效评价手段，为今后开展世界银行林业贷款项目统计绩效评价工作奠定必要的法律基础；其次，要在全社会宣传加强世界银行林业贷款项目统计绩效评价的意义，使世界银行林业贷款项目绩效概念深入人心，从而达到促进社会公众关心世界银行林业贷款项目绩效和参与、支持统计绩效评价工作。

二、世界银行林业贷款项目统计绩效评价的制度规范

世界银行林业贷款项目统计绩效评价是一项涉及范围广、内容复杂的系统工程，无论是评价工作的组织实施，还是评价结果的具体应用都必须遵循一定的制度规范。如世界银行，国际货币基金组织等对相关项目的投资，也都有非常严格和完善的评价制度。我国目前对世界银行林业贷款项目统计绩效评价的制度化建设尚处于分散和探索状态，但随着世界银行林业贷款项目绩效意识的增强，各世界银行林业贷款项目管理部门和世界银行林业贷款项目使用单位已逐步开展统计绩效评价工作，从而要求对世界银行林业贷款项目统计绩效评价的要求和规定必须分别在不同的制度中体现。

(1)建立我国世界银行林业贷款项目效益评价体系的基础是要研究制定《世界银行林业贷款项目统计绩效评价准则》《世界银行林业贷款项目统计绩效评价办法》《世界银行林业贷款项目统计绩效评价方法选择及工作程序》《世界银行林业贷款项目统计绩效评价指标设置及标准选择》《世界银行林业贷款项目统计绩效评价结果应用》等一系列制度规范，对全国世界银行林业贷款项目统计绩效评价工作规则、工作程序、组织方式及结果应用等进行明确，并对相关行为主体的权利和义务进行界定等。

(2)建立统计绩效评价报告制度。在一个财年结束后，各项目单位要编制年度绩效报告，分别对项目的实施阶段和完成结果进行定性和定量分析，主要内容包括：①陈述绩效计划中确立的绩效指标，将单位预算实际达到的绩效目标与单位年度绩效计划的比较分析；②评估年度绩效目标的实现程度，对绩效计划完成情况的评估，与以往年度绩效指标完成情况的比较分析，详细说明绩效报告中的信息质量；③具体项目的绩效报告应按照有关规定将项目负责人、项目类型、预算科目类别、起止时间、项目总投资、项目业务情况(如：项目总体情况、绩效总目标、阶段性绩效目标完成情况、项目组织实施情况、项目结果及其影响等)和项目财务情况(如：项目资金落实情况、实际支出情况、财务管理状况等)进行详细阐述和说明，并附有单位事业发展规划或工作计划、项目申报文本、可行性研究报告、立项评估报告、项目预算批复文件、项目执行情况报告、项目预算执行或决算报告、其他财务会计资料、项目验收报告以及其他相关资料；④解释和描述未完成绩效计划目标的原因，说明补救措施和调整建议。

(3)做好政府部门、财政部门在世界银行林业贷款项目统计绩效评价工作中职责和业务分工的划分等制度建设，从多个方面强化和推进对世界银行林业贷款项目绩效的评价。

(4)建立完备的保障制度，为建立财政支出统计绩效评价体系创造良好的实施环境。主要内容包括：①预算管理制度，主要包括绩效预算制度(编制3年或5年绩效战略规划、年度绩效预算和年终绩效报告等)和世界银行林业贷款项目财务信息披露制度等内容；②文化环境建设，主要包括树立"用还"与"责权利"相统一的理念，在贷款资源的配置使用中，积极倡导结果导向和绩效导向文化等内容；③社会环境建设，主要包括各级人大的支持和监督、政府高层领导的大力支持和持续推动、部门内部的普遍认同、社会公众的理解和支持等内容；④技术支持保障，主要包括数据库、项目库、评价业务培训等内容。

第五节　世界银行林业贷款项目绩效统计的组织基础

一、世界银行林业贷款项目统计绩效评价的主体

资金统计绩效评价在我国是一项开拓性和探索性的新工作，鉴于目前国内资金绩效评价工作处于起步阶段，还没有形成一套成熟的全面反映资金统计绩效评价的工作方法体系。

我国世行贷款项目管理工作的总原则是"统一领导，归口管理，分工合作，各司其职"。财政部是国务院批准的世行贷款的对外窗口和对内归口管理部门，统一负责全国世行贷款业务的协调与管理工作；地方财政部门是地方利用世行贷款业务的归口管理部门和地方人民政府的债权债务代表，全面负责当地利用世行贷款业务的协调与管理工作。因此，我国世界银行林业贷款项目统计绩效评价工作可以采取二级组织模式，即世界银行林业贷款项目使用单位的自我统计绩效评价和各级财政部门组织的综合统计绩效评价。

世界银行林业贷款项目执行单位的自我统计绩效评价是指各级执行单位结合年初预算编制设定的目标与其实现情况的对比性评价，主要是判断本单位在一年的工作中是否达到了计划的目标，并做出分析和说明。其主要作用是作为内部总结和审计、财政等部门审核与评价使用，这也是统计绩效评价最普遍的方式和主要工作基础。

财政部门的综合统计绩效评价的主要目的是为了更好地配合年度预算审核和下一年度的预算分配。为此，财政部门要求各单位在编制预算时，要给出相应的预算说明，表明该项预算要达到的基本目标，在编制决算时，也要求各部门对每项开支所达到的目标与年初目标进行比较。为保证各部门报送的决算资料的准确性，财政部门要对预算单位的世行贷款支出情况进行重点综合统计绩效评价，甚至在各单位预算执行过程中，财政部门也要对预算执行情况进行抽查，以确保贷款支出计划目标任务的实现。

二、世界银行林业贷款项目统计绩效评价工作范围的界定

在我国，由于资金统计绩效评价工作还处于起步阶段，对世界银行林业贷款项目统计绩效评价工作范围的界定必须结合我国世界银行林业贷款项目的使用范围。

1. 财政部门对世界银行林业贷款项目统计绩效评价的工作范围

①世界银行林业贷款项目项目统计绩效评价；

②单位统计绩效评价；

③贷款资金分配格局的评价；

④贷款资金整体使用效益的评价；

⑤贷款范围调整的统计绩效评价；

⑥世界银行林业贷款项目统计绩效评价指标体系和标准体系的建立。

2. 使用单位对财政支出统计绩效评价的工作范围

①单位绩效自我评价；

②资金分配效果评价；

③单位事业发展效果评价；

④所属项目统计绩效评价。

三、世界银行林业贷款项目统计绩效评价的客体

根据我国现行世界银行贷款项目管理暂行规定以及世行贷款支出流向的特点，可以看出世行贷款的实现过程(特别是中央行业部门项目或需要中央行业部门组织或协调实施的多省联合项目)，一般都经历初次分配和再分配两个环节，初次分配由各级政府行使分配职能的财政部门完成，对贷款资源总量进行整体安排和调配，再分配则由贷款资金的使用单位具体使用。根据世界银行林业贷款项目管理的总体目标和开展评价工作的具体要求，评价对象的确一定应遵循经济管理实际和资金投资管理惯例进行。据此，林业世界银行贷款统计绩效评价的客体分为：世界银行林业贷款项目的项目，主要指贷款资金的基本使用对象；世界银行林业贷款项目使用单位，主要指世界银行林业贷款项目的具体使用或贷款资金支付项目的组织实施机构。

四、世界银行林业贷款项目统计绩效评价的工作程序

世界银行林业贷款项目统计绩效评价的组织实施，既要有充分的准备、翔实的计划，还要按照一定的工作步骤有序地组织进行，才能保证评价结果的客观、公正、准确。

1. 计划准备

在做好前期调查的基础上，进行统计绩效评价项目筛选，确定统计绩效评价项目计划，并提出统计绩效评价工作组织实施计划，主要包括：评价组织方案、评价范围、评价方法和相关指标、评价周期、部门间分工与责任以及参加人员的确定等。

2. 确定评价方法和标准

按照统计绩效评价工作组织分工，进一步了解情况，搜集相关资料、信息，确定统计绩效评价所参照的标准，选定评价工作组织方法，可以采取数据分析、问卷调查等多种形式。

3. 组织实施

组织实施的内容主要包括成立评价工作机构对进行统计绩效评价所涉及的内容进行广泛了解情况，如政策咨询、数据核实等；与相关部门交换具体看法和意见；对涉及的相关问题进行调查取证，如相关数据的取证、文献资料的收集、征求公众意见等。

4. 评价分析

对所取得的各种意见和调查资料进行整理、分析，客观反映世界银行林业贷款项目决策、实施过程、资金使用情况及所取得的各种成效、存在问题以及政府部门和社会各界对

该项目实施的意见和建议。还要针对该项目中存在的各种问题提出具体改进措施和解决方案。

5. 提交报告

在以上各阶段工作成果的基础上，撰写出详细的世界银行林业贷款项目统计绩效评价报告，评价报告要求叙述清晰、文字简洁、内容易懂。在评价报告正式公布或上报前要充分征求有关部门对数据、事实和相关情况等的核实意见。

五、世界银行林业贷款项目统计绩效评价工作结果的运用

世界银行林业贷款项目统计绩效评价工作结果的运用是考察世界银行林业贷款项目统计绩效评价工作能否取得成效的主要依据，也是保证该项工作持续、深入发展的基本前提。评价结果是对世界银行林业贷款项目绩效的总结，也是政府和财政部门对贷款资源配置能力和效率的集中体现，其结果应直接纳入预算执行情况的审核程序，并作为世界银行林业贷款项目信息库的重要组成部分。为优化世界银行林业贷款项目结构和提高世界银行林业贷款项目效率提供强有力的信息支持，这也是世界银行林业贷款项目统计绩效评价工作的目的所在。但从目前情况看，将评价结果纳入世界银行林业贷款项目决策体系、纳入林业世行贷款管理与监督体系等，还需要进行不断的努力。其内容主要有三：一是要研究和制定全国世界银行林业贷款项目统计绩效评价工作结果的应用管理办法，对评价工作结果运用的目的、范围、程序、权限等做出具体规定，指导和规范全国世界银行林业贷款项目绩效评价工作结果的运用；二是各管理部门要结合各自的特点，研究制定本部门成果。运用的具体实施办法，为提高新上项目运营质量，加强项目管理、监督和考核提供参考依据，也为今后同类项目建设提供经验参考；三是要建立健全有关法律规范，对项目具体执行行为和各有关责任人实施有效制约和监督。同时对世界银行林业贷款项目统计绩效评价中反映出的有关违规资金、项目质量等方面的问题，要依法进行处理，以增强世界银行林业贷款项目统计绩效评价工作的权威性。

本章小结

本章分为六节，第一节是介绍了主要的世界林业统计机构，包括其主要工作和倾向研究或发布的林业统计数据与分析报告；第二节从林地变化、林业效益、林地经营及政策、林产品贸易等方面介绍世界林业统计的主要指标，并试图从指标数值中分析成因和判断未来，最终给出了通向可持续发展的森林之路。第三、四、五、六节则从系统论的角度出发，基于世界林业投资项目统计的视角，较全面地构建了世界银行林业贷款项目绩效统计评价的指标体系、标准体系、方法体系、制度基础和组织基础的构建。通过本章的学习，旨在开拓视野，获得更多有关世界林业的二手统计资料来源，并借由世界林业统计报告，了解全球林业的发展脉络与特点。

思考题

一、判断题

1. 联合国粮农组织每 10 年发布一次全球森林资源统计(森林资源评估)。(　　)

2. 在 1990—2015 年间，全球森林面积减少最多的区域是在热带，特别是南美洲和非洲；而人均森林面积减少最多的是在热带和亚热带地区。(　　)

3. 全球大多数森林的产权为公有，但社区和个人所有的森林比例从1990年的15%增加到2010年的18%。这一增长的大部分发生在中低收入的国家。(　　)

4. 在1990—2015年间，全球森林生物碳储量的减少主要是由将林地转作他用以及较小程度上的森林退化所致。(　　)

5. 可持续森林管理的目标是为当代和后代的利益而保持和提高所有类型森林的经济价值。

6. 森林的生物质和碳储量是森林的生产能力、潜在能源和固碳能力的重要指标。(　　)

7. 减少森林流失并恢复退化、毁林土地的生产力，从而减少贫困、提高粮食安全、保护生物多样性、遏制气候变化，已成为当前世界资源研究所(WRI)的六大关键目标之一。(　　)

8. 国际竹藤组织(INBAR)是联合国系统负责农林事务的专门机构。(　　)

9. 随着世界上大多数地区生产率的提高，林业和伐木业的就业可能下降。在高木质燃料使用的国家，未来林业劳动力利用效率不太可能改变。(　　)

10. 中国在原木的进口量和贸易额方面都位居世界第一；而俄罗斯和美国的原木出口额一直居前两位。(　　)

二、多选题

1. 以下哪些属于世界林业统计机构(　　)。

A. 联合国粮农组织

B. 国际竹藤组织

C. 国际热带木材组织

D. 国际林业研究组织联盟

E. 世界资源研究所

2. 以下哪些机构也致力于全球森林经营、管理与保护、林业资源开发与规划、林区扶贫与林业技术、林业碳汇与项目培育等工作(　　)。

A. 世界自然保护同盟

B. 联合国森林论坛

C. 日本小渊基金

D. 全球环境基金

E. 美国大自然保护协会

3. 以下关于土地利用说法正确的是(　　)。

A. 土地利用变化与土地覆被变化相同

B. 新种上树的一块地可以称为“森林覆盖”

C. 土地利用反映了人类活动及其目的

D. 循环轮耕属于土地利用的一种形式

E. 在土地利用方面，有森林存在于农业用地上和在森林中有农业种植等复合系统

4. 以下哪些是导致森林减少的因素(　　)。

A. 林地产权界定不清

B. 人口增长、土地需求量大

C. 木材紧缺与非法采伐

D. 森林火灾与病虫害

E. 放牧和不可持续的采伐率

5. 对林业部门有稳定投资的国家，其森林减少一般也较少。一些国家投资森林的目的是(　　)。

A. 有助于实现就业

B. 应对气候变化

C. 防止土地退化和荒漠化
D. 促进景观恢复和农业生产力恢复
E. 获得更多木材及其他森林资源

三、论述题

1. 森林面积增加与粮食安全保障方面有怎样的互动关联？
2. 通过查阅资料，了解并回答中国林权改革的历史、做法与成效。
3. 结合最新的数据分析全球林产品贸易发展的特征及趋势。

推荐阅读书目

1. 贾俊平等．统计学(第六版)．中国人民大学出版社，2015.
2. 沈月琴，张耀启．林业经济学．中国林业出版社，2011.
3. 赵晓光，吕洁华．林业统计学．东北林业大学出版社，2001.

相关链接

1. 国家林业与草原局中国林业数据库 http：//www. forestry. gov. cn/data. html
2. 浙江农林大学网络教学平台统计学原理 http：//imooc. zafu. edu. cn/portal
3. 国际组藤组织官网 https：//www. inbar. int/

参考文献

北京林业大学．1988．统计学原理与林业统计学[M]．北京：中国林业出版社．

陈文波，张志云，郑蕉．2009．我国用材林林价测算方法研究进展[J]．江西农业大学学报(3)：411－414.

国家林业局．2004．森林资源规划设计调查主要技术规定[EB/OL]．http：//www. forestry. gov. cn/xby/1285112743/8. html. 2004－11－15.

国家林业局．2004．中国林业统计指标解释[M]．北京：中国林业出版社．

国家林业局．2013．中国智慧林业发展指导意见[EB/OL]．http：//www. forestry. gov. cn/main/72/content－623867. html. 2013－8－26.

姜泉水．2001．统计学原理与林业统计[M]．北京：中国林业出版社．

孔繁文，戴广翠，何乃蕙．1998．林业增加值计算方法研究[J]．林业经济(4)：62－68.

联合国粮农组织．2013．2009—2013 年粮农组织林产品年鉴[R]．罗马：www. fao. org/3/a－i4746m. pdf.

刘俊昌．1996．林业统计学[M]．北京：中国林业出版社.

刘俊昌．2005．林业产值的计量、分析与应用研究[M]．北京：中国林业出版社．

刘天荣，初秀芹．1993．浅析木材采运企业工业净产值的计算方法[J]．吉林林业科技(12)：41－43.

马恩丽，王武魁．2013．林业政策对林产品价格波动的影响分析——以木材为例[J]．安徽农业科学，41(7)：3155－3157.

谭星，等．2019．物联网技术在我国智慧林业建设中的应用现状及发展策略[J]．世界林业研究(7)：57－62.

吴志信．1997．森工企业工业增加值过程中存在问题的研究[J]．行政论坛(3)：37－38.

薛洁．2015．我国物联网产业统计指标体系基本框架研究[J]．科技管理研究(23)：50－53.

杨伶．2007．我国林业世界银行贷款统计绩效评价体系研究[D]．长沙：中南林业科技大学．

曾五一，朱平辉．2012．统计学在经济管理领域的应用[M]．北京：机械工业出版社.

赵晓光．2001．林业统计学[M]．哈尔滨：东北林业大学出版社．

浙江省林业厅．2004．浙江省森林资源规划设计调查技术操作细则[EB/OL]．http：//www. zjly. gov. cn/art/2004/6/8/art_ 1275955_ 4716806. html，2004－6－8.

朱磊，王庆成，王永清，等．2005．用材林林价体制改革探索[J]．中国林业企业(3)：9－10，23.